Thomas Medicus
In den Augen meines Großvaters

Thomas Medicus

In den Augen meines Großvaters

DEUTSCHE VERLAGS-ANSTALT
MÜNCHEN

Bibliographische Information Der Deutschen Bibliothek
Die Deutsche Bibliothek verzeichnet diese Publikation in der
Deutschen Nationalbibliographie; detaillierte bibliographische Daten sind im
Internet über http://dnb.ddb.de abrufbar.

© 2004 Deutsche Verlags-Anstalt, München
Alle Rechte vorbehalten
Satz und Layout: BK-Verlagsservice, München
Gesetzt aus der Minon
Druck und Bindearbeit: Clausen & Bosse, Leck
Diese Ausgabe wurde auf chlor- und säurefrei gebleichtem,
alterungsbeständigem Papier gedruckt.
Printed in Germany

ISBN 3-421-05577-7

Für Katharina und Robert

in memoriam Elizabeth Neuffer
1956 – 2003
Our dear friend, war correspondent
and human rights advocate

Damals (er ging ins zwölfte Jahr) war der Erwin so einsam und sich selbst genug wie niemals später; sein Körper und seine Seele lebten ein fast zweifaches Leben geheimnisvoll ineinander; die Dinge der äußeren Welt hatten ihm den Wert, den sie im Traume haben; sie waren Worte einer Sprache, welche zufällig die seine war, aber erst durch seinen Willen erhielten sie Bedeutung, Stellung und Farbe. Doch im Convicte war er den ganzen Tag mit dreißig Cameraden zusammen, von denen jeder seine Aufmerksamkeit erzwingen und in sein Leben eingreifen konnte.

Leopold von Andrian, Der Garten der Erkenntnis (1895)

Wer die Schönheit angeschaut mit Augen,
Ist dem Tode schon anheimgegeben,
Wird für keinen Dienst auf Erden taugen,
Und doch wird er vor dem Tode beben,
Wer die Schönheit angeschaut mit Augen!

August von Platen, Tristan (1825)

Leutnant Berrendo, den Blick auf die Hufspuren geheftet, kam den Hang heraufgeritten, tiefer Ernst lag auf seinem schmalen Gesicht. Das Schnellfeuergewehr hatte er in der Beuge des linken Arms quer über dem Sattel liegen. Robert Jordan lag hinter dem Baum, hielt den Atem an, behutsam, die Muskeln gespannt, damit seine Hände nicht zitterten. Er wartete, daß der Offizier den sonnigen Waldrand erreichte, wo der grüne Wiesenhang an die ersten Kiefern grenzte. Er fühlte das Pochen seines Herzens an dem Nadelboden des Waldes.

Ernest Hemingway, Wem die Stunde schlägt (1940)

Inhalt

Gärten, Parks, Kiefernwälder

Suchbewegungen	11
Umwege und Verzögerungen	28
Zeitkapsel	38
Östlich der Oder	42
Den Krieg leben	50
In der Toskana	54
1969	112

Garten der Frauen, Wald der Männer

Wilhelminismus, nachgeholt	118
Wilhelm Crisolli, Offizier und Junker	132
Sommertage, immer nur Sommertage	156
Sommer 1944	175
Der Krieg ist ein Roman, den die Frauen erzählen	209
Uhyst	223
Zeugenschaften	232

Dank 249 Bibliographie 253
Abbildungsverzeichnis 262

Gärten, Parks, Kiefernwälder

Suchbewegungen

In Hamburg war ich weit weg von den Menschen und den Landschaften, die ich kannte. Mich überfiel Heimweh nach Mittelfranken, wo ich geboren worden war und das ich viele Jahre zuvor verlassen hatte, froh darüber, die Kleinstadt, mein Elternhaus und alles, was jemals geschehen war, hinter mich zu bringen.

Während meines Studiums in Oberhessen hatte ich fast nie an Mittelfranken gedacht.

Erst als ich in Hamburg lebte, zog es mich oft dorthin. Meinen Geburtsort mied ich. Außer einigen toten Seelen, die unter einem von zwei Koniferen gerahmten weißen Stein den ewigen Schlaf schliefen, kannte ich dort niemanden mehr. Ich trieb mich statt dessen in den sommerglühenden Hügeln der Hersbrucker Schweiz östlich von Nürnberg herum, kehrte in Bauernwirtschaften ein, setzte mich in die Wirtsstube oder auf eine Holzveranda und verzehrte die Mahlzeiten meiner Kindheit, Bratwürste mit Sauerkraut und Brot. Ich fuhr ungeteerte Feldwege entlang, blickte über hügelige Weizen- und Maisfelder, vertiefte mich in die Farbreflexe des roten Sandsteins mittelalterlicher Städte wie Lauf an der Pegnitz, tagträumte an Waldrändern. Auf das Land fuhr ich nur wochentags, wenn dort keine

Ausflügler waren. Samstags und sonntags blieb ich in Nürnberg in der nur wenige Meter unterhalb der Burg liegenden Wohnung meiner Schwester. Dort stand ich am Fenster und beobachtete, während ich den Saxophonsoli von Jan Garbarek zuhörte, das Flimmern der Luftschichten über der Ebene, die sich südlich der Stadt erstreckte.

Irgendwann begann ich statt nach Mittelfranken nach Berlin zu fahren. In einer warmen Augustnacht verließ ich um ein Uhr morgens meine Wohnung in Altona, setzte mich in den grünen Renault 4, kaufte mir an einer Tankstelle ein paar Dosen Cola, mehrere Tafeln Ritter Sport und fuhr los. Ende der siebziger Jahre führte noch keine Autobahn von Hamburg nach Berlin. Auf einer zum Teil noch kopfsteingepflasterten Landstraße holperte ich, nach Wegweisern Ausschau haltend, durch Dörfer und Kleinstädte, von denen ich kaum mehr als dunkelbraune Schatten erkannte. An den Ortsausgängen lag die Volkspolizei in ihren klobigen Ladas auf der Lauer, um westdeutsche Schnellfahrer abzukassieren, die entnervt die zulässige Höchstgeschwindigkeit überschritten. Zu sehr damit beschäftigt, mich nicht zu verirren, fuhr ich meist langsamer als vorgeschrieben. Nach mehr als sechs Stunden für etwa zweihundertfünfzig Kilometer erreichte ich mein Ziel.

Kurz vor Westberlin, es war inzwischen taghell, führte die Straße mitten durch eine Kasernensiedlung. An den wuchtigen Stahltoren prangten Hammer und Sichel und rote Sterne. Aus den Kasernen quollen Trupps kahl geschorener Rekruten, die die Ladeflächen röhrender Lkws bestiegen oder in Zweierreihen die Straße entlangmarschierten. Uniformierten Clowns ähnelnde bunt drapierte Militärpolizisten regelten den Verkehr. Ich erreichte den Grenzkontrollpunkt Staaken, und der von Maschinengewehren und Wachtürmen starrende Häkelrand einer Sommernachtsstille namens DDR lag hinter mir. Ich war in einem Westen angekommen, den ich nicht kannte. Mir war entfallen, daß es einen Kalten Krieg gab, Deutschland geteilt war und unter alliierter Militärkontrolle stand. In Westberlin stellte sich mir immerzu die Mauer in den Weg, ich wich ihr aus, fuhr, spazierte an ihr entlang oder blickte von der Cafeteria der Staatsbibliothek über die Brache des Potsdamer Platzes hinweg auf den Todesstreifen. Versunken im Stillstand der Zeit, hing die ummauerte Halbstadt ihrer Vergangenheit nach. Gegenwart kam nur gedämpft und in kleinen Dosen an. Der Alltag der ausrangierten Großstadt verlief in ausgedehnten Tagträumen. Mir war es recht. Ich war ein Republikflüchtling, der im Westen Berlins fand, was mir der Westen, den ich kannte, nicht hatte geben können. Ein Medium groß wie eine Stadt hatte mir gefehlt. In Westdeutschland kannte ich keine andere Großstadt, die mir wie diese Erinnerung bescherte und Wandel ersparte. Während in Hamburg zu jener Zeit ganze Straßenzüge, ja halbe Stadtviertel eingerüstet waren, um die letzten Spuren aus Krieg- und Nachkrieg zu tilgen, war Berlin nichts als eine große physische Spur vor allem dieser Zeit. Die Münze, in der hier bezahlt wurde, hieß Erinnerung und Lebenskunst. Zeit war hier nicht Geld. Das von Gaslicht beleuchtete Pflaster der Trottoirs, das Blattwerk, das sich im Sommer über Straßen, Gebäude und Brachen ergoß, die Stadtbahnbögen und Brandmauern führten mich anderswohin. Irgendwann kehrte ich nicht mehr in den Westen Deutschlands zurück und begann, mich auf einen langen Berliner Aufenthalt einzurichten.

Ohne es zu wissen, war ich dem Osten näher gekommen. Die meiste Zeit meines Lebens hatte ich nichts davon geahnt, daß ostelbische Landschaften in mir abgelagert waren wie Flöze. Seit meiner Kindheit trug dieser Osten Namen. Kolberg, Rügenwalde, Stolp, Stolpmünde, Belgard. Für mich waren das nie Namen von Orten gewesen, die ich auf einer Karte hätte nachschlagen oder die ich sogar hätte aufsuchen können. Es waren immer nur Klänge gewesen, Klänge, von Kindheit an rätselhaft vertraut und geheimnisvoll. Ich besaß eine Erinnerung an den Osten, ohne daß ich ihn je besucht hätte. Ich erinnerte mich an ihn wie an etwas, von dem ich nicht verstand, daß es überhaupt existierte. Nachdem ich nach Berlin umgezogen war, begannen Bilder nie besuchter Landschaften in mir aufzusteigen. Landschaften, die sich aus nur wenigen Elementen zusammensetzten: Sand, Kiefern, Seen, Meer, ein weiß-grün-blauer Farbakkord.

Mein Osten sah ungefähr aus wie das Gemälde »Abendstimmung am Schlachtensee«. Eines Tages hatte ich es unter einer Vielzahl anderer Bilder in einem Berliner Museum entdeckt, das nach dem Mauerfall aufgelöst wurde. Rings von Kiefernwäldern umgeben, spiegelte sich auf der Wasseroberfläche des Schlachtensees eine rötlichgelbe Abendsonne. Über der Landschaft lag ein großer Friede, aber auch eine Wehmut, die Ausdruck eines ebenso unsagbaren wie unwiederbringlichen Verlustes zu sein schien. Alles auf dem Bild war schmucklos, still und unheroisch.

Komposition und Ausschnitt schienen von einer Fotokamera herzurühren, die der Maler, um sein Motiv zu bestimmen, am sandigen Uferrand auf einem Stativ hin- und hergetragen haben mochte. Die Kiefernstämme im Vordergrund verstärkten den Eindruck der räumlichen Tiefe, mir jedoch fielen sie hauptsächlich dadurch ins Auge, daß sie in der Abendsonne glühten, als würde ihre rötlichbraune Borke von innen erleuchtet. Vor allem diesem Lichteffekt, so schien mir, verdankte sich der Charakter eines naturreligiösen Andachtsbildes, vor dem niederzuknien sich in einem Museum nicht schickte, vielleicht aber keine ganz falsche Geste gewesen wäre.

Der Schöpfer dieses zwischen 1895 und 1900 entstandenen Landschaftsgemäldes hieß Walter Leistikow. 1865 in Bromberg in der preußischen Provinz Posen geboren, war Leistikow mit achtzehn Jahren nach Berlin gezogen, wo er kurz vor der Jahrhundertwende zusammen mit Max Liebermann die Berliner Secession gegründet hatte. Von einem Maler namens Leistikow hatte ich nie gehört, den Schlachtensee hingegen kannte ich gut. Er lag im Grunewald und war leicht zu erreichen. Er besaß eine eigene Stadtbahnstation, noch grüner und stiller als die abgeschnürte Stadt es war. Jeden Samstagnachmittag drehte ich mit einer Gruppe von Freunden meine Joggingrunde um den See. Im Sommer picknickten wir anschließend manchmal am Ufer, im Winter trabten wir über die gefrorene Wasserfläche und fanden uns, bevor wir wieder nach Hause fuhren, am Imbiß der Stadtbahnstation auf ein Glas Glühwein ein. Ging ich wochentags hier spazieren, war es meist menschenleer wie auf Leistikows Bild.

Der Künstler hatte in dem nahen Villenviertel gelebt. Zu seiner Zeit war Leistikow der berühmteste Maler der märkischen Landschaft, hatte großen Erfolg bei Berliner Sammlern und

Galeristen und verdiente viel Geld mit seinen Bildern. Er lieferte den nervösen Großstädtern die von ihnen herbeigesehnte Stille der Natur ins Haus. Ich fuhr damals nie in die Mark Brandenburg und nur selten in die östliche Stadthälfte, sondern blieb meist in Westberlin. Leistikows »Schlachtensee« verstand ich als Stadtlandschaft, Ausschnitt einer märkischen Seenlandschaft, inmitten derer Berlin lag, wie es der topographischen Realität eher entsprochen hätte, war das Bild für mich nicht. Verloren im ortlosen Blick der Blockwelt, hatte mein innerer Osten weder Namen noch Raum. Im Laufe der Jahre kehrte ich mehrmals vor das Gemälde zurück. Seitdem ich Leistikows Pastorale zum ersten Mal gesehen hatte, hörten deren in der Abendsonne rötliche Kiefernstämme für mich nicht mehr auf zu leuchten. Ich hatte etwas wiedererkannt. Der See, die sandigen Uferböschungen und der Kiefernwald ringsum besaßen etwas Betörendes, etwas vom Glanz des Seins. So kärglich die Landschaft war, ich sah in ihr einen idyllischen Garten.

Es verging noch viel Zeit, bis ich mich an einen Jahrzehnte zurückliegenden Spätsommerseptembertag erinnerte. Ich mochte damals sieben oder acht Jahre alt gewesen sein. An einem Badeweiher in der Nähe meiner mittelfränkischen Geburtsstadt Gunzenhausen verbrachte ich mit Mutter, Großmutter, jüngerer Schwester, anderen Kindern und deren Müttern den letzten Tag der Schulferien. Wir entstiegen dem braunen Wasser des Weihers, erklommen die sandige Böschung des Ufers und rannten ein kurzes Stück durch einen schmal auslaufenden Kiefernwald. Wir setzten uns an den Waldrand, lehnten uns an die Borke der Stämme, trockneten uns in der Sonne, aßen Butterbrote. An unseren noch feuchten Füßen klebten die langen, braunen Nadeln der Kiefern, unsere nackten Sohlen brannten ein wenig. Beim Laufen durch den Wald waren wir auf die am Boden verstreuten trockenen und harten Zapfen getreten. Alles war schön und traurig zugleich. Die Mütter sprachen darüber, wie schön es jetzt sei, in diesem Augenblick, über alles, was geschehen war, verloren sie kein Wort. Ihren Erinnerungen ließen sie erst nachts freien Lauf, wenn im Bett die Gedanken nicht stillstehen mochten. Tagsüber waren die Mütter streng, auch gegen sich selbst.

Als Kind umgab mich eine Fülle von Geheimnissen. Das größte Geheimnis war die Welt außerhalb unseres Hauses, hinzu kamen die Geheimnisse, die meiner Phantasie entsprungen waren. Deren Mittelpunkt bildete unser Nachbaranwesen, ein kleines Jagdschloß aus der Barockzeit. Mich beschäftigte weniger das Schloß als der Park, in dem es lag. Vom Garten meines Elternhauses war er durch eine hohe Mauer getrennt, in sein Inneres bin ich nie vorgedrungen. Es war nicht verboten, ihn zu betreten. Aber ich wußte nicht, wo sich der Eingang befand, und ich fragte auch nie danach. Vom Fenster meines Zimmers wie von unserem Garten aus erspähte ich nichts weiter als die Wipfel einiger Kiefernbäume. Die Kiefern standen so dicht beieinander, daß ich mir vorstellte, sie stünden auf einer kleinen Insel. Diese Insel zu erkunden wünschte ich mir mehr als alles in der Welt.

Unerreichbar wie sie waren, malte ich mir aus, die Inselbäume formten einen Grenzwald, der meine Welt von einer jenseitigen anderen Welt unüberbrückbar trennte. Manchmal drangen frühmorgens Schreie aus dem Park herüber in meinen Schlaf. Sie gehörten einem Affen, einem Esel und einem Pfau, die durch das Morgengrauen geweckt worden waren. Ich kannte die kleine Menagerie, hatte aber keine Vorstellung davon, daß die Tiere nachts unter dem Kiefernnadeldach der Grenzwaldinsel schliefen. Affe, Esel und Pfau waren mir aus ihrem Gehege am Schloßeingang bekannt. Aber hinter dem Gitter des Zaunes waren sie immer stumm geblieben. Es wäre mir nie eingefallen, den blechernen Jammer ihrer Stimmen mit ihrer für mich wunderbaren Erscheinung in Verbindung zu bringen. Meine halbe Kindheit grübelte ich im Halbschlaf darüber nach, wer das morgendliche Klagelied angestimmt haben könnte.

Ich vermutete, daß es der Mann war, von dem ich mir einbildete, er wohne drüben unter den Kiefernbäumen der Grenzwaldinsel. Ich stellte ihn mir als Zauberer vor, der, weil er Pilot und Schriftsteller war, die Kraft besaß, alles Irdische in Wolken zu verwandeln. Er trug einen für mich unaussprechlichen französischen Namen. Wie Millionen anderen Kindern in aller Welt war auch mir Antoine de Saint-Exupérys »Kleiner Prinz« vor dem Einschlafen vorgelesen worden, zu meinen Lieblingsbüchern hatte es jedoch nie gezählt. Die Zeichnung von dem Hut, der in Wirklichkeit eine Riesenschlange darstellte, die gerade einen Elefanten verschlungen hatte, gefiel mir. Wie der kleine Prinz hatte auch ich erfahren, daß die erwachsenen Leute sehr sonderbar sind und vieles nicht von dem verstehen, was für Kinder sonnenklar ist. Die kirchturmhohen Affenbrotbäume hingegen, die den winzigen Planeten überwucherten, auf dem der kleine Prinz lebte, schreckten mich ab. Auch der König, der Lampenanzünder, der Geschäftsmann, der Geograph, all die weiteren auf winzig kleinen Planeten wohnenden Einsiedler behagten mir nicht. Die hinter einem Wandschirm schutzsuchende, einsame Blume des kleinen Prinzen sah ich mir lieber gar nicht erst an. Der kleine Prinz selbst war hübsch gezeichnet, aber daß er alleine auf der Welt war, machte mir angst. Die Niemandsländer, in denen seine Geschichte spielte, waren mir unheimlich, wenn ich in dem Buch blätterte und anstatt zu lesen nur die Illustrationen betrachtete, fror es mich meist ein wenig.

An einem Adventssonntag überreichte mir meine Mutter ein weiteres Buch von Saint-Exupéry als vorweihnachtliches

Geschenk. »Flug nach Arras« war etwas ganz anderes als »Der kleine Prinz«. Mehr als vierzig Jahre später bin ich immer noch davon überzeugt, daß ich der einzige Zehnjährige gewesen bin, der je »Flug nach Arras« gelesen hat. Die Miene meiner Mutter signalisierte mir, daß es sich um eine bedeutende Lektüre handelte. Die Maschinenwelt der Kampfflieger, das Abenteuer, in das sich diese Männer begaben, die Gefahr, in die sie sich stürzten, die Geschoßgarben, die sie mit ihren Maschinengewehren abfeuerten, all das faszinierte mich. Bücher zu Ende zu lesen, war ungeschriebenes mütterliches Gesetz. Also las ich bis zur letzten Seite, verstand aber nur wenig. Saint-Exupérys Botschaft von der existentiellen Einsamkeit des Menschen und vom Widersinn des Krieges erreichte mich nicht. Mich verblüffte vor allem, daß ich dieses Buch für Erwachsene überhaupt lesen durfte.

Bei uns sprach nie jemand über den Krieg. Weder meine Mutter noch mein Vater verloren je ein Wort darüber. »Flug nach Arras« handelte von nichts anderem. Einmal hatte Saint-Exupéry in geringer Höhe Kolonnen deutscher Panzer überflogen und dabei beobachtet, wie ein riesiger Strom einheimischer Flüchtlinge mit nur wenigen Habseligkeiten auf dem Rücken über Landstraßen hastete. All diese Menschen voller Todesangst hatten kein Zuhause mehr. Ich begriff nicht, wer hier gegen wen kämpfte und wer vor wem wohin floh. Niemand klärte mich über die Kämpfe und die Fluchten auf, die in diesem Buch stattfanden und dessen Bilder mich unbegriffen in Besitz nahmen. Man hatte nicht mit mir reden, mir aber schweigend etwas mitteilen wollen.

1944 als Offizier gestorben, verkörperte Saint-Exupéry das Schicksalsjahr meiner Familie.

Er war ein Hüter unserer häuslichen Geheimnisse, über die allein er sprechen konnte, ohne sie zu lüften. Er war ein Eingeweihter und unter deren Bündnispartnern der einzige Mann.

Mutter, Großmutter, Großmutter, Halbschwester, Schwester, Kinderfrau, putzende, kochende, fegende Weiblein. Solange ich Kind war, umschwirrte mich eine hochbusige kleine Schar, die mich mit rot geschminkten Mündern verzauberte, mit blassen Lippen umsorgte und mit verstellten Stimmen lockte. Die äußere Welt hatte für mich den Wert, den sie im Traum besitzt. Nur die großen Mütter wußten, daß die Grenzwaldinsel ein Bollwerk war, hinter dem sich ein riesiges Arsenal an Vergangenheit verbarg. Der Vater hinterließ kaum Spuren. Sein weißer Landarztkittel war nicht mehr als ein pointillistisches Detail auf dem weiblich dominierten Gruppenporträt unseres frühen bundesdeutschen Familienidylls.

Lange wußte ich nicht, was ich im Osten zu suchen hatte. Irgendwann hatte es begonnen, und ich fuhr in den Osten und suchte ohne zu wissen, daß ich etwas suchte. Das einzige, was ich wußte, war, daß ich vom Osten nicht lassen konnte. Mitte der Achtziger begann man viel über Mitteleuropa zu sprechen, den unbekannten Kontinent hinter dem Eisernen Vorhang. Dort, so hieß es, gäbe es Städte, die trotz Krieg und Nachkrieg die Erinnerung an größere, angeblich bessere Vergangenheiten bewahrt hätten. Ich besuchte viele dieser Städte, vor, während, nach der Wende. Ljubljana, Plovdiv, Brünn, Krakau, Prag, Budapest, Lemberg, Drohobycz, Czernowitz, Vilnius, Riga. Ich kam als Archäologe einer verschütteten Kultur. Mich selbst sparte ich als archäologisches Grabungsfeld aus.

Um nach Ostmitteleuropa zu gelangen, reiste ich in Eisenbahnzügen, in denen ich oft der einzige Passagier aus dem Westen war.

Als ich, von Berlin mit dem Zug kommend, nach der Wende zum ersten Mal die Oder überschritt, passierte ich die deutsch-polnische Grenze anders als alle Landesgrenzen je zuvor. Ich sah aus dem Fenster, aber mehr als schwarzes Gewässer konnte ich durch das Eisenfachwerk der Oderbrücke in der Dunkelheit nicht erkennen. Ich spürte, daß ich nicht bloß eine Landes-, sondern auch eine Tabugrenze überschritten hatte. Die Vorstellung, im ehemaligen deutschen Osten zu sein, war mir unangenehm. Obwohl ich als Nachkriegskind nicht wußte, was Krieg war, begann ich an Krieg zu denken. Umkämpfte Oderstädte, verdreckte Soldaten, Trecks erschöpfter Flüchtlinge. Ich wußte nicht, ob ich überhaupt jemals an Krieg gedacht hatte, an Krieg in derart deutlichen Bildern. Vielleicht kam es daher, daß ich selbst in den Krieg fuhr.

Im Januar 1991 waren Vilnius und Riga gefährliche Reiseziele, friedliche Demonstranten der sich auf den Straßen beider Städte formierenden baltischen Unabhängigkeitsbewegung waren in Vilnius von sowjetischen Panzern überrollt, in Riga von den Gewehrkugeln der sowjetischen Spezialtruppe Omon getötet worden. Noch ahnte niemand, daß im Baltikum der Todeskampf der Sowjetunion begann. Ich hatte es mir in einem der Schlafwaggons der sowjetischen Eisenbahnen bequem gemacht, je näher ich meinem Bestimmungsort kam, desto mehr rührte sich die Angst. Man hatte mich gewarnt zu fahren, ich war dennoch aufgebrochen. Im stickigen Abteil vergaß ich auf der bequemen Liege bei vielen von einer stämmigen Schaffnerin servierten Gläsern Tee allmählich meine Sorgen und wünschte mir, die Fahrt möge nie enden. Draußen herrschte klirrende Kälte, und eine schneebedeckte, meist flache Landschaft zog an mir vorbei. Büsche, Bäume, Gräser, die Kabel der Überlandleitungen erstarrten im Rauhreif. Nach vierundzwanzigstündiger Fahrt erreichte ich die litauische Hauptstadt Vilnius. Ab zweiundzwanzig Uhr, lautete das Gerücht, das sich unter den Zugreisenden verbreitet hatte, herrsche dort Ausgangssperre.

Als ich in Vilnius ankomme, ist es kurz vor zehn. Ich nehme ein Taxi und fahre zum Hotel. Aus dem Fenster meines Zimmers blickend, warte ich, daß der Verkehr versiegt. Aber nichts geschieht. Busse, Autos, Fußgänger, das Leben geht weiter. Am nächsten Tag erzählt man mir, es gehöre zum passiven Widerstand der Bevölkerung, die Ausgangssperre des sowjetischen Militärs zu mißachten. Das Parlament, Zentrum der litauischen Widerstandsbewegung, ist verbarrikadiert. Übereinandergetürmte Felsbrocken, Stahlträger und Eisengitter bilden einen Wall. Im Inneren gedenkt man vor volkstümlichen Holzkreuzen, an denen Porträtfotografien befestigt sind, den Opfern der sowjetischen Militäraktion. Die Stadt ist still. Unter der Schneedecke scheint sie den Atem anzuhalten. Wilna, Wilno, Vilnius, ein mitteleuropäisches Wintermärchen. Von der westlichen Presse abgeschnitten, bin ich auf den britischen Fernsehsender *sky news* angewiesen. Von grellgrünen Lichtbogen überwölbt, detonieren in Bagdad amerikanische Marschflugkörper. Mit dem einen Auge sehe ich dabei zu, wie eine neue Weltordnung entsteht, mit dem anderen erlebe ich, wie eine alte zerfällt.

In Riga komme ich frühmorgens gegen fünf an. Es ist noch finster. Das Schlimmste ist vorbei, versicherten mir die gelangweilten Kriegsberichterstatter, die tagelang untätig in der Lobby meines Hotels in Vilnius in den Sesseln gekauert hatten. Erleichtert war ich aufgebrochen. Auf dem Weg vom Bahnhof in Riga zum Hotel »Latvija« sehe ich schwere Lkws, die hinter- oder nebeneinander aufgereiht sämtliche Zugangsstraßen blockieren. Ziviler Widerstand, Ausnahmezustand auch hier. Vor dem Hotel ein altmodischer Bus. In seinen zerschossenen Fenstern flattern die Vorhänge im eisigen Wind. Einer der Passagiere, heißt es auf einem handgeschriebenen Plakat, sei zufällig von sowjetischen Kugeln getötet worden, der Bus sei ein Mahnmal. Wenige Tage später findet eine Trauerfeier für die vier Letten statt, die in den zwei Wochen zuvor der sowjetischen Omon-Truppe zum Opfer gefallen waren. Die Menge der hunderttausend, die den Elisabethboulevard bevölkert, verschwindet fast unter den Wogen rotweißroter Nationalflaggen. An das Freiheitsdenkmal brandet ein Meer roter und weißer Nelken.

Als ich zurückfahre, herrscht im Zug von Riga nach Berlin fast überschwengliche Stimmung. Zwei junge orthodoxe Juden russischer Herkunft in schwarzen Anzügen und schwarzen Hüten bitten mich zu Wodka und Kaviar in ihr Abteil. Ich tauche in eine fremde Welt ein und weiß nicht, wie ich mich verhalten soll. Sie erzählen, daß sie über Berlin nach Jerusalem reisen wollen. An der winzigen Grenzstation zwischen Grodno und Białystok schickt der polnische Zoll beide zurück nach Moskau. Sie besäßen, heißt es, kein Transitvisum. Westliche Reisende wie ich bekommen solch ein Dokument bei der Einreise im Zug ausgehändigt, ein abgestempelter Zettel, den ich jetzt zurückgebe. Widerspruchslos verlassen die zwei jüdischen Männer den Waggon und gehen hinaus in die Kälte. Der Transfer an der Grenze dauert viele Stunden. Währenddessen schweben sämtliche Waggons hochgebockt und ohne Chassis in der Luft. Vom Bahndamm aus beobachte ich, wie die Züge von russischer Breit- auf mitteleuropäische Normalspur umgerüstet werden. Frierend kehre ich bald wieder in mein Abteil zurück.

Auf dem Bett des Schlafwaggons darauf wartend, daß die Reise weitergeht, blicke ich hinaus in den polnisch-weißrussisch-litauisch-sowjetischen Schnee, und der gesamte Weltbürgerkrieg scheint wie ein einziger langer Gespensterzug an mir vorüberzuziehen. Es war einer der Augenblicke, in denen ich zu spüren glaubte, wie die eine Große Erzählung des 20. Jahrhunderts versiegte, um vielen kleinen, lokalen Erzählungen Platz zu machen. Ich war in die allmählich abschmelzenden gefrorenen Kessel des Zweiten Weltkrieges hineingeraten, mit denen Heiner Müller in seinem Nachwende-Tagebuch den »Ostblock« verglichen hatte. Die Geschichte hatte die Gegenwart eingeholt, und die große politische Wende begann auch mich zu wenden.

Von jetzt an fuhr ich häufiger über die Odergrenze. Die durch die weiten Landschaften Ostmitteleuropas führenden Eisenbahntrassen durchschnitten immer wieder Sandböden und Kiefernwälder. Nur allmählich registrierte ich, was geschah. Irgendwann konnte ich nicht mehr übersehen, welche Bedeutung die Kiefer für mich besaß. Kaum jemand schien sie so wichtig zu nehmen wie ich. Erstaunt stellte ich fest, daß die Kiefer anders als Eiche, Linde, Buche, Birke, Zypresse oder die Palme im kulturellen Gedächtnis der Völker kein mythenbildender, literarischer Baum war. Eichen, Linden, Buchen, Birken, Zypressen, Palmen wurden als Wälder, Haine oder Säume, wie auch als charakteristische, ja charaktervolle Individuen wahrgenommen. Kiefern hingegen traten fast ausschließlich als Kollektivwesen auf. Sie wurden weniger als Wald denn als Holz mehr übersehen als gesehen, geschweige denn genauer betrachtet. Kiefern und Kiefernwälder waren in der Regel keine die Einbildungskraft anregenden, poetischen Gewächse.

Francis Ponge schien mir mit seinem »Notizbuch vom Kiefernwald« der einzige Schriftsteller zu sein, der sich mit dem kärglichen Baum ausführlich beschäftigt hatte. Allerdings widmete sich der Franzose nur den vornehmsten Vertretern, der wohlgestalteten Pinie mit ihrer schirmförmigen Krone oder der südfranzösischen See- und Strandkiefer, deren mediterraner Duft ihn zu einer wahren Eloge verführte. Gegen die Leuchtkraft, die die Kiefernwälder in Ponges Texten entfalteten, erschienen mir die rötlich schimmernden Leistikowschen Kiefernstämme wie ein schwaches Licht. Ponges Kiefernwald war ein weiblicher Raum »mit stark duftenden Haarnadeln«, eine »antike Bürstenstätte«, in deren warmem Schatten sich die dem Mittelmeer entstiegene Venus frisiert. Die Klassizität dieses poetischen Raumes in Gestalt immer neuer Variationen zu betreten, bereitete wie seinem Urheber auch mir als Leser großes Vergnügen. Fast hätte ich deshalb übersehen, daß Ponges »Notizbuch« auf den August 1940 datiert war. Zu diesem Zeitpunkt lag die Kapitulation Frankreichs gegenüber Deutschland zwei Monate zurück, tobte zwischen deutschen Aggressoren und britischen Verteidigern die sogenannte »Luftschlacht um England«. Jetzt verstand ich besser, warum Ponge seine Kiefernwälder »aus dem Tod, aus der Ausdruckslosigkeit, aus dem Nicht-Bewußtsein« heraustreten lassen wollte. Seine Kiefern waren die Arkana, in die sich die französische Zivilisation unter dem Zwang von Krieg und Okkupation geflüchtet hatte. Ponges Kiefernwälder besaßen nichts Antizivilisatorisches, sie waren licht, klar und hell. Darum beneidete ich den Schriftsteller Ponge, der 1942 Mitglied der Résistance wurde.

Meine Kiefernwälder waren anders, zweideutig. Ich fand sie in Europa zwar auch in Schottland, den Pyrenäen, den Alpen sowie auf dem Balkan oder der Krim. Auf den eigentlichen Kiefernwaldkontinent aber traf ich in Mitteleuropa. Von dort erstreckte er sich über fast ganz Skandinavien und Osteuropa bis zum Ural und noch darüber hinaus. Auf Karte 168 des »Atlas Florae Europaeae« nahm diese mit schwarzen Punkten gekennzeichnete Riesenregion bedrohliche Ausmaße an. Der dunkle Kontinent grenzte größtenteils jene Länder und Landstriche ein, die von der politischen Zivilisation des lateinischen Westens verspätet, unvollständig oder überhaupt nicht erreicht worden waren. Die von der Etsch über den Belt bis an die Grenzen Sibiriens sich ausbreitende Fläche ist die Heimat des *Pinus sylvestris*, der gemeinen Waldkiefer. Deren asketische Kontur nahm mich ein, aber zu einer Eloge konnte sie mich nicht bewegen.

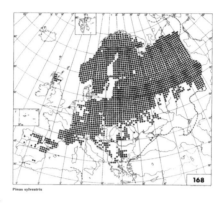

Pinus sylvestris

An den Zeitpunkt, an dem ich begann, Landschaften nach Kiefern abzusuchen und sie nach ihrem Vorhandensein zu beurteilen, kann ich mich nicht mehr erinnern. Als ich mir auf die Spur gekommen war, bildete ich mir ein, mit dieser stereotypen Wahrnehmung unterschwellig schon immer im Einvernehmen gestanden zu haben. Plötzlich begegnete mir der bis zu fünfzig Meter hohe Baum an allen möglichen Orten und in allen möglichen Formationen, massenhaft aufgereiht als Forst, locker gruppiert in Stadtparks, verloren an Tankstellen, Parkstreifen und Straßenrändern. Allenthalben grüßten mich Zeichen gebende, mir zunickende Kiefernbäume. Amateurfotografien zogen mich besonders an. Ich entdeckte verloren umherstehende Stämmchen mit mageren, nadellosen Zweigen oder machte tief gestaffelte, dicke Stämme im Dunkel regelrechter Wälder aus. Als alleiniges Objekt hatte jedoch kein einziger Kiefernwald weder in einer Totale noch als Naturstudie in halbnaher Einstellung das Interesse eines Fotografen gefunden. Kiefernbäume blieben stets nur Staffage für einzelne Personen oder Personengruppen, Mütter etwa, die ihre Neugeborenen oder Paare, die sich auf einer Wiese räkelnd ihre Liebe präsentierten.

Solche Vordergründe waren mir jedoch gleichgültig. Nahm ich einen wirklichen oder fotografierten Kiefernwald ins Visier, begannen mich hartnäckig Nachbilder zu verfolgen. Mit ihren Vorbildern besaßen diese Nachbilder nur wenig Ähnlichkeit. Der Hinter- war zum Vordergrund, das Detail zum Hauptmotiv, die Zwei- zur Dreidimensionalität geworden. Zudem war ich nicht mehr distanzierter Betrachter eines mir äußerlichen Bildes. Ich glaubte, mich mehr inner- als außerhalb eines Kiefernwaldes zu befinden. Und obwohl ich dort niemanden erkennen konnte, hatte ich nicht das Gefühl, allein zu sein. Mich umfing die Wärme menschlicher Lebewesen. Weder konnte ich sie vom Waldboden noch von den mal grauschwarzen, mal rötlichen Kiefernschäften unterscheiden. Der Waldfrieden um mich her hatte jede Unschuld verloren. Getarnt bis zur fast völligen Unsichtbarkeit, ging etwas vor sich.

Irgendwann schoß der Begriff »Camouflage« lebendig wie ein Kobold aus dem Waldboden meiner Nachbilder.

Ich konnte immer noch nichts sehen, aber plötzlich etwas hören. Aus dem Kieferngehölz drang das Geräusch von Karabinern, die durchgeladen und entsichert wurden. In diesem Moment ahnte ich, daß ich mich inmitten eines Trupps von Soldaten befand. Nicht irgendwelchen. Mit der Sicherheit des Schlafwandlers spürte ich, daß es deutsche Wehrmachtssoldaten waren, stumm, reg- und gesichtslos. Die Aura des Gefährlichen dieser Männer verängstigte, zugleich bannte sie mich. Eine größere Herausforderung, als in das numinose Herz des Kiefernwaldes vorzudringen, konnte es nicht geben. Die Kindheitszeit reiner Gegenwart um das Zeitregiment der Erinnerung erweiternd, schwenkte ich von der hochbusigen Schar zum camouflierten Trupp über. Dort war alles anders, als es auf Anhieb erschien. Voller Angstlust verbiß ich mich in Phänomene unheimlicher Zweideutigkeit, in Gestalten, die drohten, sich in gefährlichen Zuständen zu entfesseln. Um die in das Geheimnis der Grenzwaldinsel Eingeweihten zu überlisten, mußte ich mir einen eigenen Verbündeten suchen. Harmlos war er nur auf den ersten Blick.

Umwege und Verzögerungen

Wie in einem Traum, dessen Bilder das Gegenteil dessen bedeuten, was an seiner Oberfläche erscheint, begab ich mich nicht unmittelbar dorthin, wo ich das mir aufgegebene Rätsel einfacher hätte lösen können. Ich schlug einen Haken in die dem Kontinent der Kiefernwälder politisch wie auch kulturell entgegengesetzte Himmelsrichtung. Meine an Zufällen reichen und mir deshalb manchmal auch ein wenig unheimlichen Expeditionen führten mich Mitte der neunziger Jahre nach Großbritannien. Im Mutterland der Gartenkunst geriet ich in Cambridgeshire in eine Landschaft, deren Bizarrheiten mir, allerdings erst rückblickend, die steinernen Nymphen, Giganten, Fratzen und Monstren des italienischen Gartens von Bomarzo zu übertreffen schienen.

Zu jener Zeit hielt ich mich häufig in Cambridge auf. Wie oft ich die Cam, die in manchen Abschnitten auch Granta heißt, von Cambridge nach Grantchester entlangspaziert bin, kann ich heute nicht mehr sagen. Sehr genau kann ich mich aber noch erinnern, als ich diesen Weg eines sonnigen Herbsttages Mitte der neunziger Jahre zum ersten Mal beschritt. Unmerklich leiteten mich die *greens* und *pleasure grounds* der Universitätsstadt mit ihren zahlreichen gartenumschließenden Colleges hinaus in die freie Landschaft. Der Fußweg führte oberhalb des ein wenig dunklen, sich zart dahinwindenden Flusses über Kuhweiden hinweg, zwischen Kuhherden hindurch und an Brombeerhekken vorbei nach Grantchester, das ich nicht kannte. Unterwegs blickte ich immer wieder zurück nach Cambridge. Die von einem wolkenreichen Himmel überwölbte und vom Turm der King's Chapel überragte Silhouette der Stadt schenkte mir die Illusion, ich spaziere in einem Landschaftsgemälde Constables oder des frühen Turner. Genausogut hätten diese Flußauen aber auch von Capability Brown oder Humphrey Repton, den berühmten englischen Gartenarchitekten des 18. beziehungsweise beginnenden 19. Jahrhunderts, stammen können. Baumgruppen, Farm- und Herrenhäuser bildeten Blickfänge, und das schwarze Wasser der Cam vermählte sich mit einem bis zum Horizont reichenden Fernblick. Jahrhundertelange Kulturarbeit hatte ein den englischen Landschaftsgärten verwandtes Ergebnis hervorgebracht. Was immer der Blick streifte, alles schien erfüllt vom pittoresken Geschmacksideal des empfindsamen Zeitalters. Nichts an dieser mich umgebenden Natur ließ dabei die Menschenhand erkennen, deren Werk sie war. Und noch die erhabensten Gefühle, die diese pastorale Kunstnatur in mir weckte, hüllten sich ins Gewand stiller Sanftmut. Selbst die Mahnung an die Vergänglichkeit alles Irdischen, die eigene miteingeschlossen, rief hier noch ästhetische Lust hervor. Über den klassisches Maß und romantische Gefühlsseligkeit ausbalancierenden englischen Zivilisationstypus nachgrübelnd, gelangte ich auf einem von Buschwindrosen gesäumten Pfad nach Grantchester.

Schnurstracks betrat ich die auf das Jahr 1100 zurückgehende, ebenso trutzige wie liebliche Dorfkirche *St. Andrew and*

St. Mary. Das Kirchenschiff war menschenleer. Ich warf einen Obolus in den Opferstock und nahm das fotografische Porträt eines jungen Mannes mit engelsgleichem Antlitz an mich. Die Rückseite der Postkarte stellte ihn als den mir unbekannten, 1887 geborenen Dichter Rupert Brooke vor. Mich über das profane Heiligenbild des Poeten wundernd, das dieses Gotteshaus anbot, ging ich hinaus.

An die Außenmauer des Friedhofes mit seinen windschiefen und bemoosten Grabsteinen kauerte sich eine Gärtnerkate. Dort kaufte ich einem Mann, bei dem schwer zu entscheiden war, ob er noch jung oder schon älter sei, ein kleines Bäumchen ab. Der blasse, schweigsame Mensch schien mir hierherzupassen und an diesem Platz doch fremd zu sein. Er ließ mich an Ludwig Wittgenstein denken, der am Trinity College in Cambridge gelehrt hatte und im Zuge seiner teils inner-, teils außerweltlichen Askese für kurze Zeit auch einmal Gärtner gewesen war. Unschlüssig, wohin ich gehen sollte, wandte ich mich um. Gegenüber dem Eingang zur Gärtnerei entdeckte ich im Gebüsch eine Holztüre. Ich überquerte die Straße, stieß die Türe auf und trat ein.

Nach einigen Schritten durch ein dichtes, schattiges Gebüsch gelangte ich in einen weiten Obstgarten. Unter den Apfelbäumen auf der Wiese verteilten sich gruppenweise Liegestühle und Tische für *lunch* und *tea-time*. Ich glaubte einen kaum bekannten Fleck gefunden zu haben. Zwei hölzerne Pavillons, von denen der eine Scones, Sandwiches, Tee, der andere Zuflucht vor Regenschauern bot, zogen mich an. Auf einer Informationstafel an der Außenwand eines der beiden Pavillons blickte mich wieder das Porträt an, das ich gerade in *St. Andrew and St. Mary* als Postkarte erworben hatte. Ein wenig dem Filmschauspieler Hugh Grant ähnelnd, repräsentierte Rupert Brooke mit welligem Haar und edlen Zügen das englische Jünglingsideal. Historische Fotografien und Informationstexte auf weiteren Tafeln erzählten die lange Geschichte des Gartens. Daß dieser Hain vom Stimmengewirr und Gelächter der Ausflügler an den Wochenenden nur so flirrte, merkte ich erst, als ich häufiger wiederkehrte.

1868 angelegt, wurde »The Orchard« seit 1897 als »Tea Garden« betrieben. Hundert Jahre waren Generationen von Studenten und Professoren zu Fuß oder auf Stechkähnen nach Grantchester gekommen. Im »Orchard« hatte – von Ludwig Wittgenstein über Virginia Woolf, John Maynard Keynes, Bertrand Russell bis zu Alan Turing – die halbe englische Geisteselite ihren Tee genommen. Auch Rupert Brooke war mit von der Partie. Er hatte sogar einige Jahre in diesem Garten gelebt. Später zog er ein paar hundert Meter flußabwärts in ein ausrangiertes, altes Pfarrhaus. Ich war Grantchester und dem »Orchard« samt der Empfindung erlegen, englischer als hier könne es nirgendwo anders auf der Insel sein. In dem 1912 entstandenen Gedicht »The Old Vicarage, Grantchester«, das ich auf einer der Tafeln las, hatte Rupert Brooke das Dorf zum mikrokosmischen Abbild Englands verklärt. Ohne die pastorale Lyrik zu kennen, hatte ich ihr auf meinem Spazierweg entlang der Cam in meinen Gedanken und Stimmungen bereits in schwärmerischer Romantik nachgeeifert.

Mich zog ein Gedicht mit dem Titel »The Soldier« an, das eine der Informationstafeln in voller Länge zitierte. Die beiden Strophen wurden von einer Fotografie illustriert, die Brooke in Offiziersuniform im Kreise von Kameraden zeigte. »The Soldier«, hieß es, sei sein letztes Gedicht und beende einen sechsteiligen Zyklus sogenannter »Kriegssonette«, der kurz vor dem Tod des Dichters im April 1915 veröffentlicht worden sei. »The Soldier« war ein schwärmerisch-patriotischer Hymnus, in dem sich der Verfasser vorstellte, wie sein Leichnam, wenn er einst als Soldat gefallen sei, in fremder Erde ein unvergängliches Stück England bilde. Die Teetasse in der einen, den Sandwichteller in der anderen Hand, las ich, was geschrieben stand. »If I should die«, hob das Sonett an, »think only this of me: / That there's some corner of a foreign field / That is for ever England.« Ich beendete die Lektüre, ließ mich in einen Liegestuhl fallen, starrte in den »English heaven«, mit dem das Gedicht schloß und überlegte, wie alt Brooke war, als er starb, erst sieben- oder achtundzwanzig mußte er gewesen sein. Als ich beim Verlassen des »Orchard« im Pavillon das Geschirr abstellte, sah ich an der Kasse eine Ansichtskarte, die ein aus Marmor gehauenes Grab inmitten eines Olivenhains zeigte. Es war Brookes Grab, gelegen auf einer ägäischen Insel, die Skyros hieß. Was es damit auf sich hatte, wurde nicht erklärt. Ich kaufte die Karte und wanderte zurück nach Cambridge. Von jetzt an wollte ich mehr über das

Leben und Sterben dieses geheimnisvollen jungen Mannes wissen. Seit meinem ersten Besuch im »Orchard« von Grantchester war ich von der Gestalt des Offiziers im Garten wie besessen.

Ich begann, nach Rupert Brooke zu forschen. Im Vereinigten Königreich war das nicht schwer. Sein schmales lyrisches Werk kam seit seinem Ableben dutzendfach in hohen Auflagen heraus. Die bekanntesten Gedichte gehörten einschließlich einer obligatorischen Porträtfotografie als Frontispiz in Form handlicher kleiner Bändchen zum Standardrepertoire der Antiquariate. Mehrbändige Briefausgaben legten die Wirrnisse eines zwischen Homo- und Heterosexualität, Keuschheit und Ausschweifung, Fern- und Heimweh schwankenden Gefühlslebens offen, das seinen Höhepunkt in einem spektakulären Nervenzusammenbruch fand. Auf dem Kontinent unbekannt, ist Brooke in Großbritannien auch heute noch, nicht zuletzt seiner »war sonetts« wegen, ein populärer Lyriker. Seinen »Soldier« zitierte fast jeder, den ich traf, aus dem Kopf. Zahlreiche Biographen hatten sich an der Darstellung seines kurzen Lebens abgemüht. Die einen stellten ihn als apollinischen Jüngling auf den Sockel, die anderen demaskierten ihn als pathologischen Fall. Aber weder die Mythen noch die Gegenmythen kamen am Mysterium seiner Person vorbei.

Je mehr ich mich mit Rupert Brooke beschäftigte, desto mehr liebte und haßte ich diesen ebenso gewöhnlichen wie außergewöhnlichen jungen Mann. Er war ich und doch nicht ich, und er gab mir, was ich gesucht und mir zuvor keiner gegeben hatte: Glück, Mitleid, Abneigung, Schrecken. Vor allem stillte er mein Verlangen nach dem Außergewöhnlichen, dem Wagnis, nach Einsamkeit und Männerfreundschaft. Brooke war, was man zu seiner Zeit eine impressionable, eine nervöse Natur genannt hatte. Wie ein Schauspieler wechselte er ständig die Rollen.

Mal war er Décadent, Sozialist, Dandy, Rebell und Bohemien, mal war er Bürger und Gentleman. Meist war er alles zugleich, Frauen wie Männer liebten ihn. Die längste Zeit war er jedoch eine unschuldsvolle Seele, die sich nach Reinigung sehnte, danach, sich von der Last des zivilisatorischen Ichs in der Ekstase mystischer Augenblicke zu befreien.

Er war ein Jäger solcher Augenblicke, ein Abenteurer. Schon als Student der klassischen Philologie und der englischen Literatur am King's College in Cambridge machte er sich auf die Suche nach elementaren Erlebnissen. Das erste seiner neuen Reiche fand er in Grantchester. Immer Gentleman, gab er barfuß im Schatten junger Apfelblüte den dandyesken Exzentriker in weißen Flanellhosen und weißen Hemden. Beim Wandern, Paddeln, Klettern, Zelten, Nackt- und Sonnenbaden entfloh er mit anderen gleichgesinnten jungen Männern und Frauen dem bürgerlichen Leben. »Joy and youth and ecstasy« hieß seine Lebensdevise, Grantchester nannte er sein Arkadien. Nach Reinigung, Erneuerung, Erlösung lechzend, versank er in der Blütenpracht seines Gartens. Aber der große Durst nach der Hingabe ans Elementare war unstillbar. Also begab sich der junge Apoll mit dem goldenen Haar, wie ihn seine Entourage nannte, auf eine große Reise ans Ende der Welt. Auf Tahiti, dem säkularen Paradies der Moderne, entschwebte er mit der jungen Eingeborenen Taatamata in den »Himmel des Unbewußten«. Dem Ozeanischen war er von nun an heillos verfallen. 1914 kehrte er rechtzeitig zum finalen kathartischen Akt nach Europa zurück, eine große Erregung hatte ihn erfaßt. Die feurigen Landschaften, von denen er immer häufiger geträumt hatte, waren Wirklichkeit geworden. Das Verheißungsvolle war da, das Wunderbare: der Krieg. Dessen Wirklichkeit erlebte er nur am Rande, als er im Oktober 1914 in der Nähe Antwerpens seinen einzigen, sechs Tage dauernden Fronteinsatz absolvierte. Im Frühjahr 1915 machte sich der Sub-Lieutenant der Royal Naval Division auf den Weg zu seinem letzten Abenteuer. Unterwegs vom ägyptischen Alexandria nach Gallipoli an den Dardanellen, starb Brooke, wie er gelebt hatte: in Schönheit. Ihn durchsiebte kein Maschinengewehr, ihn zerrriß keine Granate. Der feinnervige Jüngling starb an den blutvergiftenden Folgen eines Insektenstichs auf einem Lazarettschiff, das vor Skyros ankerte.

Die Banalität dieses Todes gefährdete seinen Nachruhm nicht, sie war ihm förderlich. Der bukolisch anmutende Tod des Soldatendichters kam gerade rechtzeitig, um die britische Öffentlichkeit auf ein Seelandeunternehmen einzustimmen, an dem auch Brooke hätte teilnehmen sollen. Am 25. April 1915 hatte unter dem Trommelfeuer britischer und französischer Schlachtschiffe vor Gallipoli der alliierte Angriff gegen die Mittelmacht Türkei begonnen. Einen Tag später schrieb Winston Churchill, damals First Lord der Admiralität, in der »Times« einen patriotischen Nachruf auf den Seeoffizier Brooke, den er auch persönlich gekannt hatte. Die monatelang andauernden Kämpfe vor Gallipoli wurden zu einem der größten militärischen Debakel der britischen Armee während des gesamten Weltkrieges, auf beiden Seiten fielen mehr als eine halbe Million Soldaten. Der Insektenstich, an dem Brooke starb, hatte ihm nichts weiter erspart als den anonymen Massentod des industrialisierten Krieges.

Die schönsten Stunden der Brooke-Recherche verbrachte ich in der Bibliothek von King's College. Meist war ich allein im Lesesaal, durch das alte, starke Gemäuer drang kein Geräusch. Ein als Hilfskraft tätiger Student legte Bücher und Handschriften bereit. In einem nur wenige Seiten starken Büchlein über »Rupert Brooke's Death and Burial« wohnte ich einer Heiligsprechung, der Geburt eines pastoralen Mythos, eines antiken

Heldenepos bei. Der totenbleiche, von Kameraden umringte Brooke im Koma in der Kajüte eines Lazarettschiffs, sein Leichnam, in einer Mondnacht auf einer Barke hinübergerudert nach Skyros, sein Sarg, begleitet von zwölf Hünen und zwischen Oliven zur letzten Ruhe gebettet unter weißem Marmor. Brooke als Achilles, Byron als ein Reisender auf dem letzten Weg nach Kythera. Zwischen den einzelnen Sätzen starrte ich oft minutenlang auf das vor den Fenstern der Bibliothek hoch aufstrebende Schiff der King's Chapel. »Never did face seem paler on the bed of death«. Dann wieder strich ich mit den Fingerspitzen über das handgeschöpfte Büttenpapier, ertastete die unbeschnittenen Seitenränder und ging in den nächsten Satz. »A bewitching odour, a mingling of pepper and musk, rises like incense. The wan moonlight lingers on the end of the procession where the torches flicker no more.« Als ich mit meiner Lektüre zu Ende war, gab ich den von einem Anonymus verfaßten und in Schweinsleder gebundenen Bericht, »based on the Log of the French Hospital Ship Duguay-Trouin«, nur widerwillig zurück. Er war für niemanden anderen als für mich bestimmt, und keiner außer mir sollte ihn wieder unter die Augen bekommen. Das Bändchen, 1917 in nicht mehr als dreihundert Exemplaren aufgelegt, sprach zu mir, weil es sich versagte, vom Sterben zu sprechen. Von den Wellen der Ägäis umspült, von Fackeln erleuchtet und dem Gezirp der Zikaden untermalt, erschien Brookes Tod als Hinüberdämmern einer edlen Seele in einer südlichen Sommernacht. Ein Orpheus, der hinabsteigt, um wiederzukehren und von letzten Dingen zu berichten. »Poetry not of the world, but of beyond the world, dwelling so early on *the other side.*«

Der propagandistische Effekt solcher die Wirklichkeit des Soldatentodes verharmlosenden Schilderungen lag auf der Hand.

Die Porträtfotografie des schönen Jünglings war selbst nichts anderes als das Reklamebild einer rein ästhetischen Kriegswahrnehmung.

Gerade dieser Blick fesselte mich. Wie sich in Brookes Leben und Schaffen Fiktion und Realität einander annäherten, war am Gesamtkunstwerk dieser Biographie das Einzigartige. Von Grantchester über Tahiti bis Skyros ließen sich seine Paradiesgärten kaum von Kriegslandschaften und die Kriegslandschaften seiner »war sonnets« kaum von Paradiesgärten unterscheiden. Solche Schönheitsräusche waren für die zivilisationsmüde Kriegsgeneration von 1914 in ganz Europa charakteristisch. Dennoch gelang es mir nicht, deren Suche nach dem gefährlichen Leben als bloß kulturhistorisches Phänomen zu verstehen. Jenseits eines kritischen Bewußtseins ließen die Erlösungsversuche dieser hundert Jahre alten Jünglinge auch mich nicht kalt. Als seien wir Zeitgenossen, brachte Brooke es fertig, aus mir hervorzulocken, was ihn verlockt hatte, ich aber ohne seine Bekanntschaft nicht gewagt hätte, mir einzugestehen.

Er gab mir den schönen Krieg, von dem mir bewußt war, daß es solch einen Krieg nicht gab, nie gegeben hatte und nie geben würde, den ich aber gegen alle Vernunft brauchte, ohne zu wissen, warum. Rupert Brooke bescherte mir arkadische Kriegslandschaften, in denen man, mochten sie von Blut und Grauen, Schmerzen und Schreien umspült sein, nicht verreckte, sondern sich verströmte und hinübertrat auf eine Insel der Seligen. Der Krieg, den ich brauchte, war einer, in dem noch der größte Schrecken zum poetischen Arsenal subtiler ästhetischer Reize gehörte und sich das Gefährliche und Verworfene in die schöne, die zivilisierte Form ergoß. Der Tod war bei Brooke nichts anderes als eine Entrückung, ein Schlag, der die Zeit anhielt, ein allerletzter erhabener Moment in einer unüberschaubaren Reihe emotionaler Ausnahmezustände. Er gab mir das Unmögliche, Eis, das wärmte, Feuer, das kühlte, Krieg, der wie ein buntes Schlachtengemälde aus vorindustrieller Zeit aufschien, Gewalt, die Gebärde blieb, archaische Regression, die wild, aber nicht ungezügelt war. Was mir verworfen vorkam, konnte ich in symbolischer Gestalt ertragen, als tödliches Spiel ohne Einsatz des Lebens. Anstatt einem Stoßtruppkämpfer vom Schlage Ernst Jüngers auf die Schlachtfelder und in die Schützengräben Flanderns zu folgen, verharrte ich vorerst mit Brooke lieber in Grantchester, auf Tahiti oder Skyros.

Zeitkapsel

An einem Aprilabend des Jahres 1986 wurde in meiner Familie wieder das übliche Ritual zelebriert. War ein naher Verwandter gestorben, wurden der jüngsten Generation, sofern sie halbwegs erwachsen war, persönliche Gegenstände des Toten als Andenken überreicht. Mir kamen solche am Abend des Beerdigungstages stattfindende Handreichungen immer so vor, als glaube bei uns keiner so recht an einen endgültigen Tod, sondern an die Rückkehr unserer Verstorbenen als Untote. Irgendwann begann ich mit der Vorstellung zu leben, in den mir hinterlassenen Erbstücken hause die Seele des jeweiligen Toten.

Dieses Mal war es meine 1905 im hinterpommerschen Stolp geborene Großmutter. In ihrer Wiesbadener Wohnung nahm ich aus der Hand meiner Mutter zaudernd mehrere kleine Schatullen sowie zwei abgewetzte braune Brieftaschen entgegen: Sie gehörten meinem Großvater Wilhelm Crisolli. Darin steckten Drucksachen, handbeschriebene Zettel, ein dickes Bündel alter Fotografien in kleinen Formaten mit mal gezackten, mal glatten

Rändern sowie ein Notizbuch in schwarzem Einband. Die Armbanduhr des Großvaters nahm ich nicht an. Sie wurde meiner Schwester in Verwahrung gegeben. Ich trug bereits die Uhr meines Vaters am Handgelenk.

Ergänzt wurden diese Erbstücke um Nähzeug, Plastikwäscheklammern, eine Perlenkette sowie ein goldenes Armband, Dinge, die meiner Großmutter gehört hatten. Die Wäscheklammern und das Nähzeug nahm ich alsbald in Gebrauch. Den Schmuck deponierte ich, als ich wieder zu Hause war, zusammen mit dem Rest in der untersten Schublade meines Schreibtisches. Immer wenn ich von nun an eine kleine Näharbeit zu verrichten hatte und nach Nadel und Faden suchte, rührten meine Fingerspitzen an die Schatullen und Brieftaschen meines Großvaters. Manchmal holte ich sie hervor, um sie verstohlen zu betrachten. Ich verlor dabei nie das Gefühl, etwas Obszönes zu tun. Gelegentlich schlug ich auch das Notizbuch auf. Die Sütterlinschrift blieb für mich ein unlösbares Rätsel, die maschinengeschriebenen Dokumente langweilten mich, sie bestätigten ein um das andere Mal den 12. September 1944 als Todestag des Großvaters.

Die Schatullen waren reizvoller. Klappte man sie auf, ähnelten sie mit ihrem roten und blauen Seidenstoff kleinen Prunksärgen, in denen sich einbalsamierte Leichen neugierigen Blicken darboten. Ich wog die dicken Perlen der Kette und die eckigen Glieder des schweren, rotgoldenen Armbands in meiner Handfläche, und vor meinem inneren Auge erschienen der faltige Hals, die altersfleckigen Handrücken und Armknöchel meiner Großmutter. In der kleinsten Schatulle, einem blauen Kästchen, das ich mir immer bis zuletzt aufhob, schlief Graf Dracula. Es barg ein Ritterkreuz. Das im Schnittpunkt erhabene, unter der schwarzen Legierung kaum sichtbare Hakenkreuz ließ mich jedesmal erschauern. Nach längerer Ruhezeit wollte ich wieder einmal die in meiner Schreibtischschublade ruhenden Mumien betrachten. Das Kästchen mit dem Ritterkreuz war leer.

Klopfzeichen vernahm ich erst wieder zehn Jahre später. An einem sonnigen Apriltag brachte mich ein Vorortzug von der New Yorker Grand Central Station nach Flushing Meadows im Nordosten des Stadtteils Queens. Während der dreiviertelstündigen Fahrt hinaus aus Manhattan sah ich New York zum ersten Mal von seiner unspektakulären Seite. In Flushing Meadows, dem seiner internationalen Sportstätten wegen bekannten Quartier, hatten sowohl 1939 als auch 1960 Weltausstellungen stattgefunden. Der einzige erhalten gebliebene Pavillon, das Queens-Museum, dient heute als Weltausstellungsmuseum. Die vom April 1939 bis Oktober 1940 dauernde World Exposition interessierte mich am meisten. Deren Motto »Building the World of Tomorrow« empfanden schon manche Zeitgenossen als zynisch. Der »Anschluß« Österreichs an Nazi-Deutschland, das Münchner Abkommen, der Überfall der Wehrmacht auf Polen, die militärische Niederlage Frankreichs und der deutsche Luftkrieg gegen England bildeten den weltpolitischen Ereignisrahmen des vor Zukunftsoptimismus überbordenden Spektakels. Zwei Monumentalbauten, ein über 180 Meter hoher weißer Obelisk sowie eine weiße Kugel mit einem Durchmesser von mehr als 54 Metern waren die Wahrzeichen dieser von 45 Millionen Menschen besuchten *World Exposition*. In Gestalt des *Perisphere,* wie die Kugel hieß, sowie einer von *General Motors* gesponserten Ausstellungshalle, die *Futurama* hieß, schwang sich die wissenschaftlich-technische Zivilisation der Moderne zu ihrer letzten glückverheißenden Utopie auf. Die schöne neue Welt, die das *Futurama* wie auch das im Inneren des *Perisphere* präsentierte Modell der *Democracity* versprachen, nannte sich jedoch nicht mehr Utopia. Sie hieß Suburbia. Ein in grünen

Vorstädten residierender automobiler Mittelstand war das Ideal der damals noch auf schmutzige Industriestädte konzentrierten, von sozialen Gegensätzen und starkem Einkommensgefälle bestimmten amerikanischen Arbeitsgesellschaft.

An dem Tag, an dem ich das *Queens-Museum* aufsuchte, war es menschenleer. Zu sehen gab es hauptsächlich Werbeplakate und Fotografien, die das Ausstellungsgelände aus der Vogelperspektive und die Pavillons von innen wie außen dokumentierten. In den Vitrinen lag Krimskrams, Überreste der 1939 oder 1960 zum Verkauf angebotenen Souvenirs. Eine großkalibrige, silbrige Granate betrachtete ich genauer. Hergestellt von einer Firma in Pittsburgh, entpuppte sich das vermeintliche Geschoß als Modell einer sogenannten »time capsule«. Mehrere hundert Meter tief in ein Bohrloch versenkt, enthielt die Kapsel Souvenirs aus einer Zeit, die soeben erst da, für eine Zeit, die noch lange nicht gekommen war. Die 1939er Weltausstellung war die erste, die sich selbst aus postapokalyptischer Grabungsperspektive betrachtete. Offenbar zweifelten auch die Glückspropheten der *World Exposition* daran, daß die Reise ins gelobte suburbane Land je gelingen könne. Der Tod bildete die heimliche Leerstelle ihres Spektakels. Noch während seiner Geburtswehen war der *american way of life* mumifiziert und eingesargt worden. Exhumiert werden sollten seine Hinterlassenschaften, wie in die Verschlußkappe des Bohrlochs eingraviert war, im Jahr 6939. Im Dunkel der Silberkapsel dämmerten die Fetische, Reliquien, Memorabilien, die den wissenschaftlich-technischen Standard sowie den Lebensstil der Epoche repräsentierten, ihrer Reanimation entgegen. Ich nahm eine Mickey-Mouse-Tasse, ein Exemplar von Margaret Mitchells Bestseller »Vom Winde verweht« sowie Plastikartikel von Woolworth in Augenschein, und das 20. Jahrhundert sah sehr harmlos aus. Das Sammelsurium erschien mir wie die Reversseite der aus ihrer Ordnung gerissenen Dinge Europas, die zur selben Zeit begannen, besitzloses Treibgut zu werden.

Östlich der Oder

In die datierbare Dingwelt meiner Schreibtischschublade tauchte ich erst ein, nachdem ich das Haus am Kiefernwald kennengelernt hatte.

Dorthin fuhr ich zum ersten Mal im Sommer 1996. Es war Mittag, als ich mit dem Auto südlich von Stettin die Oder überquerte. Die hier über langgestreckte Brücken führende Autobahn gab stromauf- wie stromabwärts den Blick frei auf zwischen West- und Ostoder mäandernde Flussläufe und Flußarme. Die heiße Mittagssonne tauchte das Delta in glitzernden Dunst. Die von Schlaglöchern übersäte Straße ließ mein Auto trotz der niedrigen Geschwindigkeit, mit der ich fuhr, auf- und niedersinken und hin- und herschlingern. Nach etwa einer halben Stunde Fahrt ging die durchlöcherte Autobahn in eine breite Rollbahn über. Sie war glatt wie Samt, und die Fahrt ging mühelos dahin. Die schnurgerade nach Osten führende Strecke schlug eine hundert Meter breite Schneise in einen Kiefernwald. Nach wenigen Kilometern endete die Rollbahn ebenso abrupt, wie sie begonnen hatte, und führte als Landstraße durch eine baumlose Wiesengegend.

Westliche von realsozialistischen Landschaftszerstörungen zu unterscheiden, dörfliche, kleinstädtische und städtische Gefüge nach West und Ost zu sortieren, fiel mir nicht schwer. Wiewohl ich den Schock kannte, den ehemals realsozialistische Landschaften auf westliche Besucher bis heute ausüben, hatte ich ihn schon lange nicht mehr empfunden. Sowjetisierten Lebenswelten hatte ich früh den Reiz des ästhetischen Ausnahmezustandes abgewonnen. Der Weg zum hinterpommerschen Haus schokkierte mich, der ich mich hartgesotten wähnte, jedoch mehr als alles, was ich zuvor im Osten gesehen hatte. Die Dörfer schienen weitgehend erhalten, Wiesen, Buschwerk, Bäume umgaben verwitterte graubraune Bauernhöfe. Von Kleinstädten wie Chociwel, Wegorzyno, Łobez, Swidwin, Novogard oder Drawsko war hingegen kaum mehr als die Kirchen übriggeblieben. Die Ortskerne verunstalteten marode Plattenbauten, Wohnhäuser aus der Zeit vor dem Ersten Weltkrieg oder der Zwischenkriegszeit säumten als verblichene Nachbilder ihrer selbst nur die Ortsränder. Was überraschte mich daran? In Galizien oder Rumänien hatte ich Mondlandschaften gesehen. Hier waren wenigstens die mächtigen, aus rotem Klinker errichteten Kirchenbauten sorgsam restauriert. Sie verblüfften mich jedoch am meisten. Ihre protestantische Trutzigkeit verkörperte für mich, was nicht mehr existierte. An ihren Türmen flatterte, manchmal zusammen mit der rotweißen polnischen Nationalflagge, die gelbweiße Fahne des Vatikans. In diesen Kirchenschiffen wurde seit einem halben Jahrhundert nach katholischem Ritus zelebriert. Ich fragte mich, ob ich mich in einem inländischen Ausland oder ausländischen Inland befand. Die Hinterlassenschaften der preußisch-protestantischen Kultur mit katholischem Glauben zu füllen, machte mich beklommen. Mit jedem Kilometer wuchs die Empfindung, in einem fremden Land angekommen zu sein.

Das Haus lag in einem Dorf namens Dołgie. Dessen polnischer Name ging mir schwer über die Lippen, unterschied sich aber kaum von der früheren deutschen Bezeichnung Dolgen. Dołgie hat kaum mehr als hundert Einwohner. Die wenigen anderthalbgeschossigen Häuser liegen meist rechts und links aufgereiht an der Straße. Fast alle sind ärmliche Vierkanthöfe. In der Mitte des Dorfes steht der Gutshof aus deutscher Zeit. Das Herrenhaus ist bescheiden. Trotzdem nennen es die Dorfbewohner »Schloß«. Nach der Wende wurden alle Staatsgüter aufgelöst. Seitdem sind die riesigen Stallungen des »Schlosses« leer, und das Herrenhaus verfällt. Bald würde es ganz verschwunden sein. Die noch aus der Jahrhundertwende stammenden Nebengebäude wurden größtenteils heimlich abgerissen, um Baumaterial zu beschaffen. Nur der von weither sichtbare Schornstein der ehemaligen gutsherrlichen Schnapsbrennerei blieb verschont, auf seiner Spitze nistet ein Storchenpaar. Dołgie liegt auf einer hügeligen Hochfläche. Über deren Äcker, Tümpel, Weiher, Sümpfe, Wiesen, Büsche und Birkenwäldchen weht im Winter ein eisiger Nordostwind. Die Bauern auf der einen Straßenseite blicken über eine hügelige Ackerfläche und Tümpel, die auf der anderen auf einen langgestreckten See. Hinter deren Höfen fallen die Wiesen in zwei sanften Bodenwellen zum Ufer hin ab.

Das Haus gehört meinen Berliner Freunden Brigitte und Martin, sein Erwerb ging auf Brigittes Initiative zurück. Im Lauf der neunziger Jahre wünschte sich die Diplom-Übersetzerin nichts sehnlicher als ein Haus im slawischsprachigen Osten. Ihre Familie, Ende des 18. Jahrhunderts aus Hessen-Darmstadt ausgewandert und angeblich mit dem lutherischen Kirchenlieddichter Paul Gerhardt verwandt, besaß einen wolgadeutschen Hintergrund. In der Nähe von Zarizyn, später Stalin-, heute Wolgograd, hatten sich die Gerhardts als Müller ein kleines Getreideimperium geschaffen. Ende des 19. Jahrhunderts gingen die Söhne zum Studium nach Deutschland, in Berlin, Aachen und Clausthal-Zellerfeld wurden sie zu Eisenhütteningenieuren ausgebildet. 1919 flüchtete die Familie, von der mittlerweile große Teile in Sankt Petersburg lebten, vor den Bolschewiki, fand zunächst eine neue Heimat in Polen, bevor sie nach Berlin weiterzog, wo Brigittes Vater Woldemar, genannt Wolja, am russischen Gymnasium sein Abitur ablegte. Wolja Gerhardt wurde Anfang der dreißiger Jahre Eisenhüttendirektor bei Buderus in Wetzlar, die Familie war wieder in ihr hessisches Stammland zurückgekehrt. Zu Hause wurde an wolgadeutschen Traditionen festgehalten, bis heute wird in Brigittes Familie das Osterfest nach russischer Sitte gefeiert. Obwohl 1939 in Wetzlar geboren, sehnte sich Brigitte zeitlebens nach Sankt Petersburg, das zu bereisen sie jedoch vermied. Ihr Sankt Petersburg war Dołgie, das sie zufällig auf einem ihrer Streifzüge östlich der Oder entdeckte. Hier war sie bis zu ihrem frühen Tod dem Osten nahe, den sie nie gesehen hatte.

Das Haus liegt auf der Seeseite gleich am Dorfanfang. Es hat zwei Gebäude. Das langgestreckte ist zur einen Hälfte Wohnhaus, zur anderen Stall. Dort lagert nurmehr Brennholz und Gerümpel. Nebenan steht, von Apfel-, Birn- und Kirschbäumen umgeben, eine hohe, ebenfalls aus rotem Klinker erbaute Scheune mit einem großen Holztor in der Mitte. Der See ist vom Haus aus nicht zu sehen. Nur wenn man sich hinter dem Haus an einer bestimmten Stelle an den morschen Staketenzaun lehnt und den Hals streckt, erhascht man ein kleines, graublaues, schilfiges Stück. Gleich beim ersten Mal entdeckte ich, daß man an dieser Stelle nichts als Auge werden konnte. Auf dem Hügelkamm jenseits der Wiesen, in denen Sauerampfer rötliche, Disteln silberne, Gräser bläuliche Inseln bilden, schwingt sich eine Buchenallee entlang, dahinter beginnt der Kiefernwald. In den Zimmern des Hauses setzten Stanisław, Zsigmund und Darek aus Berliner Kacheln alte Öfen neu zusammen. Sie schreinerten Fensterläden, imprägnierten den wurmstichigen Dachstuhl und sicherten den sich an die Scheune windschief anlehnenden Holzverschlag durch neue Bretter. Ich schlug Wurzeln. Von jetzt an fuhr ich so oft und lange als möglich nach Dołgie. Es waren die Jahre, die auf meine Aufenthalte in Cambridge folgten. Sommer für Sommer vertiefte ich mich in den Segelflug eines roten Milans, der ohne einen einzigen Flügelschlag hoch über mir in der warmen Luft kreiste. Ich war bereit, für immer bei den Wäldern, Wiesen, Seen und Alleen der Pommerschen Seenplatte zu bleiben.

Ich hatte etwas wiedererkannt. Ich war hier zu Hause. Die Landschaft hüllte das Haus, das Haus hüllte mich ein. War ich nicht in Dołgie, stellte ich mir vor, wie die Landschaft das Haus barg, das darauf wartete, mich bergen zu können. Wieder im Haus, war ich jenseits der wirklichen Welt. Rings um Dołgie war die Einsamkeit groß und weit. Fast täglich wanderte ich um den See. Im Winter war der See oft bis weit in den März zugefroren. Im Sommer schwamm ich an das gegenüberliegende Ufer und ließ mich dort auf einem wackeligen Holzsteg in der Sonne trocknen. Ich richtete mich in einem Zimmer ein, dessen Fenster mit Knöterich zuwucherte. Im Winter hackte ich im Stall Holz und heizte, wenn vor dem Fenster die kahlen Baumkronen im Rauhreif erstarrten, die Kachelöfen und den Kamin. Telefon, Fax, Fernsehen gab es nicht. Außer mit dem Hund sprach ich oft lange mit niemandem. Wollte ich unter Menschen, fuhr ich in die nächste Kleinstadt. Dort gab es Telefonzellen, die mich mit der wirklichen Welt verbanden, Geschäfte, in denen ich wirkliche Dinge einkaufen konnte. Eine längst vergangene hinterpommersch-protestantische Weltabgewandtheit war über mich gekommen. Das Haus begann in mir Einbildungskräfte zu wecken. Der Gegenwart war ich entzogen. Die Landschaft um Dołgie wurde zum Futteral meiner Tagträume.

Irgendwann besorgte ich mir eine *Mapa turystyczna*. In grellgrünen und grellblauen Farben zeigte sie die Pommersche

Seenplatte mit ihren Gewässern und Wäldern und wies auf Sehenswürdigkeiten wie Museen, Kirchen und Schlösser hin. Ich entdeckte ein Symbol, das ich bislang nur von militärhistorischen Karten kannte, die Cannae, Karthago oder Waterloo verzeichneten. Zwei kleine gekreuzte Degen, versehen mit der Jahreszahl 1945, markierten, wo in den letzten Monaten des Zweiten Weltkriegs gekämpft worden war. An Ort und Stelle konnte ich jedoch außer wogenden Kornfeldern nichts entdecken. Aus den Furchen wuchsen Bilder empor. Sowjetische Panzerverbände und Infanterie stürmten die Hügel empor, eine Handvoll deutscher Soldaten verwickelte sich in nutzlose Abwehrkämpfe, erschöpfte Flüchtlinge brachen in Straßengräben zusammen, Trecks wälzten sich nach Westen.

Die »Mapa turystyczna« schien mir übersät von kleinen gekreuzten Degen. Ich fuhr kopfsteingepflasterte Alleestraßen entlang, die im Nirgendwo endeten. Manchmal führten sie zu ehemaligen deutschen Gutshöfen. Deren Ruinen nahm ich als militärische Kampfplätze wahr, auf denen man soeben die Verwundeten geborgen und die Toten beerdigt hatte. Ich begriff, daß an dem Anblick, den die hinterpommerschen Kreis- und Kleinstädte boten, nicht allein stalinistische Abrißpolitik schuld war. Am Ende des Zweiten Weltkrieges waren sie umkämpft, verteidigt, fast komplett zerstört worden. Daran erinnerten in der zum Haus am nächsten gelegenen Kleinstadt Drawsko zwei auf einem Sockel vor sich hin rostende sowjetische T 34 Panzer.

Ich war in eine Kaskade von Zeitschleusen geraten. Stettin hatte ich auf der 1935 begonnenen, nie fertiggestellten Reichsautobahn Berlin–Königsberg umfahren. Einen Teil der Strecke hatte man während des Kalten Krieges als Start- und Landebahn für Kampfflugzeuge angelegt. Nutzlos geworden, gab dieser Abschnitt mir den Weg frei in ein halbes Jahrhundert lang abgeriegelte Vergangenheiten. Ich war in einer von Relikten deutscher Kulturgüter bestückten, ehemaligen Kriegslandschaft angekommen.

Bald lernte ich, daß sich meine Wahrnehmung von derjenigen der Polen nicht wesentlich unterschied. Für sie waren die Spuren der Kriegs- und Nachkriegszeit noch deutlicher sichtbar als für mich. Für die 1945 vorgefundenen Hinterlassenschaften erfanden sie die Bezeichnung *poniemieckie* – »was nach den Deutschen geblieben ist«. Von den *poniemieckie* des Dorfes Dołgie erzählte mir Feliks Pawłowski. Feliks war über siebzig. Er lebte allein in einem Nebengebäude des »Schlosses«. In der landwirtschaftlichen Produktionsgenossenschaft, die kurz nach der Wende aufgelöst wurde, war er »Inseminator« gewesen. Jahrzehnte lang hatte er auf seinem Motorrad ringsum die Dörfer abgeklappert, um die Kühe künstlich zu befruchten. Auch jetzt noch konnte man den alten Mann auf seiner Maschine die Alleen entlangknattern und in Drawsko oder Ostrowice auf dem Marktplatz sitzen sehen. Den Motorradhelm auf dem Kopf, beobachtete er durch sein schweres Brillengestell ein Leben, das sich so schnell veränderte, daß er es kaum wiedererkannte. Im Wohnzimmer seiner Kate hatte er, ein Denkmal des erloschenen Ost-West-Konflikts, zwei Fernseher übereinandergetürmt. Auf einem altertümlichen Schwarzweißgerät aus dem realsozialistischen Polen, das nicht mehr funktionierte, er aber nicht missen mochte, stand ein modernes westliches Farbgerät, das ihm auch deutsche Sender ins Haus brachte. Den Verfall des »Schlosses«, seiner einstigen Wirkungsstätte, täglich vor Augen, brachte er für die neue Zeit wenig Verständnis auf.

Feliks stammte aus dem oberschlesischen Kreis Glatz. Von dort zog er mit seinen Eltern kurz vor Kriegsbeginn nach Łodz.

Als Polen besiegt und okkupiert war, griffen ihn die Deutschen auf der Straße auf. Mit fünfzehn kam er im hessischen Friedberg an. Dort mußte er auf einem Bauernhof arbeiten, er war einer der mehr als zehntausend polnischen Zwangsarbeiter, die noch im Herbst 1939 ins »Altreich« deportiert wurden. Nach dem Krieg und der von den Alliierten beschlossenen Westverschiebung Polens zog er nach Hinterpommern. Er heiratete, wurde Vater zweier Töchter. Als Schlesier war Feliks zweisprachig. Nach vielen Jahrzehnten war ich jedoch der erste, mit dem er wieder Deutsch sprach. Er legte sich eine Kladde zu, dort schrieb er, um die Orthographie zu üben, die Worte hinein, die er vergessen und von mir wieder neu gelernt hatte. Im Winter saß ich oft in Feliks' ärmlicher Stube, im Sommer auf einer Holzbank vor seiner Kate, Feliks wußte über Dołgie gut Bescheid. Auch über das Haus. Im Krieg war es nicht unversehrt geblieben, deutsche Soldaten hatten den Bauernhof, strategisch günstig am Dorfrand gelegen, im Frühjahr 1945 als Verteidigungsposten benutzt. Vorrückende Rotarmisten jagten das Wohnhaus mit einer Panzergranate in die Luft. Aus den Trümmern errichteten die polnischen Neuansiedler die Scheune, den Stall bauten sie um, Mensch und Vieh lebten fortan unter einem Dach.

Vom Krieg, von Heimatlosigkeit, Flucht und Vertreibung erzählte Feliks wie nebenbei. Noch bis in die sechziger Jahre hatten die Polen in den stalinistischem Jargon zufolge »wiedergewonnenen Gebieten« auf Äckern und in Häusern gesessen, die ihnen wie geliehen vorkamen. Auch sie waren zwangsumgesiedelt worden, waren aus Ostpolen, Litauen oder Weißrußland in dieses ihnen fremde Land gekommen. Mit ihrer neuen Heimat *Pomorze Nachodnie,* Westpommern, wie Hinterpommern bei ihnen seit 1945 hieß, hatten sie sich lange nicht abfinden können. Manche von ihnen bis heute nicht.

Das Haus in Dołgie nahm mich in sein Kraftfeld auf, die zwischen Berlin und Sankt Petersburg liegende Provinz der Guts- und Herrenhäuser, aus der die Effi Briests des 20. Jahrhunderts vertrieben worden waren. Die Orte hießen Kolberg, Rügenwalde, Stolp, Stolpmünde, Belgard. Vergeblich versuchte ich meine Zunge an ihren polnischen Namen Kołobrzeg, Darłowo, Słupsk, Ustka, Białograd. Das hinterpommersche Haus begann den inneren Osten meiner Familie nach außen zu stülpen. Es lag auf einer Grenze. Im Westen gab es gute Ackerböden, aufgelockert von Laubwäldern. Richtung Osten, gleich hinter der Buchenallee, die vom Staketenzaun aus zu sehen war, erstreckten sich karge Sandböden und dunkle Kiefernwälder. Ich war im Land der großen Mütter angekommen, wo sie bis zum Frühjahr 1945 gelebt hatten, im Ursprungsland ihrer Erinnerungen und Erinnerungsbilder. Ich war lange ihr Medium gewesen, war es vielleicht immer noch. Jetzt sah ich, woran sie sich still erinnert hatten.

Den Krieg leben

Es begann auf dem Pferd und endete motorisiert. Der Fortschritt der Kriegstechnik verwandelte Blut, Sehnen und Muskeln in Ketten und Platten aus Eisen und Stahl. Das Pferd wich der Kriegsmaschine Panzer, der Reiter dem Panzerführer. Die Epoche der Weltkriege begann für Wilhelm Crisolli am 4. August 1914 als Kavallerist des »Jäger-Regiments zu Pferde 4« in Stolp, genannt das pommersche. Vor ihm lagen dreißig Jahre Offiziersleben. Wilhelm Crisolli war Offizier in drei Armeen, wie der Titel vieler Autobiographien nach dem Ende des Zweiten Weltkriegs lautete, Offizier der Preußischen Armee, der Reichswehr und der Wehrmacht.

1914 ist er Fahnenjunker. Geboren 1895, gehört der Berliner der jungen Frontkämpfergeneration an. Ins sogenannte Feld wird er erst am 14. Dezember 1914 überstellt. Zuvor absolviert er einen Fahnenjunker-Lehrgang in Döberitz bei Berlin. Ende 1915 wird er Leutnant. Das Patent, die vom preußischen König unterzeichnete Urkunde, erhält er erst im Oktober 1918, vermutlich weil der Ehrenrat des Regiments durch die Kriegswirren daran gehindert wurde, zusammenzutreten und die Ernennung zu vollziehen. Fast den gesamten Ersten Weltkrieg verbringt er an der Ostfront. 1915 nimmt er an der Schlacht bei Lemberg teil, wenig später ist er in Serbien und Bulgarien, 1916 in Stellungskämpfen vor Riga, im selben Jahr ist er im Großen Hauptquartier des Kaisers auf Schloß Pleß in Schlesien. Das Jahr 1918 überlebt er in Frankreich. Von März bis November dieses Jahres ist er an Stellungskämpfen, Angriffs- und Abwehrschlachten beteiligt. Als das Pferd zum Panzer wird, läßt der inzwischen Dreiundzwanzigjährige St. Quentin, Arras, Montdidier, Reims, Lothringen und die Antwerpener Maasstellung hinter sich. Weihnachten 1918 ist der deutsche Rückzug abgeschlossen. Wilhelm Crisolli ist wieder in der Heimat.

Nach dem Krieg steht er in Pommern auf seiten eines Freikorps. Die Weimarer Republik übernimmt ihn als Offizier in das Hunderttausend-Mann-Heer und er kehrt nach Stolp zurück. 1925 wird er Oberleutnant. In den zwanziger Jahren absolviert er verschiedene Lehrgänge in Jüterbog, Stettin, Wunsdorf sowie im Allgäu. Unter dem Deckmantel der Kavallerie beginnt sich die Reichswehr zu motorisieren, Lastkraftwagen anzuschaffen und mit der Panzerwaffe zu experimentieren. Geschwindigkeit heißt die Devise des modernen Bewegungskrieges. 1928 beginnt Wilhelm Crisolli eine Generalstabsausbildung an der Infanterieschule in Dresden. 1930 wird er zum Rittmeister befördert, wenig später geht er nach Belgard in Pommern. 1935 ist er Major, 1938 Oberstleutnant der Wehrmacht. Drei Jahre lang unterrichtet er als Taktiklehrer an der Kriegsschule in Potsdam. Seine Zeit dort endet am 9. November 1938, am Tag nach der »Reichskristallnacht« tritt er seinen Dienst als Kommandeur der I. Abteilung des Kavallerie-Schützen-Regiments 9 in Sorau jenseits der Oder in der Niederlausitz an.

Den »Polenfeldzug« absolviert er vom ersten bis zum letzten Tag. Die deutsche Panzerwaffe vernichtet die polnische Reiterarmee. Im September und Oktober 1939 erhält er das Eiserne Kreuz erster und zweiter Klasse. Zu Beginn des Jahres 1940 befindet sich Wilhelm Crisolli, laut Wehrpaß, als Kommandeur des III. Bataillons des Schützen-Regimentes 8 an der noch unsichtbaren Westfront. Im Sommer 1940 rückt er dort vor, wo er sich 1918 zurückziehen mußte. Wieder ist er an Maas, Oise, Saône und Doubs, in der Champagne, in Flandern und im Artois. 1941 nimmt er in Serbien an der Eroberung Belgrads teil. Für seinen »kühnen Vorstoß auf Wilkomierz« (litauisch heute Ukmergé) am 20. Juni dieses Jahres sowie bei der Einnahme von Dünaburg (lettisch heute Daugavpils) am 25. Juni erhält er Mitte Juli 1941 das Ritterkreuz. Am 1. August erfolgt die Beförderung zum Oberst. Am 31.1.1942 wird er, laut Wehrpaß, durch Bombensplitter am rechten Oberarm wie am Rücken an der russischen Front bei Podberesje, dreihundertfünfzig Kilometer südlich von Leningrad, sechzig Kilometer nördlich von Welikije Luki, schwer verwundet. Anschließend kuriert er sich sechs Wochen im Kurlazarett Hotel Carlton in Marienbad aus. Zwischen Mai und November dieses Jahres befindet er sich am Südabschnitt der russischen Front im Donezbecken sowie bei Bjelgorod und Charkow.

Das Jahr 1943 verbringt Wilhelm Crisolli in der sogenannten »Führerreserve« und steht als Offizier, von den Nationalsozialisten nunmehr »Führer« genannt, für Aufträge an wechselnden Einsatzorten zur Verfügung. Ihm unterstehen die 6., 13. und 16. Panzer- sowie die 333. Infanterie-Division. Am 25. November 1943 übernimmt er die Führung der in Jütland stationierten 20. Luftwaffen-Felddivision. Am 1. Februar 1944 wird er deren Kommandeur und gleichzeitig zum Generalmajor befördert. Ende Mai 1944 erfolgt sein letzter Kriegseinsatz in Mittel- und Oberitalien. Große Teile der 20. Luftwaffen-Felddivision bewegen sich auf Fahrrädern fort, für die alliierten Panzer eine leichte Beute.

In der zweiten Septemberwoche gerät Wilhelm Crisolli im Apennin in einen Partisanenhinterhalt und wird in einem offenen Kübelwagen durch eine feindliche Salve tödlich verletzt. Seiner schweren Kopfverletzung erliegt er wahrscheinlich am 12. September entweder bei Porretta/Terme im Apennin oder in einem Lazarett in Modena. Im März 1945 wird ihm die am 1. September des Vorjahres seinem Dienstalter entsprechende Beförderung zum Generalleutnant posthum gewährt.

Er wird in Modena begraben. Sein Leichnam wird zweimal umgebettet.

Fast fünfundzwanzig Jahre nach Kriegsende findet er auf dem deutschen Soldatenfriedhof des Passo di Futa nördlich von Florenz in der Toskana seine letzte Ruhestätte.

In der Toskana

Ein Mann, der mit neunundvierzig Jahren eines ungewöhnlichen Todes stirbt, ist im nachhinein in jeder Minute seines Lebens ein Mann, der mit neunundvierzig Jahren einen ungewöhnlichen Tod sterben wird. Wilhelm Crisolli wie auch mein Vater waren mit neunundvierzig Jahren gestorben. Beide paßten in die fast zahlenmagische Wiederholungsreihe einer immergleichen familiengeschichtlichen Situation. Zumindest erschien sie uns immer gleich. Tatsächlich war es nicht häufiger als vielleicht drei Mal geschehen, daß unter nicht alltäglichen Umständen verstorbene Männer in unserer Familie verhältnismäßig junge Frauen und halbwüchsige Kinder zurückgelassen hatten. Aber das genügte, die Neunundvierzig mit einer Art Fluch zu belegen. Auch für mich stellte sie eine am Horizont klar sichtbare Grenze dar, auf die ich zuging, ohne die Richtung ändern zu können. Daß ich diese Grenze überschreiten würde, konnte ich mir lange nicht vorstellen. Seitdem ich vierzig war, lebte ich in einer Lebensendzeit, und die Neunundvierzig bedeutete für mich Lebensende. Dennoch tastete ich mich an die Vorstellung heran, wie es wäre, wenn ich diese Hürde hinter mir ließe. Gelange mir dieser Coup, wäre ich nicht bloß ein Davongekommener, sondern hätte fatale Verhängnisse ein für alle Mal beendet. Um dem Schicksal der früh dem Tod geweihten Männer zu entkommen, hieß es handeln. Mein Schreibtisch barg noch immer die Zeitkapsel, die ich über Jahre von hier nach dort, von unten nach oben und wieder zurück verschoben hatte.

Eines Tages entschloß ich mich, sie zu öffnen.

Mein Großvater erschien mir plötzlich als der geheime Fluchtpunkt meiner Biographie, auf den alles zustrebte, was ich je getan oder nicht getan hatte, geworden oder nicht geworden war. Ich entschloß mich, nach Wilhelm Crisolli zu forschen und das Rätsel seines Todes zu lösen. Ich besaß seine Papiere sowie einige Schriftstücke. Der Wehrpaß mit seinen zahlreichen Eintragungen war das wichtigste Dokument, außerdem gehörte mir sein Notizbuch. Soweit ich es entziffern konnte, enthielt es nur Adressen und militärtechnische Vermerke. Von einem Tagebuch, das Kriegsereignisse aus persönlicher Sicht schildern, notieren oder wenigstens datieren würde, konnte keine Rede sein. Die meisten Seiten waren unbeschrieben. Bedeutendstes persönliches Zeugnis war ein Brief vom 31. Mai 1944, den mir meine Mutter mit dem Hinweis überlassen hatte, weitere Briefe gäbe es nicht. Abgesandt an einem unbekannten Ort in Italien, steckte er zusammen mit einigen großformatigen Fotografien in einem braunen Umschlag.

Es blieb mir nichts anderes übrig, als mich an die einundfünfzig Schwarzweiß-Fotografien zu halten, die zum Inhalt der Zeitkapsel gehörten. Sie waren meine wichtigsten Zeugnisse. Auf sie alleine konnte ich mich allerdings nicht verlassen. Ich würde mich an Militärarchive wenden und dort recherchieren müssen. Zunächst ging es darum, die Fotografien, die kein Datum trugen und nur lückenhaft beschriftet waren, in eine mir sinnvoll erscheinende Ordnung zu bringen. Vorerst konnte ich nichts anderes tun, als sie anhand bestimmter wiederkehrender Merkmale in Gruppen einzuteilen. Zu diesem Zweck begann ich, mich in kleinste Details zu vertiefen. Ich suchte jedes einzelne Bild ab, behalf mir dabei mit einem Vergrößerungsglas oder scannte das jeweilige Foto ein, damit ich die Details heranzoomen konnte. Wieder und wieder nahm ich die Fotos zur Hand, und wieder und wieder entdeckte ich irgend etwas, was ich vorher übersehen hatte. Derart oft beugte ich mich über sie, daß ich mich von der Welt, die auf ihnen zu sehen war, allmählich aufgesogen glaubte. Ich hatte den Wunsch, die Vergangenheit, die diese Bilder fixierten, läge hinter Türen, die ich nur zu öffnen bräuchte, um hinüberzutreten. Was früher fernlag, trat plötzlich unmittelbar vor mich.

Die Fotografien klebte ich auf schwarze, gelochte Kartons, die ich in einem Ordner abheftete. Thematisch gruppiert, würde ich die Kartons auf diese Weise später leicht in eine chronologische Ordnung bringen können. Dann übertrug ich die Legenden und schrieb sie mit einem weißen Stift unter die einzelnen Fotos. Jeder der Kartons war mit einem leicht marmorierten, knisternden Transparentpapier versehen, das die Fotos nicht nur schützte, sondern auch diskret verhüllte. Das Schwarz der Kartons kam nicht allein den Bildkontrasten zugute, sondern bildete auch den passenden ästhetischen Rahmen für das, was sich aus den in eine sinnvolle Abfolge gebrachten Fotos herausschälte. Sie erzählten die Geschichte vom Tod Wilhelm Crisollis.

Fast die Hälfte der Fotos zeigte ein in weißlichem Licht wie entrückt wirkendes Begräbnis. Vor einem Sarg hatten sich deutsche Soldaten in verbeulten Uniformen aufgereiht. Die meisten standen stramm, einer von ihnen hatte die Hand zum Hitlergruß erhoben. Ein in lächerlichen kurzen Hosen angetretenes Ehrenbataillon präsentierte das Gewehr, auf dem nächsten Bild schoß es Salut. Den über dem offenen Grab aufgebahrten Sarg bedeckte eine Hakenkreuzfahne. Zwei Soldaten trugen einen mannshohen Kranz heran. Neben vielen anderen Kränzen hatte auch »der Führer«, wie auf dem deutlich vor das Objektiv gerückten Trauerflor zu lesen stand, seinen »letzten Gruß« entboten.

Diese Fotos waren schuld daran, daß ich den ganzen ererbten Packen, sobald ich ihn aus seinem Versteck hervorgeholt, immer schnell beiseite gelegt oder nur angewidert durchgeblättert hatte. Die Breeches und Schaftstiefel der Offiziere stießen mich ebenso ab wie der Hitlergruß, der Führerkranz und die Hakenkreuzfahne. Die übrigen Fotos hatten mir nie viel gesagt: Männer in Uniform, mal mit, mal ohne Ledermantel, mal in nördlich, mal in südlich wirkenden Landschaften umherstehend oder umhersitzend. Mehr sah ich nicht. Ich war fixiert auf den Hitlergruß, den Führerkranz und die Hakenkreuzfahne. Aber den Mann, der unter der Fahne in dem Sarg lag, diesen Mann sah ich nicht. Ich wußte, daß es sich bei dem Toten in dem Sarg um meinen Großvater handelte, und mir war auch bekannt, daß dieser Großvater der Vater meiner Mutter war, Wehrmachtsgeneral und in Oberitalien von Partisanen erschossen. All das hatte ich immer gewußt. Aber darüber hinaus hatte ich nichts wissen wollen. Das von einer Fülle nationalsozialistischer Symbole und Embleme umstandene Schauspiel der Beerdigung, das allein fünfundzwanzig Fotos zeigten, war mir zu obszön gewesen.

In dem Moment, in dem ich versuchte, diese Fotos zu ordnen und sie genau betrachtete, empfand ich sie weniger obszön als trostlos. Auf einigen Bildern herrschte eine erschreckende Gottverlassenheit. Da waren die neuheidnischen NS-Embleme, aber da war auch eine bis zum Horizont reichende menschenleere

Ebene, von der ich später erfuhr, daß sie angeblich zum Rollfeld eines Flughafens gehörte. Auf dem rissigem Boden, eingeteilt in Planquadrate, erhob sich weder Kreuz noch Grabstein, sondern nur ein einziger kranzbedeckter Hügel: das Grab Wilhelm Crisollis. In fremder Erde als ein Stück Nazi-Deutschland einsam zu Staub zu verfallen, war das nicht die Verdammnis? Ich wußte nicht, wie es geschah, aber ich begann mich dieses mir so gut wie unbekannten Toten zu erbarmen.

Alle Fotografien entstammten einem verhältnismäßig genau bestimmbaren Zeitabschnitt. Um die Daten herauszufinden, brauchte ich nur den Wehrpaß zu Rate ziehen, der die »aktiven Wehrdienste« penibel verzeichnete sowie die beiden Nachschlagewerke »Die Ritterkreuzträger der Infanterie« und »Die Generale des Heeres 1921–1945«. Sie sind im militärgeschichtlichen Handapparat jeder halbwegs gut ausgestatteten wissenschaftlichen Bibliothek zu finden. Bald wußte ich, daß sämtliche Fotos 1944 entstanden sein mußten, und zwar zwischen Februar und Mitte September dieses Jahres. Im Herzen der Zeitkapsel waren die letzten sieben Lebensmonate meines Großvaters aufbewahrt. Wie Wilhelm Crisolli aussah, wußte ich, das flächige Gesicht mit den nach hinten gekämmten, in der Mitte gescheitelten und an den Schläfen ergrauten Haaren, die hohe Stirn, die schmalen Lippen und die großen Augen, an denen ich erst jetzt bemerkte, daß es die meinen waren. Er war der Mittelpunkt fast jeden Fotos, ich konnte sein Gesicht, seine Mimik, seine Körperhaltung, seinen Habitus studieren. Manchmal war es, als würde er sich aus der Erstarrung der Momentaufnahmen lösen und plötzlich in Bewegung verfallen. Wo immer er hinging, was immer er tat, der Weg, ihm zu folgen, war frei.

Nachdem ich die Fotos einige Male betrachtet hatte, war es nicht schwer, sie anhand bestimmter Details vorzusortieren.

Grelles Streulicht, das durch Baumkronen fiel, oder harte Schatten, von rissigem Mauerwerk geworfen, verwiesen auf Texturen, die nur die Sonne des Südens gezeichnet haben konnte. Aus den Kriegstagebüchern des Armeeoberkommandos 14, die mir inzwischen vorlagen, ging hervor, daß mein Großvater Ende Mai 1944 in Italien bei La Spezia oder Carrara angekommen war. Die Rückseiten der Fotos enthielten einige Ortsangaben wie »Frosini«, »Nocchi« und »St. Antonio«, die mir vage Orientierung

boten. Jetzt sah ich auch nicht mehr nur unschlüssig umherstehende oder sitzende Soldaten, sondern achtete darauf, welche Uniformen die abgebildeten Männer trugen, ob sie stramm oder bequem standen, in welcher Art von Landschaft sie sich aufhielten und in welcher Jahreszeit die Aufnahmen gemacht worden waren. Endlich ging ich daran, die Personennamen zu entziffern, die mein Großvater gelegentlich mit Bleistift auf der Rückseite der Fotos notiert hatte. Auf einem sah man einen offenbar sehr ranghohen, feisten Kommißkopf namens »Dostler«, auf einem anderen blinzelte »Kesselring«, dessen Namen ich seit jeher im Ohr hatte, in einem Kübelwagen mit offenem Verdeck sitzend, zähnefletschend in die Sonne. Zwei junge Männer, leger wie amerikanische Soldaten in Khakiblousons und -hosen gekleidet, erkannte ich auf fast jedem Bild wieder. Der mit dem knorrigen Gesicht hieß »Lämpe«, der große Athletische »Maak«. Sie schienen weniger die Adjutanten meines Großvaters als seine guten Geister zu sein. Allmählich lernte ich, die Fotografien zu lesen wie die Seiten eines Buches.

Unter den sechsundzwanzig Fotos, die nicht zu den Beerdigungsaufnahmen gehörten, gab es eine Serie von neun Aufnahmen, die mir sogleich durch ihre hohe bildästhetische wie technische Qualität aufgefallen war. Kein einziges dieser Fotos war beschriftet, kein einziges zeigte eine südliche Sommerlandschaft. Deshalb nahm ich an, daß die gesamte Serie zwischen Februar und April 1944 in Dänemark entstanden war. Im Februar 1944 war Wilhelm Crisolli als Kommandeur der 20. Luftwaffen-Felddivision nach Oksböl in Jütland versetzt worden. Die 20. Luftwaffen-Felddivision war ein Radfahrerverband. Eines der Bilder zeigte einen Trupp Soldaten in Kampfausrüstung auf Fahrrädern über einen holprigen Feldweg durch eine Gegend fahrend, die noch winterlich kalt wirkte. In Dänemark erhielt die Division, die Anfang 1943 langwierig rekrutiert worden und noch nie zum Fronteinsatz gelangt war, ihren letzten Schliff. Der Auftrag ihres Kommandeurs lautete, die Männer in dem von der Wehrmacht besetzten Land zu einem einsatzfähigen Kampfverband auszubilden. So sah der Anfang vom Ende des Generalmajors Wilhelm Crisolli aus.

Die offenbar von einem professionellen Fotografen stammende Bildserie macht daraus einen glänzenden Auftritt. Die Formate der Fotos sind groß und repräsentativ, die Bildausschnitte sorgfältig komponiert und die Motive ebenso sorgsam ausgewählt. Fachgerecht entwickelt, zeigen diese Fotografien weder Vergilbungs- noch sonst irgendwelche Verschleißspuren.

Mehr als ein halbes Jahrhundert nach ihrer Entstehungszeit waren sie frisch wie am ersten Tag. Auch das, was auf ihnen abgebildet ist, wirkt, als sei es erst gestern aufgenommen worden. Man sieht freies Gelände, Wälder, Wiesen, Sümpfe, Panzer im Unterholz, Mannschaftssoldaten im Unterstand, Offiziere beim Studium des Kartenmaterials. Nichts bleibt dem zufälligen Schnappschuß eines Knipsers überlassen, nur die ruhige Hand und das scharfe Auge des geübten Fotografen zählen. Allein daran ist zu merken, daß hier ein Manöver und kein echter Kriegseinsatz dokumentiert wird. Der Tiefenschärfe gelingt es, der abgebildeten Vergangenheit eine gewisse Überpräsenz zu verleihen. Als ob sie eingefrorene Gegenwart wäre, ist die Vergangenheit auf diesen Fotografien einfach da. Der simulierte Ernstfall, Kampf, Kämpfer und fortgeschrittene Waffentechnik sind hingegen nichts als Beiwerk. Die Kamera kennt nur ein einziges zentrales Motiv: Wilhelm Crisolli, umringt von den Offizieren seines Stabes. Der Glanz seiner Gegenwart ist so überwältigend, daß er im Guten wie im Bösen niemanden gleichgültig läßt.

Greifen konnte ich die uniformierte Gestalt, die mein Großvater war, dennoch nicht. Ich versuchte mich, ihm anzunähern, aber ihm in die Augen sehen konnte ich nicht. Nicht weil ich es nicht gewagt hätte, sondern weil er sich mir entzog. Weder er noch seine Begleiter blicken auch nur auf einem einzigen Foto den Betrachter an. Ganz mit sich beschäftigt und auf sich bezogen, formieren die Offiziere auf jedem einzelnen Bild eine in sich geschlossene Gruppe. Zwar unterrichtet die Serie über die Aufgaben, die ein Kommandeur im Ernstfall zu erledigen hat, wie Lagebesprechung, Inspektion der Unterstände und getarnten Panzer sowie Instruktion der Mannschaftssoldaten. Einziges Sujet ist jedoch der um seinen Leitwolf gescharte, hermetische Männerbund, in dem jeder seinen Platz und seinen Befehl kennt und Blickkontakt ausschließlich unter Kameraden und Waffenbrüdern besteht. Diesem Narzißmus, von dem mir jedes einzelne Korn der neun Fotografien imprägniert zu sein schien, verdankte die Serie ihre suggestive Kraft. Bei mir, der ich nie eine Waffe in der Hand gehabt, weder eine Kaserne von innen gesehen noch je eine Uniform getragen hatte, kam sie damit an den Richtigen. Der ausgeklügelte fotografische Wirkungsmechanismus schloß den zivilen Betrachter nicht einfach aus, sondern weckte in ihm den Wunsch, auch er möge den auf Treu und Glauben miteinander verschworenen Männern angehören. Ich nahm den Wink auf, durchschritt die Pforte, die mir diese Bilder öffneten, und ging hinein. Um meinen Weg zu machen, mußte ich in den mir in Stummheit versunken erscheinenden Bund aufgenommen werden.

Damit überschritt ich eine familiäre und, wie mir schien, auch eine kulturelle Tabugrenze und setzte einem Schweigen ein Ende. Ich ließ eine familiäre Vergangenheit allein dadurch als Vergangenheit entstehen, daß ich mich auf sie bezog. Vor noch nicht allzu langer Zeit hätte ich solch einen Akt als unverzeihliches Sakrileg betrachtet. Das Ritterkreuz meines Großvaters, das ich immer nur heimlich in die Hand genommen und irgendwann sogar verloren hatte, war gleichsam ein Siegel, ein Siegel, das ich nicht ohne Hemmung gebrochen hatte. Aber ich erbrach es. Als ob sie mich an ihren Verlust mahnen wollte, sprang mir die Auszeichnung auf jeder der Fotografien ins Auge, die den frisch gebackenen Generalmajor bei seiner Truppeninspektion in Dänemark zeigten. Den Vorschriften entsprechend trug er das Ritterkreuz deutlich sichtbar zwischen den Kragenspiegeln am Hals.

Der Glanz, den die Offiziere, allen voran ihr Kommandeur, auf jedem einzelnen Bild verbreiteten, war der Widerschein altpreußischer Militärtradition. Diesen Männern war es darum zu tun, ihr dem Rest der Gesellschaft abgewandtes Standesbewußtsein zur Schau zu stellen. Jede Faser ihres Habitus demonstrierte in straffer Haltung und tadelloser Ausstattung Rang, Stand, Elite sowie einen Willen zu sozialer Distinktion, der kein Pardon kannte. Wilhelm Crisolli im wadenlangen Umhang auf einer Anhöhe stehend, einen Trompeter neben sich, zeigte sogar die Positur des Feldherrn. Auf einem weiteren Bild markierte er, die Hände in feines dunkles Leder gehüllt, in das rechte Auge ein Monokel geklemmt, preußisch-wilhelminisch den Unzeitgemäßen. Kein Zweifel, dieser Bilderzyklus protzte mit dem Formideal des Herrnhaften, wollte aber nicht nur ästhetisch, sondern auch moralisch gefallen. Die Tadellosigkeit der Ausstattung sowie die körperliche Disziplin dieser Offiziere wollten Ausdruck ihrer inneren Haltung sein, ihrer Tugendhaftigkeit und Aufrichtigkeit. Jeder sollte mit bloßem Auge sehen können, daß sich diese Elite einem überlieferten Kanon gemäß sozial exklusiv und dabei ethisch rigoros verhielt. Das war es, worauf es den Fotos ankam, das war es, was sie mitteilen wollten. Ich übersah dabei nicht, daß die ihrer exklusiven Rolle offenbar nicht mehr ganz sicheren Herren auftraten, als seien sie Schauspieler ihrer selbst. Dennoch überließ ich mich diesem mir ein wenig dandyesk erscheinenden und sogar nach leiser ästhetischer Opposition schmeckenden Auftritt.

Auf diesen Bildern schob sich etwas in den Vordergrund, was lange im Hintergrund geblieben war. Der überzeitliche moralische Geltungsanspruch, den mir die Traditionsgebundenheit dieser Männer vermittelte, berührte mich auf eine Weise, von der ich nicht für mich möglich gehalten hätte, daß er mich je würde erreichen können. Ich wurde gewahr, daß mich das 1944 schon in mythologische Ferne gerückte preußische Staatsgebilde mehr anging, als ich bislang geahnt hatte. Den Ehrenmännern, die diese Fotos zeigten, schien es darum zu gehen, zwischen Kriegstheater und Theaterkriegen, Krieg und Manöver keinen Unterschied zu machen. Sie behaupteten, nicht nur zur Hegung des Krieges entschlossen zu sein, sondern alles, auch sich selbst, unter Kontrolle zu halten. Ich hatte Gründe, sie bei dem Wort zu nehmen, das ihr Auftritt fotografisch besiegelte. Der von seinem Stab umgebene Generalmajor Crisolli mit dem Monokel im Auge studierte sein Kartenmaterial nicht irgendwo, nicht in einem Gefechtsstand, einer Stabsstelle oder einem Kübelwagen. Das Versprechen verkörpernd, Preußen wisse seine Unwirtlichkeiten zu kultivieren, standen die Herren Offiziere auf der Lichtung eines Kiefernwaldes.

Mir blieb nichts anderes übrig, als wenigstens zeitweise abzustreifen, was ich über Krieg, Militär und Wehrmacht im Kopf trug. Ich mußte den Mut aufbringen, zu meinen unbewußten Wissensspeichern vorzudringen. Dank dieses Entschlußes beunruhigte mich nicht mehr, daß ich nur wenige handschriftliche Dokumente meines Großvaters besaß. Die Fotografien wiesen mir Wege ins Unbekannte, die mir kein Buchstabe je hätte eröffnen können. Die Offiziere, die auf den Bildern zu sehen waren, strahlten zu meiner eigenen Verblüffung nicht allein negative Empfindungswerte aus. War ich etwa innerlich militarisiert? Womit immer mich die Fotografien bannten, bevor ich mich ihrer Aura entzog, wollte ich mich ihr stellen, so schonungslos als möglich.

Den ersehnten Offizier im Garten hatte ich nach vielen Expeditionen zu Hause entdeckt, in der Schublade meines Schreibtisches. Die Italienbilder dokumentierten, wonach ich auf vielen Irr- und Umwegen gesucht hatte, sie zeigten Gärten, nichts als Gärten und mittendrin immer wieder Wilhelm Crisolli. Eine anhand der Bildlegenden wie der Bildmotive leicht als Serie identifizierbare Abfolge von sieben Fotografien zeigte die »Villa Nocchi«. Von einer Mauer umgeben, liegt sie in einem Park mit Oleanderbäumen und Zypressen. Auf zwei Fotos dieser Serie haben sich Lämpe, Maak und mein Großvater zusammen

mit den Bewohnern dieser Villa zu einem Gruppenporträt versammelt. Die Terrasse des herrschaftlichen Gebäudes wird von zwei großen, weißen Markisen beschattet, die deutlicher als die abgebildeten Personen die vergangene Wirklichkeit dieser Szenen heraufzubeschwören scheinen. Der Sommer des Jahres 1944 muß sehr heiß gewesen sein. Das Rasenstück, auf dem die Bewohner und ihre Gäste posieren, ist verbrannt, alle blicken in die Kamera.

Wilhelm Crisolli und seine Adjutanten sind umringt von größtenteils sehr jungen und verführerisch schönen Frauen. Sie tragen leichte Sommerkleider, zu Füßen der Gruppe kauert, einen großen weißen Hund im Arm, ein kleines Mädchen. Zusammen mit dem Mädchen sind es neun Frauen, von den uniformierten Deutschen abgesehen, gibt es noch zwei weitere Männer, beide in Zivil. Einer ist kaum zu erkennen, der andere um die Vierzig fällt durch ein markantes, ein wenig grobes Gesicht auf, das wellige Haar hat er aus der hohen sonnengebräunten Stirn zurückgekämmt. Er blickt ernst, wenn auch lange nicht so ernst wie der todunglücklich dreinschauende Wilhelm Crisolli, der sich in den Arm der jeweils neben ihm stehenden Frau untergehakt hat. Nicht die Herrinnen der Villa bei ihm, er sich bei ihnen. Der Generalmajor wirkt, als suche er Halt. Die ihn umringenden jungen Frauen sind nichts als lächelndes Lebensglück. Sie scheinen die Gartenpracht eines sorglosen Sommers auf dem Lande zu genießen.

Zwei weitere Porträtfotos zeigen die größte der schlanken jungen Frauen auf einem Mäuerchen sitzend. Auf der Rückseite lese ich: »Platens stille Liebe!«. Der Name der ungefähr Achtzehnjährigen fehlt. Direkt in die Kamera blickend, lächelt sie hingebungsvoll. Von der durch das Blattwerk der Olivenbäume einsickernden Sonne wird diese stille Liebe umhüllt wie von einer Gloriole. Warum aber war sie still, diese Liebe, und was ging sie meinen Großvater an? Und Platen, wer mochte Platen sein? Die einzige Person dieses Namens, die ich kannte, war der italiensehnsüchtige Dichter August von Platen, der 1835 mit noch nicht vierzig Jahren in Sizilien an der Cholera gestorben war. Sollte der »Platen« meines Großvaters aus der weitverzweigten Familie dieses in Ansbach geborenen mittelfränkischen Adelssprosses stammen? »Wer die Schönheit angeschaut mit Augen, / Ist dem Tode schon anheimgegeben«, diese Verse des romantischen Dichters kannte ich, wer kannte sie nicht, dachte ich, Platens Liebe auf den beiden Fotos betrachtend. Die »Villa Nocchi« glich einem Arkanum, in dem sich der Krieg in Licht und Erotik, Licht und Vergänglichkeit, Licht und Poesie auflöste. Allein der Generalmajor wirkte so erstarrt, als blicke er nicht ins Objektiv des Fotoapparates, sondern ins Auge der Medusa.

Unter all den Fotografien gab es eine, von der ich nicht glaubte, daß ich jemals über sie hinweggegangen sein könnte. Selbst wenn ich die Fotos in zehn Jahren nur einmal flüchtig durchgeblättert haben sollte – wie konnte mir dieses eine entgangen sein? Wenigstens als nächtliches Traumbild hätte es mich beschäftigen müssen. Schauplatz ist der »Park von St. Antonio«. Gleißendes Licht flutet eine Steinbalustrade entlang und taucht die Marmorplatte eines im Freien stehenden, reich verzierten, vermutlich aus dem 18. Jahrhundert stammenden Tisches in

weißgoldenen Schimmer. Das Personal dieser intimen Gartenszene stellen Maak und mein Großvater. Gekleidet in einen kurzen weißen Uniformrock, lehnt Wilhelm Crisolli, ins Leere sinnierend, mit schlaffen Armen in dem einen der beiden Goldsessel. Immer wenn ich dieses Foto betrachtete, wurde mein Blick zuerst vom Stamm eines dicken Baumes angezogen, der sich hinter den breiten Schultern Maaks erhebt. Allein der knorrige Baumstamm vermittelt Dauerhaftigkeit, alles übrige ist flüchtig bis zur Unwirklichkeit: die Linienschwünge und Lichtreflexe des Mobiliars, das konturenauflösende Sonnenlicht, das harte Schatten wirft, die Blätter der Taxushecke, die tief in den rückwärtigen Gartenraum ausläuft. Am meisten konsternierte mich die Kaffeekanne, die zusammen mit mehreren Tassen auf dem Tisch steht, an dem sich Wilhelm Crisolli und Maak niedergelassen haben. Die Kanne mit den putzigen Figuren auf ihrem geschwungenen Bauch raubt dieser Kaffeestunde den letzten Rest soldatischer wie kriegerischer Härte.

Sosehr ich die Fotos früher gehaßt oder mißachtet hatte, sosehr schloß ich jetzt diese mir bukolisch erscheinende Gartenszene ins Herz. Vor allem der Melancholie ihrer lichtdurchfluteten träumerischen Unwirklichkeit wegen nannte ich die fotografische Impression das Rokoko-Foto. Eine ähnliche Szene, stellte ich mir vor, könne sich auch auf einem Gemälde von Antoine Watteau, mehr noch in den von Zwielicht erfüllten *fêtes galantes* eines Fragonard finden lassen. Ich betrachtete das Rokoko-Foto immer und immer wieder. Als ob es sich um eine Aufnahme handele, die »on *the other side*« entstanden sei, sah ich darin nichts als paradiesische Entrückung. Das einsickernde Licht, das meinen in einen bloßen Schemen verwandelten Großvater zeigte, erweckte den Eindruck, es sei das mythologische Arkadien, in dem er Platz genommen habe. Ebensogut hätte es sich aber auch um eine Kaffeepause in einem Potsdamer Park oder im Obstgarten Grantchesters handeln können. Das Rokoko-Foto war eine Kriegsfotografie, die den lauen Atemzügen eines schönen toskanischen Sommernachmittages Ewigkeit zu verleihen schien. Mit der martialischen Männlichkeit der Fotos im dänischen Kiefernwald besaß es nicht die geringste Ähnlichkeit. Das Manöver gab sich martialisch, der Krieg bukolisch. Wer hätte in diesem Garten nicht lustwandeln, an diesem Tisch nicht Platz nehmen mögen? Wer hätte der Aura solch eines Bildes widerstehen können? Das Rokoko-Foto war das perfekte

Erinnerungsbild. Warum aber war es als solches nie benutzt worden? Der Krieg, der auf diesem Foto unsichtbar blieb, schien erst im Nachkrieg sichtbar geworden zu sein.

Ich dachte an den von mir verehrten österreichischen Schriftsteller Clemens Eich. Gerade von einer Reise in den vom Bürgerkrieg zerrissenen Kaukasus nach Wien zurückgekehrt, starb Eich 1998, nachdem er eine Treppe hinabgestürzt war. In seinen posthum erschienenen »Aufzeichnungen aus Georgien« gesteht er, er sei in die ehemalige Sowjetrepublik »aus einer Sehnsucht nach Krieg, einer Lust darauf« aufgebrochen. Widerfuhr mir Ähnliches? Suchte nicht auch ich nach Verschollenem und Verworfenem, nach etwas, das als große Erschütterung drohend auf mich zukam, ein ebenso gefürchteter wie ersehnter Ausnahmezustand? Wenigstens nachträglich wollte ich wissen, was der Krieg für meinen Großvater, den deutschen Generalmajor mit dem italienischen Namen, gewesen war. Ich wollte den auf meinen Fotos unsichtbaren Krieg sichtbar machen und herausfinden, ob der Kiefernwald ein camouflierter Garten oder der Garten ein gut getarnter Kiefernwald war. Ich mußte selbst nach Italien fahren.

Die Orte, die ich suchte, waren auf keinen Atlanten verzeichnet. Selbst auf einer detaillierten Karte Oberitaliens waren sie nicht zu finden. Auf irgendeiner Gebietskarte mußten sie zu entdecken sein, aber auf welcher? Meine wichtigsten Pilgerorte hießen Nocchi und St. Antonio, auf anderen Fotografien fand ich die Ortsangabe »Frosini« sowie den Namen einer Villa Reale di Marlia. Ich fügte Porretta hinzu. Dort war laut übereinstimmender Auskunft des Wehrpasses mit einigen maschinenschriftlichen Dokumenten Wilhelm Crisolli ums Leben gekommen. Die Namen gab ich in verschiedene Suchmaschinen des Internets ein. Schneller als gedacht überblickte ich meinen Expeditionsraum. Ich geriet auf italienische Websites mit Orts- und Wegebeschreibungen in deutscher Sprache sowie Kartenskizzen als Orientierungshilfen. Außer Porretta, das nicht weit von Pistoia im Apennin an der südlichen Grenze der Provinz Emilia-Romagna lag, befanden sich alle übrigen Orte in der Toskana, die meisten beliebte Ziele für Italientouristen.

St. Antonio hieß richtig Sant' Antonio und lag nicht weit von San Gimignano in der Nähe von Montaione. Genauere Angaben fand ich jedoch nicht. Die Website zeigte Farbfotografien von Montaione, einer Kleinstadt auf einem Hügel, von mittelalterlichen Klosterbauten sowie Landschaften, in denen Zypressen aufgereiht standen wie Kerzen auf einem Bittaltar. Über allem wölbte sich ein dunkelblauer, wolkenloser Himmel. Montaione war den Lobpreisungen der Werbetexter zufolge das Herz des deutschen Toskana-Tourismus. In der Umgebung des Ortes waren ehemalige Villen, Fattorien, Weingüter und Festungsanlagen zu Hotels und Ferienhäusern umgebaut worden. Nicht nur die Gäste, auch die Anbieter waren Deutsche. Irgendwo inmitten dieses Gebietes lag der Schauplatz des Rokoko-Fotos. Ihn zu finden würde nurmehr eine Frage der Zeit sein. Einen sich trutzig über einem Dorf namens Frosini erhebenden *castello* fand ich ein paar Kilometer südwestlich von Siena ebenfalls auf einer Website. Ein Toskana-Reiseführer erwähnte die Villa Reale di Marlia in der Nähe Luccas ihres sehenswerten Parks wegen, und das nicht weit entfernt davon liegende Nocchi entdeckte ich eher zufällig, als ich auf einer Gebietskarte die genaue Lage der Villa Reale auskundschaftete.

Damit hatte ich in groben Umrissen die Marschroute meines Großvaters vor mir und einen ersten Eindruck vom militärischen Frontverlauf der Sommermonate 1944 gewonnen. Auf einer mehr als dreißig Jahre alten Toskanakarte, die ich in meinem Bücherregal unter vielen anderen Stadt- und Landkarten fand, markierte ich sämtliche der auf meinen Fotografien abgebildeten Orte. Ich ergänzte Porretta, den mutmaßlichen Tatort, Modena, den Ort des Begräbnisses, sowie den Passo di Futa, einen nördlich von Florenz gelegenen deutschen Soldatenfriedhof, auf den mein Großvater 1969 umgebettet worden war. Alle Punkte zusammen bildeten ein nach Süden zeigendes spitzwinkliges Dreieck, das sich allmählich in meine Großhirnrinde zu bohren begann.

In den folgenden Jahren reiste ich häufig in die Toskana. Aber nie wieder glaubte ich dem Mann, der mein Großvater war, so nahe gekommen zu sein wie damals, als ich mich erstmals auf die Suche nach seinen mir unbekannten Schicksalsorten machte, die, als ich sie gefunden hatte, auch zu den meinen wurden. Die ersten Nachforschungen fielen stets mit den beiden italienischen Kerndaten Wilhelm Crisollis zusammen. Damals glaubte ich an Zufall, heute glaube ich nicht mehr daran. Entweder war ich Ende Mai, dem Beginn seines Einsatzes, an Ort und Stelle oder Mitte September, wenn sich sein Todestag jährte. Anfangs wußte ich nichts Genaues, wußte nicht, wie die Orte aussahen, in denen sich Wilhelm Crisolli aufgehalten, was er dort getan hatte und wo genau und unter welchen Umständen er gestorben war. Bald jedoch sollte ich mehr über ihn erfahren als irgend jemand in meiner Familie jemals zuvor.

Um der größtmöglichen Authentizität der Erfahrung willen wäre ich am liebsten selbst dreieinhalb Monate lang an jeden der Orte gereist, die mir die Fotos der Zeitkapsel zeigten. Eine noch größere Herausforderung wäre es gewesen, sämtliche italienischen Aufenthaltsorte Wilhelm Crisollis zu erkunden, um mich auch dort, falls ich die exakten Aufenthaltszeiten herausbekommen würde, so lange aufzuhalten wie er es getan hatte. Für solch ein irrwitziges Unterfangen hätte ich vermutlich Jahre gebraucht und mich in Archiven und Bibliotheken der Toskana und noch vielen anderen Landschaften rettungslos verloren.

Wie schon im September zuvor begann ich auch dieses Mal meine Reise wieder am Bahnhof von Carrara. Ich stand auf dem Bahnsteig des weit außerhalb des Ortes zwischen Gebirge und Küste in einer Ebene liegenden Bahnhofes. In einigen Kilometern Entfernung schimmerten an den westlichen Berghängen der Apuanischen Alpen die berühmten Marmorbrüche in der Maisonne wie Gletschereis. Schon Michelangelo war wie viele Bildhauer nach ihm dort hinaufgestiegen, um die reinsten Blöcke für seine Skulpturen auszusuchen, seit Jahrhunderten gab der Marmor den Bewohnern dieser Gegend Arbeit und Brot. Ich stellte mir vor, einer der ersten Blicke meines Großvaters nach seiner Ankunft in Italien könne auch den Marmorbrüchen von Carrara gegolten haben.

Die 20. Luftwaffen-Felddivision war laut Kriegstagebuch der 14. Armee am 28. Mai 1944 »im Raum La Spezia ausgeladen« worden, tags darauf hatte Wilhelm Crisolli seinen ersten »Gefechtsstand« bezogen. Die Datierungen des Kriegstagebuchs wie auch die großformatigen Fotos, die Wilhelm Crisolli dem Brief an seine Frau beigelegt hatte, bewiesen eindeutig, daß er das einzige überlieferte Schreiben aus Italien in der Villa Reale verfaßt hatte. Die kommerziellen Fotografien künstlerisch wertvoller Baudenkmäler, die man noch heute in vielen italienischen Antiquariaten finden kann, stammten aus der Edizione Alinari. Die am unteren weißen Rand mit präzisen Legenden versehenen Ansichten beschriftete Wilhelm Crisolli auf der Rückseite mit seinem Füllfederhalter. Keine wörtlichen Übersetzungen der Legenden, zeigen diese Angaben, daß ihm die Spezifika einer toskanischen Villa nicht vertraut waren. In alter ostelbischer Gewohnheit bezeichnete er die Villa durchweg als »Schloß«. Neben der »großen Treppe im Schloß« sowie dem »großen Empfangssalon« zeigen die auf echtem Fotopapier entwickelten Bilder ein großes, von Skulpturen gesäumtes Rasenstück, ein rechteckiges Bassin, umgeben von Terrakottakübeln, die mit Orangenbäumen bepflanzt sind, ein Nymphäum mit Grottenfontäne sowie Loggia und Innenhof einer Fattoria. Die menschenleeren Ansichten strahlen so viel Harmonie und Glückseligkeit aus, daß sie im Betrachter den Wunsch wecken, sich augenblicklich dorthin zu begeben.

Um möglichst schnell an Ort und Stelle zu gelangen, war ich auf die nicht weit vom Bahnhof von Carrara an der Riviera della Versilia entlangführende Küstenautobahn gefahren. In den nördlichen Vororten von Lucca war ich auf riesigen Parkplätzen riesiger Supermärkte umhergeirrt, über Brücken hinüber- und unter Brücken hindurchgefahren, um auf Zubringer zu gelangen, die mich aufs neue ins Abseits schickten. Nachdem ich mich durch den einer Barriere ähnlichen Siedlungsbrei hindurchgearbeitet hatte, wartete eine weitere Überraschung auf mich. Beiderseits von hohen Mauern gesäumte Wege führten mich vor die Eingangstore verschiedener Villen, aber nie war es die, die ich suchte. Ich war in ein Labyrinth aneinandergrenzender Gärten geraten, das mich mein Ziel umkreisen, aber nicht zu ihm gelangen ließ. Endlich geriet ich doch noch in die Sackgasse meiner Wünsche. Vor einem hohen Eisentor kam ich zum Stehen. Niemand war zu sehen. In einem Pförtnerhäuschen aus gelbem Sandstein kaufte ich eine Eintrittskarte und wartete eine Weile in der Sonne. Aber es kam niemand mehr. Endlich wurde das Tor von innen geöffnet. Dieser 31. Mai war sehr heiß, und ich hatte das Glück, ohne andere Besucher allein durch den Garten der Villa Reale schlendern zu können. Der einzige, der mich begleitete, war ein Wächter. Wenig redselig trottete der alte Mann zehn Schritte vor mir.

Dieser unversehrte Ort machte es mir leicht, sofort wiederzuerkennen, was ich von den Fotografien meines Großvaters her kannte. Allerdings war nicht alles so, wie ich es mir vorgestellt hatte. Enttäuscht fand ich mich damit ab, daß die Villa, deren mächtiger Kubus nicht die von mir erwartete südliche Anmut besaß, Besuchern keinen Zutritt gewährte. Davon abgesehen war der in der Mitte des 17. Jahrhunderts angelegte Garten in seiner ursprünglichen Form nicht mehr vollständig erhalten, aber dank seiner wechselnden Besitzer zeigte er fast die ganze Bandbreite abendländischer Gartenkultur. Von der Terrasse der Villa den sanft abschüssigen, makellos grünen *pleasure ground* hinabblickend, dachte ich an Cambridge, Grantchester und Rupert Brooke.

Einen Fernblick gewährte die nach dem Vorbild englischer Landschaftsgärten gestaltete zentrale Sichtachse jedoch nicht. Dieser Park schien es darauf anzulegen, seine vielgestaltigen Innenwelten von jeder Außenwelt so hermetisch als möglich abzuschließen. Akkurat zurechtgestutzte Alleen, Bosketten, Heckenwände sowie Mauerchen und kleine Gatter kaschierende Büsche bildeten verwunschene, separate Gartenräume. Ich wanderte von einem zum anderen und tat keinen Schritt, ohne daran zu denken, daß ich auf den Spuren von Wilhelm Crisolli ging. Nichts schien mir so sehr seine unmittelbare Gegenwart zu bezeugen wie der Kies, der in diesem Moment unter meinen Schritten knirschte, oder die Wasseroberfläche des großen rechteckigen Goldfischteiches, in dem ich mich gerade spiegelte. Aus den Amphoren zweier Tritonenskulpturen plätscherte Wasser, die Orangenbäumchen in den Terrakottakübeln standen Spalier, die antikisierende Statue einer weiblichen Gottheit neigte sanft das Haupt. Heiterkeit regierte dieses Refugium aber nur auf den ersten Blick. Als sei nichts flüchtiger als die Harmonie eines Goldenen Zeitalters, dessen man allenfalls augenblicksweise innewerden könne, lastete überall Schwermut. Ich rätselte, ob die Eigenart des Ortes oder der beginnende Abstieg in die Vergangenheit Grund meiner Melancholie war.

Den Wegweisungen des Wächters folgend, umfing mich alsbald ein Wunderwerk, das mich vollends ins Wanken brachte. Als habe Fragonard eine Woge tiefgrünen Blattwerks ausgegossen, umgab mich das Halbrund eines Heckentheaters, das, wie mir mein Cicerone erklärte, schon 1652 entstanden und der älteste Teil des Gartens sei. Ein erhöhter Rasenplatz bildete die Bühne, den Rest der intimen Arena, Seitenwände, Tribüne und Kulissen formten messerscharf beschnittene Koniferen und Buchsbäume. Aus den Nischen der Kulissen lugten lebensgroße Terrakottafiguren hervor, Arlecchino, Colombina und der dicke Dottore aus der Commedia dell'arte. Der Realismus ihrer erstarrten Posen trieb die Unwirklichkeit, von der ich mich umgeben sah, auf die

Spitze. Was vorgab, toter Stein zu sein, war lebendige Natur, was sich als lebendige Natur gab, war tote Materie. Auf solch morbiden Schabernack war ich nicht gefaßt. Dieses kleine Welttheater konfrontierte den Besucher nicht allein mit dessen Vergänglichkeit. Hämisch auf die eigene Zweideutigkeit verweisend, entlarvte es zu allem Überdruß auch noch die illusionäre Weltferne des Gartens, die mich so sehr bezauberte, als Illusion. Dergestalt die Eitelkeit alles Irdischen aufzurufen, war für barocke Kunststücke nichts Ungewöhnliches. Mich jedoch durchfuhr ein leiser Schrecken.

Ich ließ mich auf einer schattigen Bank nieder und zog den Brief meines Großvaters hervor. In dieser Umgebung war er geschrieben worden. Als ich ihn jetzt wiederlas, glaubte ich, jener mehr als fünfundfünfzig Jahre zurückliegende 31. Mai 1944 sei neuerlich angebrochen. Als Annemarie Crisolli den Brief erhielt, mochte sie glauben, der Krieg, den ihr Mann erwähnte, sei eines, der Garten hingegen, den die Fotos zeigten, etwas ganz anderes. Aber so war es nicht. Gerade der Garten mußte den Krieg für meinen Großvater zu einer erst recht unerträglichen Last gemacht haben. In seinem Brief beschwerte er sich über das Desinteresse der Italiener »an dem gesamten Kriegsgeschehen«. Sie kennten nichts als »zitternde Furcht«, ihnen fehle »jede männliche Haltung« und »alles kennt nur ein Gebot: ausreißen«. Die den Italienern zugeschriebene Unmännlichkeit schien ihn selbst jedoch am meisten zu quälen, was er seiner Frau Annemarie im fernen Sorau mitzuteilen hatte, war an Larmoyanz schwerlich zu übertreffen. Die Folgen vorangegangener Kriegseinsätze schwächten seinen Körper, die aktuelle »Luftüberlegenheit« der Alliierten in Italien drückte seine Kampfmoral nieder. War es der Zauber der Villa Reale di Marlia, der ihn jeder männlichen Form beraubt hatte?

31. Mai 1944

Meine geliebte Annemarie!

Gestern ist nach dem Heeresbericht Cottbus angegriffen worden. Ich habe daraufhin sofort versucht, Sorau telefonisch zu erreichen. Ich kam aber nur bis Sprottau durch, wo mir das Telefonfräulein, das die Verbindung nach Sorau nicht bekam, sagte, der Angriff auf Sorau sei nicht schlimm gewesen. Dann riß die Verbindung. Ich hoffe nun sehr, daß Du und unser Haus heil geblieben bist. Ich will heute abend noch einmal versuchen, nach Sorau durchzukommen. – In der Anlage schicke ich Dir einige Bilder unseres Schlosses und seiner Anlagen hier. Die Erklärung steht überall hintendrauf. – Hier haben wir einfach dauernd Fliegeralarm. Man kann die Sirenen einer einige Kilometer entfernten Stadt immer mithören. Eben heulen sie wieder. Hoffentlich kommen sie nicht so bald heraus, daß wir hier hausen, denn sonst hagelt es Bomben. Die alliierte Luftüberlegenheit ist doch recht unangenehm. Sie schmeißen uns namentlich alle Eisenbahnen kaputt. Nach Rom führt keine Bahn mehr. Der gesamte Nachschub nach dort läuft im Lkw. Du wirst Dir vorstellen können, welche Schwierigkeiten das für die Kampfsicherung macht. Meiner Auffassung nach ist Rom so auf die Dauer nicht zu halten. Die Italiener selbst sind völlig uninteressiert an dem gesamten Kriegsgeschehen. Sie leben nur noch in zitternder Furcht für ihr Leben. Jede männliche Haltung fehlt. Alles kennt nur ein Gebot: ausreißen. – Ich selbst habe mal wieder Furunkel. Eins am Knie!, was sehr störend ist, und eines am Gesäß. Dann ging mir mal wieder von meinen erfrorenen Zehen gestern ein Nagel ab. Man wird doch wirklich allmählich ein altes Wrack. – An Heide habe ich heute einen längeren Brief geschrieben. Ich bin ganz schimmerlos, wie es ihr gehen mag. Die Umstellung der Post wird auch eine gewisse Zeit in Anspruch nehmen. Die Briefe werden eine Laufzeit von 10 Tagen haben. Du wirst also auch so bald keine Nachricht von mir bekommen. Aber das ist nun mal nicht zu ändern. Ich hoffe noch immer sehr, daß doch den Engländern und Amerikanern aus innenpolitischen Gründen mal die Puste ausgehen wird. – Dieses ewige Getrenntsein von seiner Familie, das bekommt man doch allmählich über. – Hoffentlich bringen mir die beiden Leute, die das Gepäck (?) brachten, von Dir eine Nachricht mit. Ich weiß sonst heute Neues nicht mehr zu berichten.

Dir viele herzliche Grüße, Vati

Vielleicht war es ihm wie mir ergangen, der durch die Vexierspiele dieses Gartens ins Wanken gebracht worden war. Wie ich jetzt so dasaß und las, was Wilhelm Crisolli geschrieben hatte, erschien mir die Haltung, die er sich abverlangte, Zeichen eines untergründigen anderen Verlangens zu sein. Wie war das, fragte ich mich, wenn man als fast Fünfzigjähriger zum ersten Mal den Süden erlebte? Wenn man im Sehnsuchtsland aller Deutschen von Tiefliegern gejagt wurde? Vegetation, Klima, Geschmäcke

und Gerüche erlebte, die man noch nie erlebt hatte? Mit einem Volk verkehrte, das einem malerisch vorkam, dessen Sprache und Mentalität man aber nicht verstand? Daß Wilhelm Crisolli für die Exotik seiner italienischen Umgebung unempfänglich gewesen sein sollte, konnte ich mir, angesichts der Villa Reale und ihres Parks, kaum vorstellen. Oder war es so, daß man die Verführungen haßte, denen man sich nicht hingeben durfte, weil der Krieg nichts anderes als Krieg zuließ? Irgend etwas mußte mit dem fast fünfzigjährigen Ritterkreuzträger geschehen sein, daß er sich drei Tage nach seiner Ankunft in Italien wie ein

»altes Wrack« fühlte und um soldatische Haltung rang. Und war es nicht das Weibliche, waren es nicht die Frauen, wonach er sich in seinem Brief geradezu verzehrte?

Ich fuhr schon längst nach Süden in Richtung Montaione, als ich noch immer über die Wirkung italienischer Gärten auf deutsche Wehrmachtsoffiziere nachgrübelte. Im September zuvor hatte ich den Schauplatz des Rokoko-Fotos vergeblich gesucht. Dieses Mal war mir das Glück jedoch gewogen. Bereits zu Hause hatte ich auf der Regionalkarte »Chianti e Colline Senesi« Sant' Antonio entdeckt und markiert. Zusammen mit den Fotos lag die Karte für alle Fälle griffbereit neben mir.

Bei meiner ersten Expedition ein halbes Jahr vorher hatte ich, als ob ich meinem Großvater noch eine Weile ausweichen wollte, meine sämtlichen Unterlagen zu Hause vergessen. Erst als ich in der Toskana angekommen war, merkte ich, daß die schwarzen Kartons fehlten, auf denen ich die Fotos hauptsächlich für den Zweck dieser Reise ebenso sorgfältig fixiert wie beschriftet hatte. Sogar die Karte, auf der ich sämtliche Schicksalsorte markiert hatte und die zu finden es mich angeblich so sehr drängte, hatte ich nicht eingesteckt. Meinen Wunsch, jeden dieser Orte aus der gleichen Perspektive zu fotografieren, wie er auf dem Fotomaterial meines Großvaters überliefert war, um nachträglich alle Veränderungen so genau als möglich zu registrieren, mußte ich aufgeben. Und obwohl alles, was ich auf dieser ersten toskanischen Expedition zu greifen gehofft hatte, zurückwich, ließ ich mich von meinem Vorhaben nicht abbringen. Neues Kartenmaterial war im Handumdrehen besorgt. Im übrigen bildete ich mir ein, ich könne mich auf mein Gedächtnis verlassen und würde mich an Ort und Stelle an alles erinnern, was die Fotos zeigten, die nutzlos zu Hause auf meinem Schreibtisch lagen.

Montaione zu verfehlen wäre auch ohne Karte kaum möglich gewesen. Im Abstand weniger Kilometer gab es Hinweisschilder. Die kleine Stadt lag auf einem Bergrücken, von dem aus man das gesamte Panorama der südlichen Apenninabhänge überblicken konnte. Auf dem höchsten Punkt mitten im Gewirr der Gassen erhob sich der zu einem Luxushotel umgebaute Palazzo Mannaioni. Überzeugt davon, ich würde ihn von einem der Fotos der Zeitkapsel wiedererkennen, überfiel mich die Vorstellung, in diesem kühlen Atrium habe sich schon mein Großvater aufgehalten. Die Zeit drängte. Aber weder konnte ich Sant' Antonio auf dem neu erworbenen Kartenmaterial ausfindig machen, noch wußte irgend jemand, wo es in der näheren Umgebung eine Villa dieses Namens geben solle.

Um an diesem Tage wenigstens noch bis nach Frosini vorzustoßen, den südlichsten Punkt meines Expeditionsgebietes, gab ich die weitere Suche auf. Nach einer langen Fahrt durch eine wenig liebliche Berggegend sah ich erleichtert Frosini auf einem Felsen thronen. Die dem Dorf zugewandten Mauern des *castello* waren mit wildem Wein bewachsen. Ich wünschte, ich wäre später gekommen, wenn die Blätter dunkelrot gefärbt sein würden. Niemand war da, den ich um Auskunft hätte bitten können. Das Burgtor war verschlossen. Ich strich mehrmals auf den Terrassen verschiedener Befestigungsringe umher, auf denen nur dorniges Gestrüpp wucherte. Ich fand nichts, was mit meinen Fotos zu tun gehabt und an meinen Großvater erinnert hätte. Ich hatte übersehen, daß dieser Ort an einer unsichtbaren Grenze lag und ein Zeichen für mich bereithielt.

Als die Abenddämmerung einsetzte, brach ich verschwitzt meine Suche nach dem Schauplatz des Rokoko-Fotos ab, um mir eine Unterkunft für die Nacht zu suchen. Kaum lag Frosini hinter mir, war ich alleine auf der Landstraße. Nirgends gab es ein Gasthaus oder ein Hotel, und bald fuhr ich durch völlige Dunkelheit. Auf das letzte Bergnest, in dem ich mit meinem Wunsch nach einem Fremdenzimmer, wie mir schien, feindselig abgewiesen wurde, folgten nurmehr Wälder. Als ich kaum noch dreißig Kilometer von Grosseto und der tyrrhenischen Küste entfernt war und ich mich in der Maremma zu verirren drohte, beschloß ich, zurück nach Montaione zu fahren. Ohne es zu merken, war ich drauf und dran gewesen, mich von der Unwirtlichkeit einer Gegend forttragen zu lassen, von der ich wußte, daß sie während des Zweiten Weltkrieges Kampfgebiet war. Hätte ich mich hier verloren, wäre alles, was ich mir zu ergründen vorgenommen hatte, verdampft wie Nebel in der Morgensonne. Jetzt verstand ich, welches Zeichen mir das auf der Grenze zwischen einer zivilisierten und einer wilden Toskana liegende Frosini hatte geben wollen. Ich wendete den Wagen und fuhr in nördlicher Richtung zurück.

Endlich fand ich in der Nähe von Montaione ein an der Straße liegendes Hotel, in dem man mir ein Zimmer gab. Vom Fenster aus sah ich in der Ferne Lichter und dachte, der höchste Punkt müsse der Palazzo Mannaioni sein, wo ich bereits den Mittag dieses langen Tages verbracht hatte. Für einen Augenblick erlag ich der Illusion, dort drüben schliefe mein Großvater. Als ich Wochen später die Toskanakarte studierte, die ich zu Hause vergessen hatte, merkte ich, daß ich vom Hotelfenster aus Montaione unmöglich hatte sehen können. An Sant' Antonio hingegen mußte ich mehrmals vorbeigefahren sein. Montaione selbst war auf den Fotos Wilhelm Crisollis überhaupt nicht abgebildet. Ich hatte Mitspieler einer vergegenwärtigten Vergangenheit werden und mich auch von jenseitigen Begegnungen nicht abschrecken lassen wollen. Bei meiner ersten Reise auf den Spuren meines Großvaters war ich fortwährend Selbsttäuschungen erlegen.

Bei meinem zweiten Versuch war ich besser gerüstet. Alles notwendige Material war eingepackt, die Karte »Chianti e Colline senesi« erwies sich als fast so exakt wie ein Meßtischblatt. Gut getarnt von einem Macchiensaum, durch den eine Allee verkrüppelter Kiefern führte, lag Sant' Antonio am Rand eines Pinien- und Zypressenhains. An diesem schwülen Junitag war der Himmel grau. Als ich die Renaissancevilla sah, ahnte ich, daß ich auf mehr als nur die sonnendurchflutete Heiterkeit des Rokoko-Fotos, das ich in meiner Jackentasche verwahrte, würde verzichten müssen. Sant' Antonio sah krank aus. Der Putz fiel von den Mauern. Von den Fundamenten bis zum Dach hatte sich stockfleckiger schwarzer Schwamm hineingefressen. In sei-ner Schäbigkeit unterschied sich dieses Totenhaus nur wenig von den Herrenhäusern, die ich in Hinterpommern ihrem Ende hatte entgegendämmern sehen. Auf kläffende Hunde sowie einen mürrischen Verwalter gefaßt, der mich des Grundstücks verweisen würde, klingelte ich. Lächelnd öffnete ein junger Mann Mitte Dreißig, der mich sogleich in ein Nebengebäude führte, wo er mir die Weine vorstellte, die er hier anbaute und verkaufte. Er empfahl mir einen Vin Santo, der in der schlanken Flasche so orangerot leuchtete wie die Abendsonne, die ich im Herbst zuvor über Frosini hatte untergehen sehen. Ich nahm vom Vin Santo und noch ein paar Flaschen Rotwein dazu. Die Etiketten, zwei Wappen, das eine mit einer Krone, das andere mit einem gefiederten Harnisch, gefielen mir. »Villa da Filicaja« lautete der Herkunftsort.

Villa da Filicaja? Ich stutzte.

Hatte ich mich abermals verirrt?

Ich holte das Rokoko-Foto hervor und rückte zögernd mit meinem Ansinnen heraus. Wie elektrisiert rannte der junge Mann davon, mir über die Schulter zurufend, er wisse genau, wo die Stelle sei. Wir ließen den sauren Dunst des Weinlagers hinter uns und überquerten den Vorhof der Villa. Wir sprangen wenige Stufen hinauf in den Garten und liefen direkt in die Fotografie hinein. Die Taxushecke, die Steinbalustrade, der Baum. Sein Stamm war unverändert. Um mich zu vergewissern, daß der Stamm wirklich da war, strich ich mit den Fingerspitzen über die Schraffur seiner Rinde. Meinen fotografischen Mosaikstein in die Wirklichkeit von Sant' Antonio einpassend, wurde mir klar, daß sich Maak und mein Großvater für ihre Kaffeestunde nicht irgendeinen lauschigen Winkel gesucht hatten. Sie saßen auf der für solche Mußestunden vorgesehenen Terrasse, zu der man über eine Freitreppe gelangte, die von der Villa in den Garten führte. Ich legte meine Handflächen auf die Steinbalustrade und richtete den Blick auf das am Horizont sich hinlagernde Gebirgsmassiv des Apennin. Ich wandte mich um. Auf dem Halbrund der Terrasse standen sieben oder acht weiß gestrichene, schmiedeeiserne Stühle um einen Tisch versammelt. Zögernd setzte ich mich. In Marlia konnte mein Großvater überall und nirgends gewesen sein. Hier hingegen war ich nicht auf Mutmaßungen angewiesen. Das Rokoko-Foto dokumentierte schwarz auf weiß, daß der in den Anblick des Apenninpanoramas vertiefte Wilhelm Crisolli am selben Fleck gesessen hatte, an dem ich in diesem Augenblick saß. Ich zweifelte nicht daran, daß das Rokoko-Foto die Ikone bleiben würde, die es von Anfang an für mich gewesen war.

Ich erhob mich und ging auf den jungen Mann zu, der pietätvoll in einiger Entfernung von mir gewartet hatte. Ich fragte ihn, ob er wisse, was während des Zweiten Weltkriegs in Sant' Antonio vorgegangen sei. Der junge Mann stellte sich als Antonio da Filicaja und Eigentümer der gleichnamigen Villa vor, die sich schon seit 1525 im Besitz seiner Familie befinde.

Sant' Antonio heiße nur die Kapelle an der Straße jenseits der Macchie. Mit den Fotos habe es aber durchaus seine Richtigkeit. Der Tisch zum Beispiel, an dem mein Großvater gesessen habe, sei noch da, er stehe jetzt in seinem Haus in Florenz. Wenn ich wolle, könne er seinen Onkel Innocenzo Nardi Dei da Filicaja rufen. Der sei gerade aus Florenz zu Besuch. Als dreizehn- oder vierzehnjähriger Junge habe Innocenzo in der Villa gelebt. Manchmal erwähne er deutsche Offiziere, die sich während des Krieges hier einquartiert hatten. Es dauerte eine Weile, bis Onkel Innocenzo herab in den Garten kam. Er konnte gar nicht davon ablassen, sich zu erinnern.

»Deutsche Offiziere, ja, die haben hier gewohnt. Wie lange, keine Ahnung. Das sind ja jetzt über fünfzig Jahre her. Mein Gott, was seitdem alles passiert ist. Die Deutschen waren sehr höflich und zurückhaltend. Ihre Namen weiß ich nicht mehr. Crisolli, nein, daran würde ich mich erinnern, das hört sich ja nach einem italienischen Namen an. Den Tisch erkenne ich wieder, aber die Gesichter ... nein, ich glaube kaum, daß das die Deutschen waren, die ich als Junge hier gesehen habe. Ja, wie war das damals im Krieg? Also, da gab es sehr oft Fliegerangriffe, und einmal ist eine Bombe in den Garten gefallen und explodiert, aber es ist niemand zu Schaden gekommen. Die Front ist eine Zeitlang gleich hinter dem Haus verlaufen. Einmal, da ist ein deutscher Soldat von Partisanen erschossen worden. Die Leute hier fanden das nicht gut, denn der hatte ja nichts getan. Aber dann hat einer der deutschen Offiziere zehn Einwohner aus Montaione gefangennehmen lassen. Die sollten erschossen werden. Hier im Park. Das waren der Apotheker, der Arzt und andere, so genau weiß ich das nicht mehr ... Da ist dann meine Mutter eingeschritten. Sie hat so lange auf den verantwortlichen Offizier eingeredet, bis der die Leute aus Montaione freiließ und sie wieder nach Hause gehen durften. Irgendwann kamen die Amerikaner, und dann war plötzlich alles vorbei und der Krieg für uns zu Ende.«

Ich brach einen Zweig von dem Baum ab, der so lange mein Zeuge gewesen war. *Cupressus sempervirens*, gab mir Antonio mit auf den Weg. Keine Repressalien in Arkadien. Den Wein im Gepäck, ließ ich die von Zypressen, Pinien und verkrüppelten Kiefern verborgene Villa da Filicaja hinter mir und fuhr in Richtung Norden.

Die meisten Orte auf meiner Expeditionskarte habe ich im Lauf meiner gesamten Recherche nur ein oder zwei Mal aufgesucht. In Nocchi war ich jedoch zeitweise mehrmals täglich. Ich habe nicht nur die Gassen und Plätze, Winkel und Ecken des Dorfes immer wieder von neuem durchstreift, sondern mich auch von verschiedenen Seiten und auf unterschiedlichen Wegen genähert. Wenn ich in der Toskana war, wohnte ich in einem Rustico, einem aus Feldsteinen erbauten ehemaligen Bauernhaus, das meinen Berliner Freunden Lisa und Michael gehörte. Es lag in einem Weiler namens Anticiana am Ende einer Straße, die sich in immer engeren Serpentinen hinauf in die Berge schraubte. Anticiana klebte an einem Hang, die wenigen Häuser lagen so dicht beieinander, daß kein Auto hindurchpaßte. Die in Stufen ansteigende Hauptgasse, auf der sich Katzen und Hunde tummelten, schien dem Skizzenbuch des Italien- und Goethefreundes Jacob Philipp Hackert entsprungen. Anticiana und Nocchi lagen nur wenige Kilometer voneinander entfernt. An Zufälle mochte ich, seitdem ich diese Nachbarschaft entdeckt hatte, nicht mehr glauben. In der Regel gelangte ich von Anticiana mit dem Auto nach Nocchi. Unter dem dichten Blätterdach der Allee, die dorthin führte, fuhren die meisten Autos auch tagsüber mit eingeschalteten Scheinwerfern. Auch

Wilhelm Crisolli mußte diese von Carrara nach Lucca führende Verbindungsstraße häufig benutzt haben.

Immer wenn ich nach Nocchi kam, begab ich mich zunächst zur Villa Gli Astri. Obwohl das Dorf nicht groß ist, besteht es aus drei Ortsteilen. »Alla Chiesa« liegt gleich am Ortsanfang, »Roseschi« in der Mitte, und jenseits eines Mühlbaches befindet man sich »di là dell'acqua«. Die Villa Gli Astri ist das größte Gebäude in Roseschi, dem alten Ortskern mit baumlosen Gassen, Brunnen, Oleanderkübeln und vielen Schwibbögen. Die Villa wurde Ende des 17. Jahrhunderts von dem hier herrschenden Geschlecht der Graziani erbaut. Heute ist sie ein Hotel.

Jedesmal wenn ich hierherkam, erstaunte mich das blendende Grün der Rasenfläche rund um den Swimmingpool. In den Liegestühlen bräunten sich Urlauber in der Sonne, meist kinderlose Deutsche undefinierbaren Alters. Es dauerte selten lange, bis Francesca Graziani, die junge Besitzerin der Villa, auf der Terrasse erschien und mich begrüßte. Sie wußte, warum ich hierherkam. Sie beantwortete meine Fragen, fragte selbst aber nie nach. Francesca verdankte ich entscheidende Hinweise. Als ich ihr bei meinem ersten Besuch die Fotos mit der »Villa Nocchi« gezeigt hatte, erklärte sie mir, daß es eine Villa dieses Namens nicht gebe. Bei dem abgebildeten Gebäude handele es sich vielmehr um die »Villa Graziani«, die beiden Gruppenfotos, das erkenne sie ebenfalls sofort, seien hingegen vor der »Villa Contesso« entstanden. Darin habe sich während des Zweiten Weltkrieges, als Nocchi von den Deutschen besetzt war, der Befehlsstand befunden. Gewohnt hätten die Offiziere, das wisse sie aus Erzählungen ihres Großvaters Silvio, in der Villa »Le Camelie«. Sie gehöre ihrem Cousin und werde als Feriendomizil vermietet. Gli Astri, Le Camelie, Graziani, Contesso. Das Dorf schien eine einzige Villa zu sein und nur aus Gärten und Parks zu bestehen.

Eines Abends hatte ich mir die Gebietskarte »Appennino Lucchese« vorgenommen, die ich im Rustico auf dem Bord über dem großen Kamin in der Küche aufgestöbert hatte. Darauf entdeckte ich, daß man nach Nocchi auch zu Fuß über alte Maultierpfade gehen konnte. Die Strecke war höchstens fünf Kilometer lang, führte aber querfeldein über die Berge. Wie die häufig unterbrochene rote Markierung der Pfade auf der Karte zeigte, waren sie unwegsam und geeignet, sich hoffnungslos zu verlaufen.

Am nächsten Morgen brach ich auf. Sobald ich die ersten Schritte getan hatte, löste sich meine innerliche Spannung, ich stapfte die Teerstraße hinauf, die bald in einen steinigen Waldweg überging, das letzte Haus, an dem ich vorbeikam, lag auf einer Lichtung, ein Rohbau, der aufgegeben worden war. Auf der Wiese standen verblühte Kirschbäume, das Haus war fast bis zum Dachfirst von Knöterich zugewuchert. Bald brach der Weg ab. Der Trampelpfad, auf dem ich jetzt ging, schien der Maultierpfad zu sein, den mir die Karte zeigte. Über Fels und Wurzelgeflecht führte er auf dem Kamm eines Höhenzuges entlang. Im Gebüsch lagen Patronenhülsen, vor Jägern war ich zu dieser Jahreszeit noch sicher, doch übermannshohes Dornengestrüpp versperrte Sicht und Weg. Mehr als einmal fürchtete ich, wieder umkehren zu müssen.

Ich wanderte nicht oft, besaß aber eine gewisse Erfahrung. Wegen der Schwüle hatte ich mich auf Gewitterschauer eingestellt und mich mit Bergstiefeln und wetterfester Bekleidung ausgerüstet. Die Jacke zugeknöpft, die Arme emporgereckt und den Kopf durch eine Mütze geschützt, schlug ich mich, trotz der Ranken, die an meinen Ärmeln und Hosenbeinen rissen, auch durch dorniges Brombeergestrüpp. Plötzlich raschelte es hinter mir. Ich wandte mich um. Ein Hund mit struppigem grauem Fell blickte mich durch die Zweige des Gebüschs hindurch an.

Ich starrte in sein linkes Auge, das eine weiße Schicht bedeckte. Der Hund wirkte zutraulich. Dennoch stieß ich unwillkürlich mit dem Stock, den ich mir unterwegs beschafft hatte, um besser gegen die Dornen gewappnet zu sein, nach ihm. Er wich zurück, ließ sich aber nicht vertreiben, sondern trottete hinter mir her. Wenn ich mich umdrehte, und drohend den Stock schwang, blieb er ungerührt stehen. Glaubte ich, er hätte sich getrollt, trabte er, mich im Schlepptau, plötzlich vor mir. Gelegentlich blickte er sich um, und sein sehendes Auge vergewisserte sich, daß ich ihm folgte. Das halbblinde Tier erwies mir einen Dienst und bat mich, sein Herr zu sein. Wenn ich nicht weiterwußte, zeigte es mir den Weg. Ich war in das Revier eines einsamen Waldgängers eingebrochen. Er geleitete mich.

Wir kamen an einen Wildbach, der kaum mehr Wasser führte. Sein zerklüftetes Bett schnitt tief in einen Felsen ein. Der Hund setzte eine Pfote vor die andere, und ich setzte ihm vorsichtig auf seiner Fährte nach. Jenseits des Baches stieg der Weg steil an, statt Akazien, Steineichen, Pinien, Feigen- und Walnußbäumen oder Brombeerhecken gab es nurmehr Tannen. Auf dem von Nadeln und Zapfen bedeckten Boden war der Hund kaum zu erkennen. Wenn ich dachte, er sei verschwunden, lugte sein weißer Augapfel zwischen den borkigen Schäften der Stämme hervor. Gelegentlich wuchsen aus den stark abschüssigen Hängen des Bergwaldes einzelne Häuser empor, ihres dunklen Steines wegen, aus dem sie erbaut waren, sah ich sie oft erst im letzten Augenblick. Sie waren nicht groß, hatten aber zwei Stockwerke. Seit längerer Zeit unbewohnt, verfielen sie. Obwohl nur noch die Grundmauern standen und die Dachstühle eingebrochen waren, wirkten sie solide.

Ich fragte mich, welchem Zweck die Steinhäuser gedient haben mochten. Wer Schutz suchte oder sich verbergen wollte, dem boten die Behausungen dieses einsamen Tannenschattenreiches den besten Unterschlupf. Und wer das Terrain bis hinauf in die höheren Bergregionen so gut wie sein Heimatdorf kannte, würde nur schwerlich aufzufinden sein. Vor sechzig Jahren, dachte ich mir, auf meinen Stock gestützt, waren diese Einödhäuser gewiß alle noch in Gebrauch. Wäre ich ein deutscher Soldat gewesen, ich hätte mich nicht hierher vorgewagt, wo ich gerade, dem Hund nachblickend, verharrte. Die Uniform und die Unkenntnis dieses Bodens, stellte ich mir vor, hätten mich vermutlich das Leben gekostet. Außer ich wäre zu den Partisanen übergelaufen, die sich hier oben in der Tiefe des undurchschaubaren Raumes versteckt gehalten hatten.

Ich wußte nicht, ob sie genau hier gewesen waren, wo der Hund und ich uns jetzt anblickten. Aber ich wußte, daß während des Krieges nicht nur Partisanen, sondern aus Angst vor Repressalien durch die deutsche Besatzungsmacht auch halbe Dörfer in die Wälder dieser Gegend geflüchtet waren. Sant' Anna kam mir in den Sinn. Dort waren im August 1944 bei einem Massaker unter Führung des Sturmbannführers und Majors der Waffen-SS, Walter Reder, fast sechshundert Menschen ermordet worden. Meine Berliner Freunde, die seit mehr als zehn Jahren in die Alpi Apuani kamen, hatten sich nie dorthin getraut. Ich war da gewesen, hatte aber vermieden, als Deutscher erkannt zu werden. Von meinen Freunden wußte ich, daß *i tedeschi* in dieser Gegend nicht gern gesehen waren. Sant' Anna liegt von Nocchi höchstens fünfundzwanzig Kilometer entfernt. Für Nocchi fand sich im Kriegstagebuch nichts Vergleichbares. Allerdings ging daraus hervor, daß die für den »Küstenschutz« abgestellte 20. Luftwaffen-Felddivision auch zur »Bandenbekämpfung« eingesetzt worden war. In welchem Umfang, wußte ich nicht. Immer wenn ich auf der Terrasse der »Villa Gli Astri« saß, kam mir die Gleichzeitigkeit von Naturschönem, Kunstschönem und Krieg unbegreiflich bizarr vor. Daß neben toskanischen Villen, vor Marmorbrüchen, unter der Bläue dieses Himmels gewaltsam Blut vergossen werden könnte, erschien mir widersinnig. Aber es war geschehen.

Der Hund und ich gelangten an eine kleine Kapelle, die sich auf einer bewaldeten Kuppe erhob. Als ich in das kühle Innere trat und mein Blick auf ein filigranes Madonnenrelief aus Marmor mit der Jahreszahl 1638 fiel, wurde es noch stiller als zuvor. Bald führte mich unser Weg aus dem Wald heraus. Als sich ein kilometerlanges Tal vor mir erstreckte, wunderte ich mich über die Höhe, auf der ich mich noch immer befand. Am Horizont schimmerte diffus das Meer. Anders als erwartet, lag mein Tagesziel noch kilometerweit entfernt. Ich kam erst noch durch ein Bergnest namens Torcigliano. An der nächsten Serpentine sah ich Nocchi so tief unter mir liegen, daß man glauben konnte, es läge nicht auf Hügeln, sondern in einer Ebene.

Wer wie ich bislang über die offizielle Straße nach Nocchi gekommen war, mußte annehmen, er betrete ein geschützt liegendes Seitental, hinter dem die Welt ende. Blickte man jedoch von Torcigliano herab, entging einem dort unten auch mit bloßem Auge kaum etwas, mit einem Fernglas hatte man auch geringere Bewegungen unter Kontrolle. Deutlich konnte ich die drei Ortsteile voneinander unterscheiden und ausmachen, wie sich die Gärten der Villa Camelie, Gli Astri und Contesso zu einem einzigen Park zu vereinigen schienen. Der Hund streckte seine Schnauze über die Böschung, dreiäugig spähten wir nach unten. Mit meinem einen Auge die Naturschönheit der Landschaft erfassend, war ich mit meinem anderen der Partisan, der aus den Bergen kommt und Hügel und Täler bis zum Horizont überblickt wie ein Sandkastenspiel.

Partisanen war ich bereits im Herbst des vorhergehenden Jahres auf meiner ersten Reise begegnet. Damals brach ich nach Porretta auf. Fälschlicherweise war ich fest davon überzeugt, mein Großvater sei innerhalb dieses Ortes erschossen worden. Ohne genau zu wissen, was ich dort suchte, war ich zunächst nach Modena gefahren. Ich dachte an die Beerdigungsfotos. Ich hatte jedoch nicht die Absicht, mich auf die Suche nach dem Rollfeld zu machen, auf dem mein Großvater erstmals begraben worden war. Ich bog vor allem deshalb ab, weil mir auf der Fahrt die Brennerautobahn hinab beim Blick auf ein Hinweisschild aufgefallen war, daß der Klang des Dreisilbers Mo-de-na ein fernes Kindheitsecho war.

Modena haßte ich vom ersten Augenblick an. Es war Mittagszeit, als ich ankam, und die Stadt war heiß und menschenleer. In einem kühlen Laubengang flüchtete ich mich in eine Bar. Der Kellner ignorierte mich. Ich fragte mich, ob man mir meine Feindseligkeit anmerkte. Ich ging anderswohin, dort wurde ich zuvorkommend bedient. Am Rande der Altstadt türmte sich ein historistischer Klotz, Militär ging ein und aus. Im Portikus empfing mich pathetischer Totenkult. Glänzende Marmortafeln, in die Hunderte von Namen eingemeißelt waren, erinnerten an gefallene Soldaten des Ersten wie auch Zweiten Weltkrieges. Im Herzen des *centro storico* stieß ich wenige Minuten später auf ein weiteres Denkmal, das niemand übersehen konnte und weitaus stärker wirkte. Am Sockel eines Campanile feierten große Tafeln, den Resistenza-Mythos vom antifaschistisch geeinten italienischen Volk nährend, den »titanischen Kampf« der Partisanen um das »Schicksal des Vaterlandes«. Unzählige in einen riesigen Rahmen gefaßte Porträtfotos verliehen der Partisanenbewegung ein individuelles Gesicht. Ich trat näher heran, um den meist jungen Männern ins Gesicht zu sehen. Einer, einen Hut vorwitzig in die Stirn gezogen, zeigte lächelnd sein großes Gebiß. Ob er es gewesen sein könnte? Im wolkenverhangenen Apennin fielen mir später andere, weit bescheidenere Partisanendenkmäler auf. Es regnete, als ich an einer Kreuzung mitten im Gebirge das erste Straßenschild sah, das nach Porretta wies.

Als ich ankam, schien wieder die Septembersonne. In Porretta, einem hübschen Kurbad, verfielen die aus der Jahrhundertwende stammenden, in den Berg gehauenen, ockergelben Kuranlagen, strahlten aber noch Glanz und Wohlleben vergangener Zeiten aus. Unten im Tal des Reno standen moderne Rehabilitationszentren, nirgendwo sah ich ausländische Kurgäste. Porretta gehörte den Italienern, vor allem den italienischen Rentnern. Die aus dem Fels sprudelnden Heilquellen linderten die Schmerzen ihrer rheumatischen Glieder, die Berge boten ihnen Zuflucht vor der Sommerhitze. Ich schlenderte durch den Kurpark und die Platanenallee im Zentrum, auf den schattigen Bänken saßen dicht gedrängt alte Männer und Frauen. Als ich am frühen Abend nach einem Restaurant suchte, waren sämtliche Tische bereits von Greisen besetzt. Um ins Speiselokal eines Palasthotels aus der Jahrhundertwende zu gelangen, durchquerte ich zunächst eine Passage, dann einen Innenhof. Grauhaarig und mit fahlem Teint standen sie an den Wänden der dämmrigen Passage Spalier oder füllten gruppenweise in altmodischen Korbstühlen den Innenhof. Sie plauderten. Aber mir kamen sie stumm vor. Entweder ich hatte mich verlaufen, oder ich war auch schon tot. Mit diesen Schatten würde auch die letzte lebendige Erinnerung an die Epoche der Weltkriege dahingehen. Ich hätte auch weiterfahren können, aber ich übernachtete in Porretta. Im Fernsehen sprach der Duce, Artilleriefeuer legte Monte Cassino in Trümmer. Vor den Fenstern flüsterten in den Baumkronen der Platanenallee die Blätter, aber über den Tod Wilhelm Crisollis hatte ich damals nichts erfahren.

Bei meiner zweiten Reise ins ehemalige toskanische Kriegsgebiet war das anders. Ich wußte jetzt, wo mein Großvater erschossen worden war. Bald würde ich, falls meine Fußwanderung über die Berge nach Nocchi jemals enden sollte, dorthin fahren. Ich holte zum wiederholten Mal meine Karte hervor. Weit konnte es nicht mehr sein. Ich verließ die Straße und schlug mich aufs Geratewohl durch Olivenhaine, Obstplantagen und Schlinggewächse, geriet auf abschüssige, feuchte Feldwege, kam aber gut voran. Zu meiner Verwunderung hatte ich mich auf der ganzen Strecke kein einziges Mal verlaufen. Mitten im Dickicht blieb ich fest davon überzeugt, ich würde geradewegs zur Villa Graziani gelangen, die mein Großvater irrtümlicherweise als »Villa Nocchi« bezeichnet hatte. So war es auch. Ich sah mich um und bemerkte erst jetzt, daß ich allein war. Der Hund war verschwunden. Ich wußte nicht, ob ich die Grenze seines Reviers gerade erst erreicht hatte oder ob er schon vor längerer Zeit verschwunden war. Hatte ich ihn verlassen oder war er freiwillig wieder in sein Reich zurückgekehrt? Ich hatte ihn kein Mal berührt. Schon jetzt war er wie eine Fata Morgana. Ich ging weiter bis zum Ortskern und erreichte erschöpft die Terrasse der »Villa Gli Astri«, um dort nach dem stundenlangen Marsch meinen Durst zu löschen. Erleichtert stellte ich fest, daß Lisa und Michael nicht vergessen hatten, mein Auto abzustellen. Ich würde bequem nach Anticiana zurückkehren können. Francesca brachte mir eine Flasche Wasser. Ein paar Minuten später kam sie zurück. Wenn ich wolle, sagte sie, könne ich zur Villa Contesso hinübergehen. Es gäbe dort jemanden, der sich an meinen Großvater erinnere und mir etwas erzählen wolle.

Als ich das Tor zur Villa Contesso öffnete, empfing mich wie üblich üppig blühend der mir von mal zu mal dekadenter erscheinende Garten des Anwesens. Mein Blick streifte alte Bekannte, die Terrasse, die weißen Markisen, das Mäuerchen, auf dem »Platens stille Liebe« posiert hatte. Alles war fast wie auf den Fotos geblieben. Nach dem Krieg war in der Villa eine exklusive Sommerfrische für hilfsbedürftige, vermögende Rentiers entstanden. Unter der Markise und im Schatten der Bäume saßen sorgfältig geschminkte, alte Damen in Rollstühlen. Der *direttore*, der mich bereits erwartete, wies auf ein Nebengebäude, in dem die Bügelei untergebracht war. Dort saß zwischen Bergen aufgestapelter weißer Wäsche eine zierliche, alte Frau. Sie stellte sich als Cira Dati vor. Ich holte die Fotografien hervor, die ich im Auto wieder griffbereit deponiert hatte. Signora Dati nahm ihre Brille, und ich setzte mich zu ihr.

»Die Ältere, das ist Maria Contesso mit ihren Töchtern. Und die Hübsche auf dem Mäuerchen, die hieß Gianna. Gianna Contesso. Ja, sie könnte noch leben, sie war noch sehr jung damals, vielleicht achtzehn. Die Familie Contesso wohnte in La Spezia, die Sommermonate verbrachte sie immer in Nocchi. Der bullige Mann da rechts außen mit dem nach hinten gekämmten Haar, Polacchini, glaube ich, soll ein Verwandter von Mussolini gewesen sein. Ach ja, Maria Contesso, die Hausherrin, die war natürlich verheiratet, aber sie hatte einen Geliebten, das war der Conte Ciano. Ein Minister Mussolinis, wie Sie vielleicht wissen. Der Duce hat ihn später erschießen lassen. In dieser Villa hier waren nur die Funker. Der Commandante Crisoldi wohnte drüben in der Villa Camelie. Nein, der Commandante war nicht schlimm. Schlimm wurde es erst, als die SS kam. Alle in Nocchi waren traurig, als der Commandante Crisoldi weggegangen ist. Einmal wurden Leute aus dem

Dorf beim Tabakschmuggeln erwischt, aber er hat sie ohne Strafe davonkommen lassen.

Welche Aufgabe der Commandante hier gehabt hat? Wissen Sie, da unten neben der Kirche gibt es noch eine Villa, da hatten die Deutschen ein Gefängnis eingerichtet. Aus dem halben Apennin hat man Männer und Frauen hierhergebracht, die als Partisanen verdächtigt wurden. Im Gefängnis hier in Nocchi wurden sie verhört. Einmal sind Männer und Frauen erschossen worden, gleich hier nebenan, im Park der Villa Graziani. Da ist das Blut die Straße hinuntergelaufen. Unter den Toten war auch ein Priester. Wir blieben in unseren Häusern und hörten nur die Schüsse. Die Deutschen wohnten zum Teil mit uns unter einem Dach zusammen. Am nächsten Tag war alles wie vorher. Es war ja Krieg. Außerdem kannten wir die Leute gar nicht, die erschossen wurden.

Nein, nein, das *tribunale* hat nicht die SS veranstaltet. Das war der Commandante Crisoldi. Der war lange in Nocchi, sehr lange, bestimmt zwei Jahre. Sind das alles Offiziere hier auf diesen Fotos? Nein, den Commandante kann ich nicht erkennen. Das alles ist schon so lange her, und ich war ja damals erst dreizehn Jahre alt.«

Das versteinerte Gesicht des Generalmajors, die ernste Miene seiner Adjutanten Maak und Lämpe. Frauen, warum Frauen? Platens stille Liebe. Das Lächeln der Mädchen in den leichten Sommerkleidern. Mussolini und Conte Ciano. Crisoldi, wieso Crisoldi? Ein Erschießungskommando im Garten. Ich hatte weitergeredet, mich verabschiedet, war losgefahren, zurück nach Anticiana. Dann stutzte ich, hielt an und stieg aus dem Auto. Ich fand mich, ich wußte nicht wie, am Stadtrand von Camaiore wieder, der nur wenige Kilometer von Nocchi entfernten Kleinstadt, in der ich manchmal einkaufte oder in einer Bar einen

Aperitif trank. Eine Kirche, eine Tafel mit kunsthistorischen Erklärungen. »La chiesa di San Pietro, santuario della Madonna della pietà, risale, sicuramente, almeno all'ottavo secolo...« Drinnen steckte ich eine Kerze vor dem Altar der Madonna auf. Den Docht hielt ich in die Flamme einer der Nachbarkerzen. Er erlosch. Nach dem dritten Mal glimmte er auf und brannte so hell wie die anderen. Als ich wieder oben in Anticiana war, fiel mir ein, daß ich vergessen hatte, für die Kerze einen Obolus in den Opferstock zu werfen.

An nächsten Tag, es war der letzte vor meiner Abreise aus Anticiana, war ich wieder in Nocchi. Francesca mied ich. Statt dessen ging ich zur »Villa Camelie«. Hier blühten Kamelien, die schon im 18. Jahrhundert angepflanzt worden waren. In der Hoffnung, hineinzugelangen, trieb ich mich im Garten herum. Aber ich wartete vergeblich auf den Cousin, der mir die Villa, wie versprochen, aufsperren sollte. Mit ihrer amphorenbekrönten, kleinen Grotte gegenüber dem Eingang, der die Jahreszahl 1614 trug, blieb sie ein Geheimnis. Ich streifte mehrmals um das Haus und kam immer wieder auf die Terrasse zurück. Über Palmen, Bananenstauden, Bambus und Weinreben hinweg blickte ich über das rings von Bergen umgebene Nocchi. Zum ersten Mal fiel mir die Villa neben der Kirche auf, die 1944 Gefängnis war. Mit verschlossenen Fensterläden lag sie hinter einer hohen Mauer und war von hier oben viel besser einzusehen als von der Dorfstraße. War dort die Entscheidung für die Erschießungen gefallen? Oder etwa in der Lieblichkeit der Villa Camelie, von der ich mir nicht vorstellen konnte, daß man sie jemals wieder vergessen könne?

Als ich beim Aufbruch am nächsten Morgen die Türe meines Autos zuschlagen wollte, um loszufahren, blickte ich in ein Paar ungleicher Augen. Das eine war dunkel, das andere von einer weißen Schicht bedeckt. Dankbar streckte ich meine Hand aus, um das graue, struppige Fell zu streicheln, aber mein Waldgänger wich zurück, als hätte er nie meinen Weg gekreuzt. Ich fuhr die Serpentinen hinunter und schlug den Weg ein, den Wilhelm Crisolli auf seiner letzten Dienstreise genommen hatte. Am Schluß seines Notizbuches hatte er für den 13. September 1944 bereits Anordnungen zum Abtransport der 20. Luftwaffen-Felddivision von Bologna und Parma in Richtung Norden vermerkt. Der Rückzugstermin fiel auf den ersten Tag nach seinem Tod.

War der Partisanenüberfall eine Vergeltungsmaßnahme?

Wo alles zu Ende gegangen war, wollte auch ich meine Reise beschließen. Der Ort des Überfalls auf Wilhelm Crisolli hieß Olivacci. Um den Tatort ausfindig zu machen, hatte ich meine den Realien der Vergangenheit verfallene Sehsucht abschalten und mich in Quellentexte vertiefen müssen. In einer als »Geheime Kommandosache« bezeichneten Tagesmeldung des Kriegstagebuches der 14. Armee vom 12. September 1944 stand unter k) der Vermerk: »Kdr. 20. Lw. Feld-Div. bei 37/37 von Banditen angeschossen, durch Kopfschuss schwer verwundet und auf dem Hauptverbandsplatz 362. I.D. seinen Verletzungen erlegen.« Weder wußte ich, wo 37/37 noch der Hauptverbandsplatz 362. I.D. lag, geschweige denn, was die Chiffren bedeuteten.

Diesen Kode entschlüsselte ein in Deutschland lebender italienischer Historiker für mich, der häufig im Apennin auf den Spuren der Vergangenheit unterwegs war. Carlo Gentile, in einem ligurischen Dorf geboren und in Köln verheiratet, war Spezialist für den Zweiten Weltkrieg vor allem in dieser Region. Er hatte mich in sein bis unter die Decke mit Archivalien gefülltes Arbeitszimmer eingeladen. Das Aktengebirge war gleichsam der papierene Widerhall der Kriegslandschaft, die ihn von Kindheit an beschäftigte. Erzählungen archaischer Grausamkeiten, begangen von Partisanen, gehörten in seiner ligurischen Heimat noch in den siebziger Jahren zu den lokalen Alltagsmythen. Mit diesen blutrünstigen Vorstellungswelten sei er aufgewachsen, berichtete Gentile, ihnen habe er auf die Spur kommen wollen. Die von den dörflichen Mythen im nachhinein vorgenommenen Verkehrungen auf den Boden empirischer Tatsachen stellend, machte er deutsche Kriegsverbrechen zu seinem Fachgebiet. Die während der Okkupation Italiens durch die Wehrmacht an der Zivilbevölkerung begangenen Massaker standen im Zentrum seines Forschungsinteresses. Carlo Gentile schien jeden Stein des Apennin, jede Buchseite mit Hinweisen auf das ehemalige Kriegsgebiet dutzendfach hin- und hergewendet zu haben.

Er wußte, daß 37/37 Olivacci bezeichnete und der Hauptverbandsplatz 362.I.D. das Lazarett der 362. Infanteriedivision des in der Nähe gelegenen Ortes Campo Tizzoro meinte. Gentile war auch der Name meines Großvaters nicht fremd. In der oft von ehemaligen Partisanen verfaßten, auf einzelne oberitalienische Regionen bezogenen Kriegsgeschichtsschreibung tauche der Name Crisolli relativ häufig auf. Man könne sich ja denken, meinte er lakonisch, daß der einzige deutsche General, der während des Zweiten Weltkriegs in Italien von Partisanen erschossen worden sei, ein gewisses Aufsehen erregt und ein entsprechendes Echo gefunden habe. Demnach war das von mir als unbeschrieben erachtete Blatt alles andere als leer. Daß hier schon lange ein Gedächtnis bestand, das meinen Großvater einschloß und das ich mich aufgemacht hatte, erst noch zu schaffen, verblüffte, ja rührte mich fast ein wenig.

Carlo Gentile verdankte ich die entscheidenden Ermittlungsschritte. Er machte mich auf einen Forschungsband über soziale, politische und militärische Aspekte der Emilia-Romagna und der Toskana zwischen 1944 und 1945 aufmerksam. Ein dort dokumentiertes, nur wenige Seiten langes Gespräch zwischen einem ehemaligen Partisanen und einem Vertreter der deutschen Okkupation ließ mich glauben, ich hätte gefunden, wonach ich so lange gesucht hatte. Das Treffen zwischen den Weltkriegsveteranen Gino Filippini und Kurt Kayser warf ein erhellendes Licht auf den rätselhaften Tod Wilhelm Crisollis. Filippini wie Kayser gaben an, genau zu wissen, wo Wilhelm Crisolli überfallen worden und unter welchen Umständen er gestorben war. Ich nahm es als symbolischen Fingerzeig, daß sich die beiden Männer am 30. Oktober 1989 in Magdeburg getroffen hatten, wenige Tage bevor die DDR verschwand. Für mich war es, als ob von einer Endzeit auf eine andere, vom Ende des Kalten Krieges auf das Ende des Zweiten Weltkrieges zurückgeblickt würde. Ich sah mich bestätigt. Ohne den Zerfall der Jalta-Ordnung hätte auch ich meine gewohnten Denkräume nicht verlassen, wäre ich über Hinterpommern nie in die Toskana gelangt.

Was mochte einen alten Mann wie Filippini dazu bewogen haben, die bürokratische Prozedur einer Einreise in die DDR auf sich zu nehmen, um eine Mission zu erfüllen, die die meine war? Ebenso wie ich interessierte sich der frühere Partisan für die Rekonstruktion von Ereignissen, deren Verlauf und Zusammenhang er sich fünfundvierzig Jahre später noch immer nicht erklären konnte. Auf mich machte der Italiener einen entschieden abgeklärteren Eindruck als der Deutsche. Kaysers Auskunftsfreudigkeit schien mir ein Täuschungsmanöver zu sein, das mehr schlecht als recht verbarg, daß er nicht auspacken wollte. Da sich die beiden einstigen Kontrahenten vorher nie begegnet waren, verständigten sie sich zunächst über die historischen Eckdaten ihrer jeweiligen Kriegsbiographie.

1944 leitete Kurt Kayser als Direktor die unter deutscher Oberaufsicht stehende Waffenfabrik Stabilimento Metallurgico Italiano (SMI), eine der größten in Italien. Sitz war Campo Tizzoro, ein kleiner Ort im Apennin ungefähr zwanzig Kilometer südlich von Porretta. Dort wurden hauptsächlich Maschinengewehre und Flugabwehrkanonen produziert. Gino Filippini war hier Arbeiter, außerdem Mitglied einer Gruppe der Resistenza. Die sechstausend Arbeiter und Angestellten der SMI unterlagen strengen, ihre Bewegungsfreiheit einschränkenden Kontrollen. Vom Direktor unterschriebene offizielle Ausnahmeregelungen machte sich die Resistenza für ihre Sabotagetätigkeit zunutze. Kayser ließ offen, ob ihm die verdeckte Arbeit in der Waffenschmiede bekannt war, ob er sie stillschweigend duldete oder sogar aktiv unterstützte. Warum bloß, fragte ich mich, konnte er sich nach so langer Zeit einem ehemaligen Partisanen gegenüber nicht bekennen? Vielleicht hatte er für beide Seiten gearbeitet.

Über die Todesumstände meines Großvaters wußte Kayser auffällig gut Bescheid, besser jedenfalls als der in den Vorfall nicht verwickelte Filippini. Beiden war bekannt, daß Wilhelm Crisolli nach dem Überfall bei Olivacci zurück nach Campo Tizzoro gebracht worden war, wo er ärztlich versorgt werden sollte. Aber nur Kayser behauptete, Augenzeuge seines Todeskampfes gewesen zu sein. Er hatte den Generalmajor am Tag des Attentats zwei Mal gesehen: zuerst, als er am späten Vormittag in Campo Tizzoro aufbrach, und wenig darauf, als er mit zerschossenem Schädel wieder zurückgebracht worden war. Bei der Abfahrt Crisollis sei er sehr erstaunt gewesen, daß sich dieser ohne Begleitschutz in einem offenen Mercedeswagen in ein Gebiet gewagt habe, von dem bekannt gewesen sei, daß dort Partisanen operierten. Ob es stimme, fragte Filippini, daß der General vor seinem Tod darum gebeten habe, als Vergeltung keine Repressalien zu ergreifen, da es sich bei den Attentätern nicht um bewaffnete Zivilisten, sondern um regulär Uniformierte gehandelt habe? Als sei seine Augenzeugenschaft bezweifelt worden, entgegnete Kayser knapp: »Ich habe ihn gesehen.« Nach seiner Rückkehr sei der tödlich Verletzte aus seiner Bewußtlosigkeit nicht mehr erwacht. Wenn Filippini behaupte, der Generalmajor habe noch sprechen können, entbehre das jeder realen Grundlage.

Von Kayser unwidersprochen, ließ Filippini bis zum Ende des Gesprächs nicht davon ab, den Nachnamen meines Großvaters in »von Crisold« zu verfälschen. Von welcher Person und welchem Ereignis sprachen die beiden? Ich stand kurz vor der Lösung eines Rätsels, das unterschwellig meinen gesamten Familienroman beeinflußt hatte. Doch mit jedem Schritt, der mich der Rekonstruktion des entscheidenden Mikroereignisses näher brachte, kamen neue Rätsel auf mich zu. Anstatt Information für Information zu einem einheitlichen Bild zusammenzusetzen, hatte ich mich in einem klebrigen Spinnennetz verfangen. Ich traf auf Gerüchte, Halbwahrheiten und Legenden, die mir verschiedene, ja höchst unterschiedliche Versionen des Tathergangs lieferten. Sich einen deutschen Wehrmachtsoffizier mit einem italienischen Nachnamen vorzustellen, fiel den Italienern offenbar derart schwer, daß der Name Crisolli von ihnen nachträglich borussifiziert werden mußte. Später stieß ich auf weit groteskere Schreibweisen, auf germanisierte, die jedoch eher russisch als deutsch klangen. Zum ersten Mal fragte ich mich, welche Wirkung ein solch ungewöhnlicher Name auf seinen Träger während des Italienkrieges gehabt haben und ob dieser Name für ihn wie ein Riß gewesen sein mochte? Plötzlich kam mir die Verbindung von deutschem Vor- und italienischem Nachnamen des in Italien eingesetzten Wehrmachtsoffiziers Wilhelm Crisolli wie ein Zeichen, ja fast wie ein Abbild dieses ganzen verworrenen Krieges vor. Die Zwiespältigkeit des Namens schien mir besser als jeder andere die Grauzone zu repräsentieren, in der ich das Attentat trotz meines soeben gewonnenen Nahblicks verschwinden sah.

Es war nicht ausgeschlossen, daß ich Kurt Kayser mit meinem Verdacht der Kollaboration unrecht tat. Dennoch hielt ich meine Zweifel für berechtigt. Warum, fragte ich mich, hatte er, als er Wilhelm Crisolli in größter Sorglosigkeit hatte abfahren sehen, nicht das Naheliegende getan und ihn gewarnt? Und woher wußte er, wohin Crisolli fahren wollte, und wer hatte diejenigen, die ihn überfielen, über seine Route informiert? War das Attentat von langer Hand geplant oder war der Generalmajor ein willkommenes, dennoch zufälliges Opfer? Je länger ich über Kaysers Beobachtungen nachdachte, desto mehr gewann, was er angeblich gesehen hatte, an Unschärfe. Wie kam er zu der Behauptung, mein Großvater sei in Campo Tizzoro gestorben? Hatte er an seinem Lager gesessen, als er starb, oder beruhte diese Information auf Hörensagen? Und konnte der Generalmajor angesichts der schweren Verletzungen, die er hatte, nicht bereits tot gewesen sein, als ihn Kayser wieder zu Gesicht bekam? Am meisten mißtraute ich der barschen Widerrede auf die Intervention Filippinis. Was der schwerverletzte Crisolli vom Moment seiner Verwundung an noch gesagt oder nicht gesagt hatte, konnte Kayser allein deshalb nicht wissen, weil er an dessen Rücktransport gar nicht beteiligt war. Demnach galt, was er zurückwies, für ihn selbst. Auch seine Beobachtungen gehörten der Zone der Legenden an, die sich um das Attentat gebildet hatte. Daß Wilhelm Crisolli in einem Mercedescabriolet chauffiert worden sein sollte, kam mir, gerade weil ich es mir genauso vorgestellt hatte, wie ein Klischee vor. Die Aussage des Augenzeugen Kayser erschien mir nicht viel glaubwürdiger als

Filippinis Gerücht über den angeblichen Schwanengesang meines Großvaters.

Und diese letzten Worte waren unglaubwürdig genug. Ausgerechnet die Feinde des Okkupanten behaupten, dieser habe, kurz bevor er starb, darum gebeten, seinen Tod nicht mit dem Leben Unschuldiger zu vergelten. Auf diese größte aller Unwahrscheinlichkeiten lief das im kollektiven Gedächtnis der Partisanen offenbar schnell für bare Münze gehaltene Gerücht im Kern hinaus. Daß mein Großvater in seinen letzten Lebensminuten auf die Einhaltung des Kriegsrechts gepocht haben soll, kam mir ebenso preußisch-ehrenwert wie unglaubhaft vor. Wie hier die Verhältnisse auf den Kopf gestellt wurden, war verblüffend. Der Böse wurde in seiner letzten Stunde dadurch zum Guten, daß er nicht allein seinen Tod billigte, sondern den Tätern auch noch verzieh. Diese Gutherzigkeit verlieh dem deutschen General wie im Volksmärchen oder der Heiligenlegende eine nahezu religiöse Aura. Sollte mein Großvater sein Fortleben im Gedächtnis der Partisanen der Hartnäckigkeit allein dieser versöhnlichen Nachrede verdanken? Wahrscheinlich hatte sich der reale Feind aus einem ganz anderen Grund in einen imaginären Freund verwandelt. In den Gerüchten schien sich mir vor allem die Pein der italienischen Zivilbevölkerung zu äußern. Hauptsächlich deren Wunschdenken dürfte die Vorstellung entsprungen sein, die Partisanen hätten als uniformierte Truppe gekämpft. Nach meiner Überzeugung drückte die Kriegsmärchengestalt meines Großvaters die Hoffnung der Zivilbevölkerung im Spätsommer 1944 aus, vor Repressalien durch die Okkupanten verschont zu bleiben.

Diese Hoffnung war allerdings trügerisch und ließ sich auch mit dem schönsten Gerücht nicht beschwören. Unter dem Datum des 13. September erwähnte das Kriegstagebuch der 14.

Armee abermals das Attentat im Planquadrat 37/37: »Säuberungsaktion dieses Gebietes ist im Gange. Bei Ueberfall auf Kdr. 20. Lw.Feld-Div. (1 km nördl. 37/57) wurde der Begleit-Offz. verwundet und der Fahrer erschossen. 1 Bandit im Kampf niedergemacht.« Um die mäandernden Frontverläufe dieses Ereignisses wie mich selbst vollends zu verwirren, hieß es weiter: »Auf dem Berg 37/38 200–300 Banditen, darunter ein deutscher Flieger-Uffz., der sich rühmte, den deutschen General erschossen zu haben.« Der deutsche General – das konnte niemand anders als Wilhelm Crisolli sein, erschossen von einem Überläufer, sogar einem aus der eigenen Division. War der Unteroffizier etwa einer der Uniformierten, von denen in dem von Filippini kolportierten Gerücht die Rede war, und was hatte er mit seinem Kommandeur abzurechnen?

Schenkte man dem Kriegstagebuch Vertrauen, dann würde es keiner von denen gewesen sein, die das Partisanendenkmal in Modena als Helden gefeiert hatte. Anscheinend war sogar das Unvorstellbare vorstellbar und die Wirklichkeit dieses Krieges ganz anders, als es die Rechtfertigungen der einen und das Pathos der anderen später glauben machen wollten. Allmählich nahm der Apennin des Spätsommers 1944 in meiner Vorstellung deutlichere Kontur an. Das von der Information nicht unterscheidbare, zwischen den Fronten zirkulierende Gerücht schien in diesem heimtückischen Kampf aller gegen alle eine der wichtigsten Waffen gewesen zu sein. Das Attentat auf Wilhelm Crisolli zeigte, daß sich der Apennin im September 1944 in eine Landschaft des Verrats verwandelt hatte, in der dein Freund auch dein Feind sein konnte.

Mit der Frage, ob ich von der Zone der sich um meinen Großvater rankenden Legenden etwas sehen, ob ich den Tatort überhaupt erkennen würde, brach ich nach Olivacci auf.

Dank eines elektronischen Kalenders hatte ich herausgefunden, daß der 12. September 1944 ein Dienstag war. Es war ein sonniger Septembersonntagvormittag, als ich in Campo Tizzoro ankam. Der Ort kam mir häßlich und trostlos vor. Auf einem Hügel inmitten neu erbauter Einfamilienhäuser thronte eine grobschlächtige moderne Kirche im Stil florentinischer Renaissance. Ich fuhr zweimal im Schrittempo die öde Hauptstraße entlang, an der die Hallen der ehemaligen Waffenfabrik aufgereiht lagen. Das Eingangstor stammte noch aus der Zeit vor dem Ersten Weltkrieg. Auszusteigen widerstrebte mir. Ich beschleunigte, ließ Campo Tizzoro hinter mir und dachte an das Mercedescabriolet, das einst denselben Weg entlanggefahren war. Bis Porretta, von mir bis vor kurzem noch als Tatort angenommen, waren es nur zwanzig Kilometer. Olivacci lag etwa auf der Hälfte dieser Strecke. Hinter Pracchia, einem kleinen, aus Felssteinen erbauten Dorf, überquerte ich eine schmale Brücke. Die Straße schlängelte sich oberhalb des Reno entlang, dessen Tal sich tief in die steil aufragenden Berge einschnitt. Als ob man ihn nur lüpfen müsse, um all der hier verborgenen Geheimnisse habhaft zu werden, reichte ein grünsamtener Mantel aus Laubwäldern und Macchie bis hinauf zu den Gipfeln. Es war einsam und still und leer. Niemand vor, niemand hinter mir, niemand, der mir entgegenkam. Über kleine Brücken hinweg ging es in vielen Kurven gemächlich bergauf. Auf der Karte sah ich, daß es bis Olivacci nur noch wenige Kilometer waren.

Ich bog von der Straße auf einen Feldweg ab, der zu einer kleinen, in den Reno ragenden Landzunge hinabführte, wo ein großes, noch nicht altes Bauernhaus verlassen am Ufer lag. Durch eine Toröffnung betrat ich einen hohen Raum. Der Betonboden war voller Ölflecken, rostige Eisenteile lagen umher. In die oberen Stockwerke zu steigen, vermied ich. Ich ging wieder hinaus in die Sonne, hinunter zum Ufer und blickte durch das klare Wasser auf die Kieselsteine am Grund des Flusses. Ein paar hundert Meter entfernt kamen drei Männer aus dem Gebüsch und stiegen in ein Auto, das mir erst jetzt auffiel. Als sie an mir vorbeifuhren, wandten sie gleichzeitig ihre Köpfe in meine Richtung und sahen mich an. Vielleicht konnte man hier Forellen fangen. Ich wartete noch eine Weile, warf einen Blick auf die Karte, dann fuhr auch ich zurück auf die Straße. Das Tal wurde jetzt enger, für Gebäude war kein Platz mehr. Ein militärischer Befehlshaber wie er, dachte ich mir, während ich mich langsam meinem Ziel näherte, hätte über die Aktivitäten der Partisanen in dieser Gegend besser als andere informiert sein müssen. Gesetzt den Fall jedoch, Kaysers Beobachtung wäre richtig, was hätte Wilhelm Crisolli veranlassen können, sich ohne Begleitschutz in diese Gefahrenzone zu wagen? Unkenntnis der militärischen Situation schied aus. Plausibler erschien ein Fatalismus, der dem eigenen wie dem Tod anderer gegenüber genauso gleichgültig geworden war wie gegenüber dem Überleben aller.

Vielleicht lief damals eines auf das andere hinaus, dachte ich, während rechts und links die Landschaft an mir vorbeizog, die ich nicht anders denn als archetypische Partisanenlandschaft betrachten konnte. Wer sich hier sichtbar machte, überlegte ich weiter, als ich aus einer S-förmigen, einen Steilhang sich entlangwindenden Kurve wieder hinausfuhr, würde, ob geschützt oder ungeschützt, provozieren, getötet zu werden. Eine idealere Tarnung für jede militärische Untergrundoperation als den grünen Samtmantel dieser einsamen Gebirgsgegend konnte es nicht geben. Ich war schon fast vorüber, als ich in meinem linken Augenwinkel ein Schild mit der Aufschrift »Olivacci« aufblitzen sah. Ein Dorf war nirgendwo in Sichtweite. Die leicht ansteigende und, am frisch behauenen Fels gut zu erkennen, erst kürzlich verbreiterte Doppelkurve hatte mich gezwungen, stark abzubremsen. Hier war es. Der Tatort war deutlich erkennbar.

Am Scheitelpunkt der zweiten Kehre, dort, wo mich der Schriftzug Olivacci aus meinen Gedanken gerissen hatte, erhob sich unter Akazien eine mehr als mannshohe Stele. In den Sockel, bekrönt von einer an ein Mausoleum erinnernden Miniaturberghütte aus Stein, war eine Tafel eingelassen. Ich bückte mich, um die verwitterte Inschrift des Epitaphs besser entziffern zu können. Jemand namens Dilio Gaggioli teilte mit, er hinterlasse »für die Gnade, die die heilige Maria an jenem tragischen Tag im September 1944 erwiesen hat, dieses kleine Werk zur Erinnerung an die Kriegszeit 1940–45«. Ich hatte gelesen, aber wie im Traum verstand ich den Sinn nicht. Daß ein tragischer Tag Gnade gewähren könne, erschien mir ebenso widersinnig wie das Stillschweigen des Stifters, der weder Datum noch weitere Namen nannte. Dennoch war ich davon überzeugt, daß nur der Überfall auf meinen Großvater gemeint sein könne. In dem Augenblick, in dem ich die Doppelkurve hinunterblickte, wußte ich noch nicht, wie recht ich mit dieser Annahme hatte.

Die erste Kehre führte über eine Brücke, unter der ein Gebirgsbach floß. Dahinter zweigte ein zerfurchter Forstweg hinauf in die Berge ab. An der Gabelung stand ein weiterer, sehr viel kleinerer Gedenkstein. Ich lief über den rissigen Asphalt zu ihm hinab, sah einen frischen Blumenstrauß in einer Vase stecken und las, an dieser Stelle sei »Ludovico Venturi, partigiano« am »10.9.1944 für die Freiheit gefallen«. Um zu verstehen, was geschah, begann ich mit meinen Augen abzutasten, was mich umgab, sah mir dabei zu, wie ich meine Fotokamera nahm und registrierte und dokumentierte. Stück für Stück lichtete ich die Doppelkehre ab. Die beiden Gedenksteine bezogen sich zweifellos auf nur einen einzigen Überfall. Den Tod des Partisanen verzeichnete auch das Kriegstagebuch. Also hatte das Attentat am 10. September stattgefunden, war Wilhelm Crisolli mutmaßlich zwei Tage später seinen Verletzungen erlegen. Es war heiß und grün und still, und ich bemerkte nicht, daß ich mitten auf der Straße stand und mit meinen Augen eine unsichtbare Verbindungslinie zwischen den beiden Stelen zog. Am Ende einer langen Expedition war ich auf Totemzeichen gestoßen, die ein halbes Jahrhundert lang auf mich gewartet hatten.

Mich darüber wundernd, wie an dieser Stelle trotz aller Anonymität auch meines Großvaters öffentlich gedacht wurde, folgte ich dem Hinweisschild nach Olivacci und erlebte einen ungeahnten Aufstieg. Mit der Berggegend ringsum hatte die Lichtung, auf der Olivacci lag, wenig gemein. Am Dorfeingang plätscherte unter Pinien eine Quelle. Der Kandelaber in der Nähe einer maroden Kapelle war wie ein Grenzpfahl, der die eine Welt von der anderen Welt trennte. Die wenigen, in den Hang hineingebauten Häuser lagen nicht an Straßen oder gepflasterten Wegen, sie waren auf Rasenpolster gebettet. Nirgendwo erblickte ich einen Menschen. Dennoch war mir, als sei ich nicht alleine. Weiter oben zwischen zwei Feldsteinhäusern, die zum Verkauf standen, umrahmte ein pseudoantiker Portikus auf zwei korinthischen Säulen einen Wasserspeier.

Ich wußte, daß Olivacci im Herbst 1944 von seinen Bewohnern verlassen, von den Partisanen als Versteck benutzt und von deutschem Militär nach dem Überfall ergebnislos durchsucht worden war. Der Weiler konnte von der Straße aus nicht eingesehen werden, war aber ein guter Beobachtungsposten. Militärische Überlegungen oder historische Fakten verschwanden jedoch hinter der Unwirklichkeit, die mich hier umfing. Olivacci war die ägäische Felseninsel Skyros, das Grab in Arkadien, der Garten, nach dem ich so lange gesucht hatte. Wäre ich beim Tod meines Großvaters Augenzeuge gewesen, ich hätte das Gerücht ausgestreut, er sei in Olivacci gestorben, das mit Quelle, Rasenpolstern und Pinien dem »locus amoenus« jener Ideallandschaften glich, die sich die Alten erträumt hatten. An solch einem Ort verreckte man nicht, hier trat man hinüber und verwandelte sich in eine schöne Seele. Ich war angelangt, wo ich hingewollt hatte, und zugleich war ich dort, wo ich herkam. In Olivacci hatte ich mich durch meinen Großvater hindurch selbst eingeholt. Ich hatte erfahren, daß in der Toskana der Kriegstod lauerte, tat aber alles, um ihn im selben Atemzug wieder zu vertreiben. Ich war in den verbotenen Park vorgedrungen, aber noch nicht darüber hinaus. Ich stand auf der Linie, konnte mich aber nicht überwinden, sie zu überschreiten. Ich wollte mehr und zugleich überhaupt nichts mehr wissen. Die Aura des Rokoko-Fotos zerstob, aber ich sträubte mich dagegen, sie restlos zerfallen zu lassen.

Ich saß auf neunhundert Metern Höhe am Grab Wilhelm Crisollis auf dem deutschen Soldatenfriedhof am Passo di Futa. Von der in den Rasen eingelassenen Grabplatte blickte ich nach Süden über die bis ins Arnotal nach Florenz hin abfallenden Hügelketten. Irgendwo dort unten lagen Frosini, Sant' Antonio, die Villa Reale, Nocchi und Olivacci. Bislang hatte ich mich mit Vorliebe stummen Vermittlern überlassen. Landschaften waren für mich häufig beredter gewesen als menschliche Wesen. Ich war der Gefangene eines Resonanzraumes, in dem rätselhafte Bilder, Gesten und Klänge widerhallten. Mo-de-na. Kesselring. Belgard. Septembersonne. Pfaueninsel. Kiefernnadeln. Vati. Potsdam. Sorau. Wenn ich das Geheimnis der Grenzwaldinsel lösen wollte, war es an der Zeit, die sprachlose Kommunikation mit den Landschaften zu beenden. Mein Verfahren, Vergangenheit durch die Unmittelbarkeit der visuellen Erfahrung zu erschließen, hatte ausgedient. Wollte ich die Chiffren der großen Mütter aus dem Osten in Klartext übersetzen, mußte ich die Rupert Brookeschen Verschmelzungssehnsüchte fahrenlassen.

Ich erhob mich und blickte noch einmal auf die in der Sonne grellweiße Grabplatte, unter der die Gebeine meines Großvaters ruhten. Ein halbes Jahr zuvor war ich beim Verlassen des Friedhofs gestürzt, hatte meinen Fußknöchel verletzt und auf Krücken humpelnd meine Reise vorzeitig beenden müssen. Ich hatte mir den Boden unter den Füßen weggezogen und mir eingeredet, ich werde weder fallen noch Schmerz empfinden.

1969

Was die außerparlamentarische Opposition in den späten sechziger Jahren auf den Straßen der Republik veranstaltete, traf sogar im mittelfränkischen Gunzenhausen auf Sympathie. Vom subversiven Zeitgeist infiziert, hatte auch ich mir, gerade fünfzehn Jahre alt, das Konterfei des Commandante Che Guevara, die partisanische Pop-Ikone jener Jahre, als Poster in mein Zimmer gehängt. Mein Vater, Ostern 1968 mit der Anti-Springer-Kampagne liebäugelnd, klärte seine Frau fortan über die Meinungsmanipulationen der »Bild«-Zeitung auf. Er vertiefte sich in Lektüre, las die Memoiren Winston Churchills und André Malraux' und besorgte sich eine soeben erschienene, mit unbekannten Farbfotografien illustrierte Geschichte des Rußlandfeldzuges. Den »Spiegel« versuchte er sich bereits sonntags am Bahnhofskiosk zu verschaffen. Mein Vater, Jahrgang 1921 und gleich nach dem Notabitur einberufen, war ein sich gekehrter Mann. Aber weder vorher noch nachher strahlte er jemals wieder so viel Lebensenergie aus wie im Sommer des Jahres 1969, das für die Familie des Landarztes ein besonderes Jahr war.

Zu unserer aller Verwunderung hatte mein Vater beschlossen, die großen Ferien dieses Mal nicht wie üblich auf einer der ostfriesischen Inseln zu verbringen. Als Reiseziel hatte er statt dessen die Tschechoslowakei, genauer Prag und Böhmen, ausgesucht. Das Gesellschaftsexperiment des Prager Frühlings sowie dessen Beendigung durch die militärische Invasion der Warschauer-Pakt-Staaten im August 1968 hatte er mit großer Aufmerksamkeit verfolgt. Seine ganze Sympathie galt dem Freiheitskampf des kleinen Nachbarlandes hinter dem Eisernen Vorhang. Für die Goldene Stadt schwärmte er, als habe er dort irgendwann einmal sein Herz verloren.

Die Freunde der Familie schüttelten die Köpfe über das fatale Urlaubsziel, dort waren doch die Russen. Wir fuhren trotzdem. Mein Vater war ein Autonarr. Wenige Wochen vorher hatte er sich einen fabrikneuen BMW 2500 in Metallicblau zugelegt. Der Prototyp dieser Limousine war soeben erst auf den Markt gekommen. In Gunzenhausen eine neiderregende Sensation, weckte die Luxuskarosse in Böhmen ehrfürchtiges Staunen. Auf dem Lande blieben die Leute, als würden sie eines Zeichens unverhofften westlichen Heils teilhaftig, wie angewurzelt stehen. Überall an Hausmauern und Scheunenwänden stand mit weißer Farbe 3:2 angepinselt. Wir wußten, daß es sich um ein populäres Symbol des Widerstands handelte. Ein halbes Jahr nach der Invasion hatte die Eishockeymannschaft der Tschechoslowakei die der Sowjetunion überraschend mit drei zu zwei geschlagen. Die Unterdrückten hatten es ihren Unterdrückern wenigstens sportlich gezeigt. Tauchte der BMW in der böhmischen Provinz auf, wurde meist vom Straßenrand gewunken, und mein Vater winkte voller Inbrunst zurück. Mutter, Tochter und Sohn kauerten sich peinlich berührt in ihre Sitze.

Die ersten Tage hatten wir in Prag verbracht. Wir besuchten die üblichen Kulturschätze und Baudenkmäler, auch den alten jüdischen Friedhof mit dem Grab des Rabbi Löw. Mein Vater hatte das Besichtigungsprogramm um die Kirche ergänzt, in der sich 1942 die Heydrich-Attentäter auf der Flucht vor ihren Verfolgern verschanzt hatten. Außer uns gab es dort keine weiteren Besucher. Auf dem Weg zu unserem nächsten Ziel außerhalb Prags unterbrach mein Vater die Reise in Lidice. Das Dorf Lidice war als Vergeltungsmaßnahme für die Ermordung Reinhard Heydrichs, des »Reichsprotektors von Böhmen und Mähren« und führenden Organisators der »Endlösung«, zerstört, seine Bewohner von Gestapo, SS und SD ermordet worden. In einem

Kino, das zur Gedenkstätte gehörte, gab es einen Film zu sehen, der marschierende deutsche Soldaten zeigte sowie Menschen am Straßenrand, die ihnen zujubelten oder weinten. Meine Schwester und ich starrten mit aufgerissenen Augen auf die grobkörnigen Bilder, auf denen uniformierte Deutsche nackte Frauen zusammentrieben und Gewehrsalven auf Zivilisten abfeuerten, die am Rand leichengefüllter Gruben standen.

Dann setzten wir unseren Ausflug ins Riesengebirge im Norden der sozialistischen Republik fort. Meine Schwester und ich wußten nicht, wohin uns der Vater gefahren hatte. Nach stundenlanger Fahrt kamen wir in Spindlermühle an. Von hier waren es zur tschechoslowakisch-polnischen Grenze nur ein paar Kilometer. Früher lag hinter dieser Grenze Deutschland, schoß es der Mutter durch den Kopf. Sorau, wo sie ein paar Jahre ihrer Kindheit verbracht hatte, lag von hier aus kaum fünfzig Kilometer Luftlinie entfernt. Sie seufzte, sagte aber nichts. Ein einziges Mal hatte sie etwas gesagt. Das war lange her. Etwa zehn Jahre zuvor waren sie und ihr Mann mit einem befreundeten Ehepaar nach Jugoslawien in Urlaub gefahren. Ein Schiff sollte sie von Rijeka die dalmatinische Küste entlang nach Dubrovnik bringen. Sie weigerte sich, an Bord zu gehen. Seit ihrer Flucht aus Pommern über die Ostsee, erklärte sie ihrem Ehemann und den Freunden, könne sie kein Schiff mehr betreten. Die drei Bayern hatten nur gelacht und gemeint, sie solle sich nicht anstellen. Da gab sie klein bei, ging an Deck und sagte nie wieder etwas.

Auf dem Rückweg fuhren wir durch einen großen Wald. Alle waren stumm. Als wir zu den Fenstern hinausblickten, sahen wir zunächst nur Bäume, dann den Wald vor lauter Soldaten nicht. Gut getarnt hielten sich rund um Prag Panzereinheiten der UdSSR verborgen. Sowjetischen Soldaten, schoß es dem Vater durch den Kopf, bin ich zuletzt vor mehr als fünfundzwanzig

Jahren begegnet. Er drückte aufs Gaspedal. Bald hatten wir den Wald hinter uns. Am nächsten Tag waren wir wieder auf der zivilen Seite des Eisernen Vorhangs. Nach zehn Urlaubstagen in den böhmischen Wäldern, es war der 21. August 1969, der erste Jahrestag der sowjetischen Invasion, hatten wir Angst bekommen und waren wieder nach Hause gefahren.

In diesem Jahr des politischen Wandels hatte sich die Vergangenheit noch auf andere Weise in unser Leben geschoben. Im Frühsommer waren meine Mutter und ich schon einmal verreist gewesen. Fünfundzwanzig Jahre nach dem Überfall bei Olivacci waren die sterblichen Überreste meines Großvaters umgebettet worden. Seine Gebeine ruhten nun auf dem Soldatenfriedhof, den der Volksbund Deutsche Kriegsgräberfürsorge auf dem Futa-Paß angelegt hatte. Die Einweihung fand am letzten Samstag des Monats Juni statt. Vier Tage vorher waren meine Mutter und ich mit der Eisenbahn von Gunzenhausen nach München gefahren und dort in den Nachtzug nach Florenz umgestiegen. Mein Vater, der sich um seine Patienten zu kümmern hatte, blieb mit der Tochter zu Hause. Die Witwe Wilhelm Crisollis verharrte in Wiesbaden. Mit meinen sechzehn Jahren war allein ich der ideale Begleiter.

Es war eine wunderbare Reise. Am Morgen vor der Ankunft kam der Zugschaffner, baute das Schlafwagenabteil mit wenigen Handgriffen in ein elegantes rotgepolstertes Sitzabteil um und servierte das Frühstück. Währenddessen schauten Mutter und Sohn, von gelegentlichen Tunnels unterbrochen, aus dem Fenster in die sonnige Landschaft des Apennin. Wir logierten am nördlichen Stadtrand von Florenz in der Villa einer Baronin Münchhausen, die dort eine Pension betrieb. Unsere beiden Zimmer waren Salons im Piano nobile. Unterhalb des Balkons lag ein üppig blühender Garten, am Hang gegenüber schimmerte im Sonnenlicht zwischen Zypressen und Pinien der Marmor des römischen Amphitheaters von Fiesole.

Ich hatte alles gut vorbereitet. Obwohl ich noch nie da gewesen war, kannte ich Florenz wie meine Gunzenhäuser Westentasche. Ich hatte mir den Stadtplan so genau eingeprägt, daß hinter jeder Ecke zum Vorschein kam, was ich erwartet hatte. Wir verirrten uns nie. Die einzig wirkliche Überraschung für mich war, daß man in italienischen Restaurants seinen Salat mit Essig und Öl selbst anrichtete, statt ihn, wie in Deutschland, vom Kellner fertig zubereitet an den Tisch gebracht zu bekommen.

Unter meiner Führung besichtigten wir alles genau und nach Plan. Zuerst wurden die Fassaden der Palazzi und Kirchen in Augenschein genommen, danach studierten wir die Innenräume mit ihren Kunstwerken und Kunstsammlungen. Mich beeindruckte am meisten die Kirche Santa Croce, in der es von Grabplatten, Gedenktafeln und Sarkophagen nur so wimmelte. Im Glauben, auch diese großen Männer seien hier beigesetzt worden, stand ich gebannt vor den Ehrendenkmälern Dante Alighieris und Niccolò Macchiavellis. Fasziniert blickten meine Mutter und ich auf die Loggia dei Lanzi, in der wir das Vorbild für die Feldherrnhalle in München wiedererkannten. In den Uffizien bewunderten wir die Skulptur des Dornenausziehers und ließen uns von den Gemälden Botticellis verzücken. Wie auf dessen »Geburt der Venus« schien es auch für uns rosafarbene Rosen vom toskanischen Kunsthimmel zu regnen. Das Mittagessen nahmen wir an weißgedeckten Tischen in einem der vielen Restaurants des Florentiner Zentrums ein. Meine Mutter hatte sich in den Palazzo Pitti verliebt, namentlich in die weitläufigen Boboli-Gärten. Dort ruhten wir uns, wenn es zu heiß wurde und die Siesta begann, auf einer schattigen Bank aus. Abends lasen wir nach einem kleinen Imbiß, während aus dem dunklen Garten kühle Luft in unsere Salons drang, in Reiseführern nach, was wir tagsüber gesehen hatten.

Alles, was wir sahen, hielt ich auf meiner Super-8-Schmalfilmkamera fest. Das Lebensglück, das meiner Mutter und mir in den vier Tagen unseres Aufenthalts widerfuhr, sollte nicht einfach verfliegen. Noch jahrelang konnte ich mich an jede Einzelheit unseres toskanischen Reiseerlebnisses erinnern. Sogar die blaue Fiat-Limousine, die wir geliehen und in der wir so lange nach dem Rückwärtsgang gesucht hatten, vergaß ich nicht. Auch die einstündige Fahrt durch den immer steiler werdenden Apennin mit den in der Sonne silbrig flirrenden Olivenhainen hinauf zum Futa-Paß hatte sich ins Kernholz meines Gedächtnisses eingelagert.

Der eigentliche Zweck der Reise war mir schon bei der Ankunft in Florenz entfallen. Auf den Schmalfilmen flackerten auch ein paar Bilder vom Futa-Paß, nachdem wir die Filme zwei, drei Mal gesehen hatten, legten wir sie beiseite, und meine Erinnerung an den Friedhof und das Grab meines Großvaters war gelöscht. Über Wilhelm Crisolli hatte meine Mutter während der ganzen Reise kaum ein Wort verloren.

Garten der Frauen, Wald der Männer

Wilhelminismus, nachgeholt

Annemarie Crisolli schreckte auf, sie versuchte sich zu erinnern, wo sie sich befand. Da war nichts, was sie wiedererkannte, das Zimmer, in dem sie sich auf einem Bett liegend vorfand, kam ihr eng, klein und fremd vor. Sie hatte die Vorhänge zum Schutz gegen die Nachmittagssonne vor die geöffnete Balkontür gezogen, es war heiß und stickig, kein Windhauch regte sich. Sie legte sich wieder auf den Rücken, schloß die Augen und atmete tief durch.

Das Klima machte ihr zu schaffen. Wo sie herkam, hatte es keine Schwüle gegeben, die pommerschen Winter waren eiskalt, die Sommer warm, aber heiß, gar schwül waren sie nie gewesen. Der scharfe Wind, der im Winter die Küste im Frost erstarren ließ, wehte im Sommer als erfrischende Brise. Manchmal spürte sie noch diesen lauen Sommerseewind, wie er in ihr Haar griff, wenn sie morgens am Strand entlanggeritten war und ihre Lippen nach Salz schmeckten.

Sie öffnete die Augen. Ihr Blick fiel auf das Ölporträt ihrer Großmutter über ihrem Bett. Jetzt wußte sie wieder, wo sie war. Das Gemälde war eines der wenigen Erinnerungsstücke aus Stolp, das sie gerettet hatte. Natürlich hätte sie ein so großes Gemälde nicht auf den Treck in den Westen mitnehmen können, sie hatte es vor der Flucht per Post nach Hamburg geschickt. Dorthin war Mama gezogen, nachdem Franz und Dietz die Firma von Papa, unser lieber Papa, der aus dem Ersten Weltkrieg nicht heimkehrte ... War er nicht von diesen heimtückischen Belgiern umgebracht worden? ... Die guten Schollen und Räucherfische, die es an der Küste gab, was es dagegen hier zu kaufen gab ... Damals wußte man noch zu leben, unsere Kutschen und Schlitten, unsere Autos, meine Jungmädchenkleider, es waren so viele, daß sie kaum in die Schränke paßten, mein Bubikopf, über den sich Wilhelm, so lang ich ihn trug, lustig machte ... Leutnant war er damals, seine großen, traurigen Augen ...

Annemarie blieb noch eine Weile auf dem Rand des französischen Bettes sitzen, sie massierte mit ihren Fingerspitzen die Schläfen, um wieder zu sich zu kommen, ihre Stirn bedeckte ein dünner Schweißfilm. Sie ärgerte sich darüber, daß sie sich nicht besser im Griff hatte. Sie hatte beschlossen, nicht mehr an den Osten zu denken, sie war jetzt hier, und die Vergangenheit hatte für immer Vergangenheit zu sein. Alles *perdu*, pflegte sie Fragen nach ihrem Vorleben abzuwehren, aber manchmal war doch alles wieder so nah, was mittlerweile so fern lag.

Anfangs, als sie hierhergekommen war, litt sie unter Herzbeschwerden. Wiesbaden lag in einem Kessel, in dem sich in den Sommermonaten die über dem Rheintal lagernde, feuchte Hitze staute. Die verschiedenen Thermalquellen, hatte man ihr erzählt, trügen ihr übriges zur Schwüle in der Stadt bei. An das exotische Klima hatte sie sich dann aber doch schnell gewöhnt. Wie feuchtwarm es auch sein mochte, mehrmals stündlich griff sie in die ovale Blechdose mit den Astor-Zigaretten. Den würzigen Geschmack liebte sie ebenso wie die gediegene Verpackung.

Sie konnte sich mehr als andere leisten. Die mageren Nachkriegsjahre waren für die Generalin schnell vorübergegangen.

Nach ihrer Flucht aus dem Osten war sie mit ihrer Tochter Heidemarie in einem winzigen niedersächsischen Kaff in der Lüneburger Heide gestrandet. Anfangs wohnten sie beide mit Annemaries Brüdern Dietz und Franz und deren Familien unter einem Dach. Bald gab es Streit, und die beiden Frauen suchten sich eine andere Bleibe. Zu zweit krochen sie in einem Zimmer mit Küche im Nebengebäude eines Bauernhofes unter. Wasser mußten sie in Eimern am Brunnen holen und ins Haus tragen. Der Bauer, der die Unterkunft vermietete, setzte eine säuerliche Miene auf, als sie mit ihren Koffern anrückten. Es waren schon genügend Fremde im Dorf.

Die Kriegerwitwe Annemarie Crisolli erhielt zunächst weder Rente noch sonst eine Unterstützung, ihren Lebensunterhalt verdiente sie auf dem Postamt des niedersächsischen Dorfes. Sie saß hinter dem Schalter, stempelte Briefmarken ab, nahm Päckchen und Überweisungen an. Ihr Verdienst war gering, zu essen gab es Steckrüben, immer wieder Steckrüben. Mutter und Tochter litten unter den Entbehrungen. Annemarie kam am wenigsten damit zurecht, daß sie allein für den Lebensunterhalt verantwortlich war. Bislang hatte sie es nie nötig gehabt zu arbeiten, in ihren Kreisen verdienten die Männer das Geld, Väter, Brüder, Ehegatten. Die Frauen kümmerten sich um die Kinder und den Haushalt. In Pommern stand dafür immer eine lange Reihe Dienstboten parat. Daran hatte sich für Annemarie auch nicht viel geändert, als sie verheiratet und mit ihrem Gatten von einer Garnison in die andere gezogen war.

Ihrer Tätigkeit als Postangestellte ging sie innerlich aufgewühlt nach. Sie wußte weder, was Lohnarbeit war, noch hatte sie jemals ihren gewohnten gesellschaftlichen Kreis verlassen.

Nicht einmal von dem im Sommer 1944 verordneten totalen Kriegseinsatz war sie betroffen gewesen. Bis zuletzt hielt sie sich standesgemäß unter ihresgleichen auf. Die erste Anstellung ihres Lebens, die auch die letzte bleiben sollte, empfand sie als Entwürdigung, die sie mit stiller Verbitterung quittierte. Sie ängstigte sich vor fremden sozialen Umgebungen, am meisten schämte sie sich jedoch bei der Vorstellung, tief gefallen zu sein. Anstatt bedient und gebeten zu werden, war sie jetzt gezwungen, zu bedienen und zu bitten. Es war erst ein paar Jahre her, daß man sie mit »Hochwohlgeboren« angesprochen hatte. Annemarie zweifelte nicht daran, daß es auch jetzt, nachdem alles *perdu* war, noch so etwas wie Standesehre gebe und die ihre auf dem Spiel stand.

Anfang der fünfziger Jahre wandelte sich ihr Leben unversehens von Grund auf. Sie erhielt eine Entschädigung für den Verlust ihres Hausstandes im Osten. Die Summe genügte, um den Postdienst aufzugeben. Für ihre Tochter konnte sie sogar eine bescheidene Aussteuer beiseite legen. Wenig später bekam sie eine Witwenrente zugesprochen. Mit soviel Glück auf einmal hatte sie nicht mehr gerechnet. Sie folgte dem Rat ihres Schwagers Julius und zog von der Lüneburger Heide nach Wiesbaden. Der Jurist, ältester Bruder ihres Mannes, war Parteigenosse gewesen, entnazifiziert worden und irgendwann vom häuslichen Bürstenbinden ins Hessische Finanzministerium übergewechselt. Auf seine steuerrechtlichen Kenntnisse konnte der staatliche Wiederaufbau nicht verzichten. Die alte Elite stand weniger in der Ecke, als die Generalin glaubte.

Ihre Entscheidung umzuziehen, erwies sich als richtig. Im Krieg wenig zerstört, war Wiesbaden von den amerikanischen Besatzungsdienststellen im September 1945 zur Hauptstadt des neu gebildeten Bundeslandes Hessen ernannt worden. Vor dem Ersten Weltkrieg lebte die »Weltkurstadt« von den reichen Pensionären, die sich hier angesiedelt hatten, sowie vom europäischen Hochadel, der in Gesellschaft des deutschen Kaisers im Sommer hier kurte. Nach 1918 begann der Abstieg der nassauischen Residenzstadt. Erst die Kommunalpolitik nach dem Ende des Zweiten Weltkrieges korrigierte die Fehlentwicklungen der Vergangenheit. Industrieansiedlungen waren fast ein halbes Jahrhundert lang verhindert worden. Ohne die Erinnerung an die wilhelminische Glanzzeit preiszugeben, wandte sich Wiesbaden jetzt der Zukunft zu. Die »rauchlosen Industrien« außerhalb der Stadt harmonierten mit den Bedürfnissen der Heilbäder. Schnell entwickelte sich Wiesbaden zu einer Verwaltungs-, Dienstleistungs- und Kongreßstadt, Verlage und filmwirtschaftliche Unternehmen ließen sich nieder, die ihre Stammsitze in Berlin und Ostdeutschland aufgegeben hatten. Die benachbarten, von den amerikanischen Besatzern genutzten Flughäfen Erbenheim und Frankfurt beschleunigten den Aufschwung. Bereits Mitte der fünfziger Jahre nahm die Zahl der Kur- und Badegäste wieder deutlich zu. Kurkonzert und Wirtschaftsdynamik, Kurkonzert dank Wirtschaftsdynamik, lautete Wiesbadens Erfolgsrezept. Die Rhein-Main-Region behauptete sich als Schrittmacher auf dem Weg der frühen Bundesrepublik in Demokratie und Marktwirtschaft.

Der Aufschwung Wiesbadens stabilisierte auch Annemarie Crisollis Existenz. Es ging bereits aufwärts, als sie eintraf. Bald fand sie eine Ein-Zimmer-Wohnung in einer stillen Seitenstraße, das Mietshaus war im Zuge mehrerer Schnellbauprogramme zur Schaffung von Wohnraum entstanden. Hinter dem Haus lag ein Park, in dem sie oft auf einer Bank saß und sich über die Blumenbeete freute. Manchmal ging sie so lange spazieren, bis die letzten Häuser hinter ihr lagen und der Wald begann. Das mehrstöckige Mietshaus, in dem sie jetzt wohnte, war für sie eine neue Erfahrung, sie mußte lernen, was modernes Leben ist. Ihre kleine, aber funktionale Wohnung war auf die Bedürfnisse eines alleinstehenden Normalverbrauchers zugeschnitten, der seinen Tag im Büro verbringt und irgendwann wieder auszieht, weil er heiratet und eine Familie gründet. Die Generalin war siebenundvierzig Jahre alt, als sie in Wiesbaden eine neue Heimat fand. Um ihre Tochter mußte sie sich nicht mehr kümmern. Heidemarie stand auf eigenen Beinen und verdiente ihren Lebensunterhalt in München. Die Generalin aber nahm weder eine Arbeit auf, noch ging sie jemals wieder eine neue Ehe ein. Ihre Witwenrente nahm im Lauf der Jahre zu, es gab weder einen Grund zu arbeiten noch sich wiederzuverheiraten und die hohe Rente gegen einen Mann einzutauschen.

Unter den bundesdeutschen Existenzgründern der fünfziger Jahre war sie fehl am Platz. Sie wußte nicht, wohin sie hätte aufsteigen oder was sie hätte gründen sollen. Sie glaubte, bereits hinter sich zu haben, was andere noch vor sich hatten. Aus ihren handwerklichen Fähigkeiten machte sie nichts. Bereits als Postangestellte hatte sie sich mit Näharbeiten ein Zubrot verdient. Meist waren ihre Kleider und Kostüme eigene Entwürfe. Anregungen bekam sie aus »Film und Frau« oder »Constanze«, Modezeitschriften, die sie auch wegen der Nachrichten aus der Welt der Schönen und Reichen ausgiebig konsumierte. Sie fand Gefallen am New Look Christian Diors, den Kreationen Coco Chanels oder Yves Saint Laurents. Beim Zuschneiden war sie ebenso geschickt wie an der Nähmaschine, Geschmack besaß sie obendrein. Sie hatte die besten Voraussetzungen, kannte Stoffsorten und Webarten, wußte über Crêpe de Chine, Chiffon, Tüll und Kaschmirwolle Bescheid. Einen »Modesalon Crisolli« hat Annemarie jedoch nie eröffnet. Sie zog es vor, sich in der von ihr häufig frequentierten Boutique als »Frau von Crisolli« ansprechen zu lassen. In der Damenmode konnte die Generalin mitreden, da machte ihr so schnell niemand etwas vor. Ansonsten hatte ihr schwerblütiges Temperament mit dem schwungvoll optimistischen Zeitgeist der fünfziger Jahre nicht viel gemein.

Sie bevorzugte das Repräsentative und Pompöse, und auch dafür war Wiesbaden der richtige Ort. Den ambitionierten Weg der Stadt in die Nachkriegsmoderne überging sie geflissentlich. Das im Krieg zerstörte und als Apartmenthaus der Superlative wieder aufgebaute Hotel »Vier Jahreszeiten« verabscheute sie wie alles übrige, was die Baulücken zu füllen begann. Wie die Bonner Republik wußte aber gerade Wiesbaden Bruch und Kontinuität so miteinander zu vermitteln, daß die Tradition gegenüber der Moderne nicht zu kurz kam. Pomp, Prunk und Pracht der wilhelminischen Kulissen, die die Kurstadt immer noch reichlich bot, sprachen Annemarie unmittelbar an. Sie flanierte den gründerzeitlichen Boulevard der Wilhelmstraße entlang und versank in den Fauteuils des noblen Café Blum, das weitläufig war wie das Deck eines Luxusliners. Das von Kaiser Wilhelm II. eingeweihte, 1945 von alliierten Bombern zerstörte und bald wieder aufgebaute Kurhaus war ihr zweites Zuhause. Den Klängen des Kurorchesters lauschend, blickte sie vom Gartenrestaurant gern auf die in der Sonne glitzernde Fontäne des Kurteiches. Vor dem Fenster ihrer kleinen Wohnung lag eine Reihe von Villen aus der Kaiserzeit. Der Zierat der Fassaden ließ sie manchmal ins Schwärmen geraten. Wie herrschaftlich hoch die Räume mit ihren Flügeltüren und Parkettfußböden in solchen Häusern damals doch gewesen seien. Die Zwei-Zimmer-Wohnung, in die sie nach mehr als zwanzig Jahren umzog, lag in einer vorstädtischen Neubausiedlung. Dort gab es nichts mehr, das an irgend etwas erinnerte. Sich in ein Wohnhaus aus der Gründerzeit einzukaufen, meinte sie sich nicht leisten zu können.

Annemaries Familie war sehr begütert gewesen. Sie war durch Handel mit Saatgut und dem Verkauf landwirtschaftlicher Geräte zu Wohlstand und Ansehen gelangt. 1933 hatte ihr jüngster Bruder Dietz die schönste der ziemlich hysterischen Töchter des Konsuls John geheiratet, eines reichen Reeders und Fabrikanten. Dietz bewies viel unternehmerisches Geschick. Das Johnsche Stammhaus lag nicht weit von Stolp, in Rügenwalde. Die Kisten, die die Fabrik dort herstellte, dienten dem Transport der Fische, die an der Rügenwalder Küste gefangen wurden. Dietz steigerte den Umsatz und subventionierte dadurch auch das Stolper Unternehmen, das sein jüngerer Bruder Franz mit wenig Glück und Sachverstand leitete. In der Sprottensaison wurden in Rügenwalde manchmal bis zu achthunderttausend Kisten in unterschiedlicher Größe ausgeliefert. Der Kleinstadt mit dem trutzigen Schloß der pommerschen Herzöge ging es nicht schlecht, auch die Molkereibetriebe und Wurstfabriken verzeichneten gute Umsätze. Pommern versorgte Berlin mit landwirtschaftlichen Produkten, und seine Würste und geräucherten Gänsebrüste waren über das Reich hinaus als Delikatessen geschätzt und berühmt.

Vor und auch noch kurze Zeit während des Ersten Weltkrieges war es Annemaries Familie am besten gegangen. Sie hörte auf den Namen Rosetzki, was sich vom Polnischen Rosecki herleitete. Ihr Vater war 1916 »im Felde geblieben«, wie man damals zu sagen pflegte, zu diesem Zeitpunkt war Annemarie elf. Über den Tod ihres Vaters wurden nie mehr als Gerüchte laut. Aus Deutschenhaß war er angeblich von einer Belgierin, bei der er einquartiert war, vergiftet worden. Den plötzlichen Tod des

Vaters nahm die Familie Rosetzki als böses Vorzeichen. Als nach dem verlorenen Weltkrieg der »polnische Korridor« Teile des ostpreußischen Hinterlandes wegnahm, gingen die Geschäfte zunächst drastisch zurück. Auf »Versailles«, die Polen und die sozialdemokratischen »Erfüllungspolitiker« in Berlin waren die Rosetzkis schlecht zu sprechen, wenngleich es bald wieder aufwärtsging. Von den hohen Zöllen auf ausländische Agrarprodukte, den Krediten und Subventionen, die der Landwirtschaft von den verschiedenen Reichsregierungen bis in die dreißiger Jahre in Millionenhöhe gewährt wurden, profitierten indirekt auch sie. Trotz gelegentlicher Einbußen mußte die Familie weder um die wirtschaftliche Existenz ihrer Firma noch ihren großbürgerlichen Lebensstil fürchten. Man hielt Reitpferde, spielte Tennis und ließ es sich in den Seebädern von Kolberg bis Zoppot gutgehen. Während des Krieges ging das Stolper Unternehmen bankrott, aber dank der florierenden Rügenwalder Firma lebten die Rosetzkis bis kurz vor der Flucht in Pommern fast, wie sie immer gelebt hatten.

1927 heirateten Annemarie Rosetzki und Wilhelm Crisolli, Annemaries Familie glaubte, ein Stück des verlorenen Kaiserreiches wiedergewonnen zu haben. Immer wenn sich der ordensdekorierte Weltkriegsteilnehmer und zukünftige Gatte einstellte, war das Jahr 1918 wie ausgelöscht. Zur Hochzeit hatte Wilhelm Crisolli einige seiner Regimentskameraden eingeladen, die Uniformen machten nicht mehr so viel her wie früher, aber der Ruhm der Kriegsorden, die ihre Brust schmückten, war um so unvergänglicher. Gegenüber den älteren Herren in ihren Fräcken machten die Leutnants immer noch großen Eindruck, außerdem brachten sie viel gute Stimmung mit. Auch sie waren froh, für einen Abend lang die Unbilden der Gegenwart zu vergessen und hoch leben zu lassen, was ihnen wert und teuer war.

Der einzige, der sich unwohl fühlte, war Dietz. Anders als sein Schwager Wilhelm hatte er keine adligen Freunde. Wenn es darauf ankam, war der Bürgerssohn für den gutsherrlichen Adel, mit dem er seine Geschäfte machte, nichts weiter als ein Kofmich. Offiziere hingegen besaßen Reputation. In Stolp, der alten preußischen Garnisonsstadt, repräsentierten sie, was immer aus Berlin dekretiert wurde, noch immer den ersten Stand im Staate. Unter den Leutnants, die Wilhelm zu seiner Hochzeit eingeladen hatte, gab es auch ein paar »Vons«. Dietz haßte den alten Plunder, er trat für mehr Gleichheit und Fortschritt ein, seine Sympathien gehörten der braunen Bewegung.

Eines Abends, Annemarie Crisolli hatte es sich in ihrem Wiesbadener Heim bei einem Glas Rotwein behaglich gemacht, klingelte das Telefon. Sie traute ihren Ohren nicht, Lämpe war am Apparat. Er bat darum, ihr einen Besuch abstatten zu dürfen, erst freute sie sich, den Adjutanten ihres Gatten wiederzusehen, dann zögerte sie. Als Lämpe eines Nachmittags tatsächlich vor ihr stand, erschrak sie über dessen knorriges Gesicht, sie hatte ihn ganz anders in Erinnerung gehabt, am liebsten hätte sie ihn wieder weggeschickt. Aber sie hatte sich nun einmal erweichen lassen, ihn zum Kaffee einzuladen, jetzt gab es kein Zurück mehr. Lämpe erzählte, wie es ihm jetzt gehe, was er tue, bald kam er auf den Krieg und Italien zu sprechen. Annemarie hob abwehrend die Hände, um die lästigen Worte zu verscheuchen, die wie Geschmeiß auf sie zugeflogen kamen. Aber es half nichts. Lämpe gehörte zu der Sorte Männer, die mit ihren Kriegserlebnissen so schnell nicht wieder aufhörten. Er war froh, daß er reden konnte. Ehe sich Annemarie versah, steuerte Lämpes Monolog auf die Todesumstände ihres Gatten zu. Bei dem Überfall, meinte der Adjutant, hätten auch eigene Leute ihre Hand im Spiel gehabt. Sie winkte energisch ab. Davon mochte sie nichts hören. Das alles lag jetzt schon über zehn Jahre zurück. Lämpe verabschiedete sich, sie sah ihn nie wieder.

Im Lauf der Jahre dachte sie immer seltener an Wilhelm Crisolli, und je mehr sie ihn vergaß, desto nachdrücklicher kultivierte sie ihren Lebensstil. Während sie dem Luxus verfiel, ähnelten ihre Gesichtszüge immer mehr denjenigen eines über den Tod seines Herrn melancholisch gewordenen pommerschen Jagdhundes. Den Zeitumständen der bundesdeutschen Mittelstandsgesellschaft entsprechend, wahrte die Generalin ihre Standesehre durch den Erwerb von Prestigeobjekten. Annemarie begann hemmungslos zu konsumieren. Ihr Wohnzimmer, in dem sie mangels Raum auch schlief, möblierte sie bis unter die Decke antik wie pseudoantik. Sie spendierte sich Fisch- und Fleischbestecke aus Silber für sechs Personen, silberne Vorlegebestecke, ein achtteiliges englisches Teeservice von Wedgwood sowie Teller, Schüsseln und Terrinen der Nobelfirma Royal Copenhagen. Sie kochte sich jeden Mittag ein kleines Menü und deckte ihren Wohnzimmertisch, wie es die Etikette verlangte. Während sie ihre Hirschkeule oder ihren Salm verspeiste, hörte sie Radio oder blickte aus dem Fenster.

Annemarie ging gerne aus, nicht nur aus Langeweile. Um sich ihrer Bedeutung zu versichern, brauchte sie Öffentlichkeit. Selbst bei größter Sommerhitze verließ sie das Haus nie ohne hellbeige Ziegenlederhandschuhe. Gerne verzehrte sie im Kurhauscafé bei einem Kännchen Kaffee ein Stückchen Schwarzwälderkirsch. Anschließend winkte sie den Oberkellner heran, um sich eine Astor anstecken zu lassen. Der gewaltige Durchmesser des Hutes, den sie auf dem Kopf trug, löste bei den übrigen anwesenden Herrschaften Erstaunen aus. An den Fingern der Generalin funkelten Brillantringe, ihr Handgelenk zierte ein rotgoldenes, aus schweren eckigen Gliedern zusammengefügtes

Armband, den Hals eine Kette, deren dicke Perlen im Lüsterglanz der Kristalleuchter des Kurcafés seidig schimmerten.

Gelegentlich wurde diese *grande dame* von Herren angesprochen, meist lehnte sie geschmeichelt, aber entschieden ab. Sie verkehrte überwiegend mit Offizierswitwen, zum Kaffeeklatsch mit ihnen erschien sie häufig in Begleitung ihres Enkels. Immer wenn meine Eltern Urlaub machten, wurde ich in den Zug nach Wiesbaden gesetzt, meine Mutter begleitete mich bis Würzburg, dort nahm mich meine Großmutter in Empfang. Manchmal durfte auch ich ihr eine Astor anstecken, ich war ihr kleiner Kavalier. Mit mir zelebrierte sie das mondäne Leben am liebsten. Sarginhalte jenseits von Elbe und Oder waren ohne Belang. Ich lauschte dem Klang des Kurorchesters. »Pigalle« sang der Mann im roten Jackett und schüttelte dabei die Rumbarasseln.

Annemarie Crisolli trug nicht nur große Schmuckstücke am Leib, in ihrem Leib hausten auch Gefühle, die so groß waren, daß sie sich selbst davor am meisten in acht nehmen mußte. Wenn sie sich ihre Nerzstola um die Schultern schlang, schlug die Stunde ihrer größten Leidenschaft. Sie liebte die italienische Oper, Rossini, Bellini, Puccini, ganz besonders aber liebte sie Giuseppe Verdi. Für Verdi hätte sie alles, am liebsten sich selbst hingegeben. Ende der fünfziger Jahre trat Maria Callas im Wiesbadener Kurhaus auf. Die Eintrittspreise waren hoch, aber Annemarie zögerte nicht lange. Sie gehörte zu den Glücklichen, denen es gelang, eine Eintrittskarte zu ergattern. Während sie im Vestibül ein Gläschen Sekt trank, stand draußen das Volk und gaffte. Gleich nach dem Konzert der Göttlichen schaffte sie sich eine Musiktruhe und viele Schallplatten an. Jetzt konnte sie sich der »Macht des Schicksals«, »La Traviata«, dem »Troubadour« oder dem »Maskenball«, überhaupt allem, was die italienische Oper zu bieten hatte, in aller Ruhe und so oft ergeben, wie sie wollte. In ihrem Ohrensessel sitzend, ließ sie sich reglos lauschend in die Unendlichkeit namenloser Gefühle entführen.

Die Verdi-Oper, die meine Großmutter am meisten verehrte, war die »Aida«. Jedes Jahr Ende August, Anfang September fuhr sie zu den Festspielen nach Verona, sie reiste das ganze Jahr über viel und gerne, kannte halb Europa, hatte Südfrankreich, die Kathedralen der Champagne besichtigt, die Städte Flanderns und Andalusiens besucht. In jedem Frühsommer erholte sie sich in Travemünde, wo sie in tiefen Zügen die salzige Luft der Ostsee einsog. Aber nichts reichte an Verona heran. Verona war für sie der Höhepunkt des Jahres. Annemarie blieb dort nie länger als ein paar Tage. Tagsüber erging sie sich in der Stadt, abends besuchte sie die Inszenierungen, die sie lange im voraus gebucht hatte, dann fuhr sie wieder nach Hause. Sie war Gast im Verdi-Land, Italien aber hat sie nie besucht. In ihren vierzig Nachkriegsjahren reiste sie weder nach Florenz, Rom, Neapel noch nach Venedig. Über Verona ist sie nie hinausgekommen. Von dort bis zum Futa-Paß wären es nur etwa hundertzwanzig Kilometer gewesen.

Ihre Tochter Heidemarie, die sie fast immer begleitete, hätte sie bequem mit dem Auto durch die Poebene hinauf in den Apennin fahren können. Nach anderthalb Stunden Fahrt wären beide auf der Paßhöhe angelangt. Annemarie hätte dort oben einen Blumenstrauß niederlegen und sich davon überzeugen können, daß die Aussicht vom Grab ihres Gatten überwältigend war und einem hier die halbe Toskana zu Füßen lag. Die Fahrt hätte nicht im Gebirge und in Traurigkeit enden müssen, sondern versöhnlich ausklingen können. Nach Florenz wäre es ein Katzensprung gewesen. Gemeinsam hätten Mutter und Tochter die Stadt und deren Sehenswürdigkeiten besichtigen können.

Aber dazu ist es nie gekommen. Heidemarie wagte gar nicht erst, solch einen Abstecher vorzuschlagen, obwohl sie hoffte, auf diese Weise von ihrer Mutter etwas über ihren Vater zu hören, an den sie sich kaum mehr erinnern konnte.

Es hätte Annemaries Herzen nicht gutgetan, in die Toskana zu reisen, ihr tat allein die »Aida« gut. Der Pomp der Massenszenen, Chorgesänge und Gesangsduette ließ ihr Ich unsagbar groß, weit und grenzenlos werden. Irgendwann hörte ihr Ich sogar ganz auf zu existieren. Gleich zu Beginn, wenn die Arie »Celeste Aida« erklang, erschauerte, wenn wenig später das Volk »Guerra!, Guerra!, Guerra!« schrie, erschrak sie. Annemarie verstand kein Wort Italienisch, und besonders musikalisch war sie auch nicht, aber darum ging es nicht. Sie hatte die Oper dutzendfach erlebt, kannte jedes Detail der Handlung, wie unter Zwang war sie immer wieder zurückgekehrt. Von Mal zu Mal war das Schicksal der äthiopischen Königstochter Aida mehr zu ihrem Schicksal geworden. Wieder und wieder durchlitt und durchlebte sie, was diese auf der Bühne zu erdulden hatte. Nur Giuseppe Verdis Musikdrama durfte aufwühlen, woran in Annemaries Leben niemand rühren durfte, an die Gefühle und Affekte, die das Drama des Krieges hervorruft. Auch Annemarie hatte die durch Krieg und Flucht zerrissene Liebe kennengelernt, die Aida für ihren Feldherrn Radames hegt, auch sie hätte die Götter um Erbarmen für die Leiden bitten können, die ihr der italienische Feldzug ihres Gemahls aufgebürdet hatte. Wenn am Ende der Oper Aida und Radames lebendig eingemauert werden und das holde Paar dank des gemeinsamen Liebestodes wähnte, der Himmel öffne sich über ihm, würgte sie ihre Tränen hinunter. Annemarie beneidete Aida darum, daß Radames nicht dem Ruf des Krieges, sondern dem seines Herzens gefolgt und zu seiner Geliebten zurückgekehrt war.

Zu Hause in Wiesbaden angelangt, war Annemarie, von dem großen Abschied, den sie in Verona gesehen, gehört und erlebt hatte, noch immer wie betäubt.

Wilhelm Crisolli, Offizier und Junker

Erst eine gute Stunde saßen Leutnant Crisolli und seine Frau Annemarie im Zug. Mehr als vier weitere würde es noch dauern bis zu der Bahnstation in Stolp. Es war ein Morgen Ende Juli im Jahr 1927. Der Sommer war in voller Pracht jetzt auch hierhergelangt. An den Hängen des Eisenbahndamms leuchtete der Ginster. Über den Ziegeldächern der Dörfer und kleinen Städte kreisten die Störche, die alten Räder zu suchen, die Fundamente ihrer sommerlichen Behausung. Annemarie blickte aus dem Fenster. Die Landschaft war langweilig, es war noch eine halbe Stunde bis Stettin. Sand und Kiefernwälder, ab und zu eine winzige ziegelrote Bahnstation. Wilhelm war gleich hinter Berlin eingeschlafen, es lagen heitere und abwechslungsreiche, aber anstrengende Wochen hinter ihnen.

Zehn Tage zuvor hatten die beiden in Stolp geheiratet, am nächsten Morgen waren sie in die Flitterwochen gefahren. Mehr als eine Woche konnten sie nicht bleiben. Am Geld lag es nicht. Annemarie war eine gute Partie. Als Wilhelm seinen Regimentskommandanten darum bat, der Ehe mit der jungen Annemarie seine Zustimmung zu geben, hatte der keine Einwände erhoben. Annemaries Familie zählte zur Stolper Hautevolee, war standesgemäß und obendrein begütert. Sein Vorgesetzter hatte ihm Glück gewünscht und hinzugefügt, es wäre für ihn auch an der Zeit. Der Leutnant war schon zweiunddreißig und noch immer Junggeselle. Die Hochzeitsreise fiel dann kürzer aus als geplant, da Wilhelm sich nicht länger vom Dienst befreien konnte. Betuchte Paare verbrachten ihre Flitterwochen gern in Venedig, Wilhelm und Annemarie verlebten ihre in Binz auf Rügen. Wilhelm liebte die Ostsee, die Küstenorte mit ihrer weißen Bäderarchitektur und den Seebrücken. Außerdem verspürte er wenig Lust auf lange Zugreisen. Der Krieg lag jetzt schon fast zehn Jahre zurück. Damals war er bis nach Serbien und ans Schwarze Meer, zuletzt nach Frankreich gekommen. Das ewige Herumziehen saß ihm noch immer in den Knochen. Annemarie hatte schweren Herzens auf Italien und Venedig verzichtet. Wilhelm war froh darüber gewesen, in Pommern bleiben zu können. Seine Dienstreisen waren ihm Abwechslung genug.

Annemarie hatte jedoch zur Bedingung gemacht, nicht auf direktem Wege wieder nach Hause, sondern vor ihrer Rückkehr nach Stolp sich noch ein paar Tage Berlin zu gönnen. Auf diese Weise bekam Wilhelm wieder einmal seine beiden Brüder Julius und Karl August zu Gesicht, außerdem konnte er seine Mutter Auguste besuchen, die sich einsam fühlte. Ihr Mann Carl Rudolf war Anfang der Zwanziger kurz vor seiner Pensionierung an Überarbeitung gestorben. Zu guter Letzt hatte der pflichtbewußte Preuße auch noch die ehrenamtliche Leitung des Schindlerschen Waisenhauses an der Friedrichsgracht im Berliner Zentrum übernommen. Seit dem Tod Carl Rudolfs kam sich Auguste in der großen Dienstwohnung, in der sie jetzt alleine lebte, trotz des Blicks auf die Gracht und die vielen Boote, verloren vor. Wilhelm verstand ihren Gram, ließ sie aber bald wieder alleine. Er wollte mit seiner Frau ausgehen. In der Reichshauptstadt wurden immer die neuesten Filme gezeigt, und Wilhelm liebte den Kintopp. Weniger die Sorge um seine Mutter, der Kintopp war es, weshalb er sich von Annemarie zu dem Abstecher nach Berlin hatte überreden lassen. Besonderes

Vergnügen bereiteten ihm Komiker wie Charlie Chaplin oder Stan und Ollie. Gerade hatte »Der General« von Buster Keaton Premiere. Die Geschichte des Lokomotivführers, der seine Lok ebenso wie sein Mädchen liebte und im amerikanischen Bürgerkrieg unfreiwillig zum Helden wird, gefiel den beiden Verliebten, der Film schien wie für sie gemacht. Gut gelaunt verließen der Leutnant und seine junge Frau den Marmorpalast am Kurfürstendamm und tranken noch ein, zwei Gläschen schräg gegenüber in Mampes guter Stube.

Ein modernes Paar, dachten die Passagiere, die einen Blick in das Zugabteil warfen, in dem Wilhelm schlief und Annemarie in der Illustrierten »Die Dame« blätterte. Beide waren passend für die Reise sportlich-elegant gekleidet. Wilhelm trug einen graubraunen Knickerbockeranzug, um gegen Ruß und Kohlestaub gefeit zu sein, Annemarie, nach der neuesten Mode gekleidet, ein kurzes beigefarbenes Kleid mit weiter Taille sowie einen Stulpenhut auf dem Kopf. Äußerlich hatte Annemarie mit den jungen Frauen, von denen Wilhelm als Sechzehn- oder Siebzehnjähriger geträumt hatte, nichts gemein. Vieles von ihren Gewohnheiten, ihr Umgang und Lebensstil, hätte vor dem Krieg als unschicklich gegolten. Sie schminkte sich, lackierte ihre Fingernägel, malte ihre Lippen an und genoß es, öffentlich in Bars und Restaurants zu rauchen. In Berlin fiel sie damit nicht auf, dort war sie eine der neuen Frauen, über die in jenen Tagen viel geschrieben und gesprochen wurde. Annemaries androgyne Züge waren zeittypisch und besonders in Filmproduktionen der zwanziger Jahre anzutreffen. Sie trug die Haare männlich kurz und trainierte ihren Körper, ritt, segelte, schwamm, spielte Tennis. Tanzen war ihre größte Leidenschaft, von Shimmy und Charleston, die man auch in Stolp kannte, konnte sie nicht genug bekommen. Eine ganze Nacht durch die schicken Berliner Bars und Dielen zu bummeln, war ihr größter Hochzeitswunsch gewesen. Zu Modetänzen konnte sich Wilhelm nur in der Reichshauptstadt aufraffen. Dort mußte er nicht fürchten, erkannt zu werden.

Trotz aller Vergnügungen und Zerstreuungen fühlte sich Wilhelm fremd in Berlin. Den liberalen Zeitgeist der goldenen Zwanziger betrachtete er mit Skepsis, vor allem Bohemienhaftem und Freizügigem schreckte er zurück. Die zwitterhaften Entfesselungen, gegen die er bei manchen Spaziergängen jenseits von Kurfürstendamm und Tauentzienstraße geprallt war, hatten ihn abgestoßen. Die Reichshauptstadt, lautete sein bündiges Urteil, sei ihm entschieden zu weichlich geworden. Wenn er in Berlin ausging, dann am liebsten in die »Scala«. In dem berühmten Varieté waren die Späße harmlos und die Nuditäten erotisch unzweideutig. Die Revuegirls, die ihre Beine im Gleichschritt schwangen, fand er tadellos erfreulich, für ein paar tröstliche Momente fügte der Drill der aufmarschierenden Mädels die Welt zusammen, die draußen aus den Fugen geraten war. Auch jetzt, bei ihrem ersten gemeinsamen Besuch in Berlin, hatte Wilhelm Annemarie in die »Scala« geführt. Als sie nach der Vorstellung hinaus unter die nächtliche Großstadtmenge getreten waren, hatte sich Wilhelm bei ihr eingehakt. Sie war fast erschrocken über die Heftigkeit, mit der er bei ihr Halt suchte. Die Leuchtreklamen schienen vor seinen Augen zu explodieren, der Lärm der Automobile in seinen Ohren zu detonieren. Alles war wieder da. Momente wie diese erinnerten Wilhelm an den Dezember 1918, als er von der Westfront ins winterdunkle Berlin als gedemütigter Verlierer eingezogen war. Auf Annemaries Frage, ob ihm nicht wohl sei, hatte er nur geantwortet, er freue sich darauf, bald wieder in Stolp zu sein.

Ein Kind von Traurigkeit war Wilhelm nicht, dachte die ihren schlafenden Gatten betrachtende Annemarie, darüber sinnierend, wen sie da eigentlich geheiratet habe. Er war schlagfertig und besaß den schnoddrig-trockenen Mutterwitz der Berliner. Auf sein Äußeres legte er, auch in Zivil, größten Wert. Man merkte ihm sofort an, daß es ihm nicht bloß um Korrektheit, sondern auch um Eleganz ging. Ob in Zivil oder Uniform, Wilhelm war immer Herr. Er hielt sich straff und aufrecht, ohne dabei steif oder allzu schneidig zu wirken. Die formbedachte Natürlichkeit hatte Annemarie bezaubert, als sie Wilhelm auf einem der Stolper Redoutenbälle im Winter zuvor kennengelernt hatte. Wilhelm war kein breitschultriger Hüne, sondern eher ein zarter Mann. Sein ganzes Auftreten weckte bei ihr den Eindruck einer gewissen Schutzbedürftigkeit.

Das offizielle Verlobungsfoto war im Stolper Wohnzimmer der Rosetzkis aufgenommen worden. Wilhelm hatte sich in einen Sessel geflüchtet, seine Hände ineinandergefaltet und Annemarie als einzige Möglichkeit, sich zu ihm zu gesellen, die Armlehne als Sitzgelegenheit überlassen. Durch diese Position einen Kopf kleiner als seine Verlobte, wirkte Wilhelm ganz fern und für sich. Annemarie hatte dieses eigentümliche Gebaren als junggesellenhafte Marotte abgetan, erst später war ihr aufgefallen, daß es Augenblicke gab, in denen Wilhelm ähnlich blicklos zu starren begann wie damals im Salon ihrer Eltern. Die schmalen Lippen zu einem Strich zusammengepreßt, war seine Miene in solchen Momenten vollständig reglos. In seinem maskenhaften Gesicht zeigten dann nur noch die großen Augen einen Rest von Leben. Wilhelm überging solche Situationen, er schien sie nicht einmal zu bemerken. Sein ältester Bruder Julius war mit einem zerschossenen Bein, das für den Rest seines Lebens streichholzdürr und steif bleiben würde, aus dem Großen Krieg nach Hause gekommen. Er selbst blieb äußerlich unverletzt. Er kehrte weder als Zitterer zurück, noch fühlte er sich vom Krieg zerbrochen, sondern war dem Soldatenleben weiterhin treu geblieben. Er hatte nur diesen kleinen Tick. Den meisten fiel er gar nicht auf. Nur wer den an den Schläfen schon leicht ergrauten Mann mit dem jungenhaften Gesichtsausdruck genauer ansah, bemerkte, wie sich der Schrecken des Krieges in seine manchmal blicklosen Augen eingebrannt hatte.

Wie es sich auf seinem Verlobungsfoto präsentierte, hätte das Paar auch gut in das »physiognomische Zeitbild des deutschen Menschen« gepaßt, an dem der Fotograf August Sander schon vor dem Weltkrieg zu arbeiten begonnen hatte. Mit ihrer kaum eine Gemütsregung preisgebenden Physiognomie unterschieden sich Wilhelm wie auch Annemarie kaum von den übrigen Porträtierten Sanders aus den zwanziger Jahren. Auch diese verbergen hinter einer erstarrten Mimik die Empfindungen der Scham, Demütigung und Desorientierung, in die sie Krieg, Niederlage und Nachkrieg gestürzt hatten. Die Kamera als soziologisches Instrument benutzend, hatte Sander Sozialporträts unterschiedlicher Standes- und Berufsvertreter geschaffen, die sich durch ihre Körpersprache wie auch die Attribute ihrer Umgebung auszeichneten. »Reichswehrleutnant mit Frau« hätte das Doppelporträt heißen können, auf dem der uniformierte Wilhelm und die modebewußte Annemarie vor dem Bildungsbürgerlichkeit symbolisierenden Bücherschrank mit kühlem Ausdruck posieren. In Sanders 1929 erschienener Porträtsammlung »Antlitz der Zeit« wären die beiden unter dem Rubrum »Stände« gut aufgehoben gewesen. Ihr Doppelporträt hätte die Widersprüchlichkeit des zwischen Tradition und Moderne zerrissenen Offizierstandes der zwanziger Jahre exemplarisch sichtbar werden lassen können.

Der Bahnhof von Stettin lag bereits hinter ihnen. Die heiße Mittagssonne tauchte die Oder, die der Zug gerade überquerte, in glitzernden Dunst. Wilhelm war aus seinem Schlummer erwacht, runzelte die Stirn und blickte aus dem Fenster. Die Landschaft, die dort draußen vorbeizog, kannte er seit seiner Kindheit, in den Sommerferien war er oft zu seinen Großeltern auf das platte hinterpommersche Land gefahren. Meist hatte ihn seine Mutter bis Stettin gebracht und dort an seine Großmutter übergeben, die im Bahnhofslokal darauf wartete, ihn abzuholen. Wilhelm erinnerte sich voller Wehmut an seine Ferien auf dem Land. Das Blau der Kornblumen, das Rot des Sauerampfers, die Raubvögel und Störche, die über Sümpfen, Seen und Wäldern kreisten. Als er sich Ende 1913 zum ersten Mal in seiner Garnison in Stolp vorgestellt hatte, hatte er alles gleich wiedererkannt.

Dem Großstädter Crisolli behagte die Provinz von Anfang an, dank seiner Großeltern war sie nicht ganz so »jwd« wie für die anderen Berliner unter seinen Kameraden. Daß ihn das Jäger-Regiment zu Pferde 4 als Fahnenjunker aufnahm, erfüllte ihn mit großem Stolz. Ein Potsdamer Regiment hätte Wilhelm und seiner Familie zwar größere gesellschaftliche Reputation verschafft. Aber auch wer in einem preußischen Jäger-Regiment diente, schlug innerhalb der gesellschaftlichen Elite des Offizierskorps einen privilegierten Sonderweg ein. In allen achtzehn preußischen Jäger-Bataillonen dienten 1914 nur tausend auserlesene Offiziere. Schon als blutjunger Mann gewöhnte sich Wilhelm daran, zur Elite der Elite zu gehören. In der Rangordnung der Waffengattungen standen Kavallerie-Regimenter an der Spitze. Der Kavallerist besaß das Prestige der eisernen Willenskraft, der wichtigsten männlich-soldatischen Tugend der spätwilhelminischen Ära. Wilhelm lernte, den Umgang mit Lanze, Karabiner und Degen in vollem Galopp. Dank seiner Eleganz und militärischen Effizienz verkörperte der Kavallerist wie kein anderer Offizier das Ideal des Ritterlichen. Die Stolper Reiter blickten überdies auf eine lange und reiche militärische Tradition zurück, sie trugen den Namen ihres langjährigen Kommandeurs Fürst Blücher von Wahlstatt, jenem »Marschall Vorwärts«, der sich in den Befreiungskriegen unsterblichen Ruhm erworben hatte. Im »Blücher-Zimmer« des Kasinos wurden Kupferstiche, Gemälde und Porträts sowie Pfeife und Säbel des Kommandeurs aufbewahrt. Wilhelm Crisolli versenkte sich auch nach dem Großen Krieg noch gern und oft in den Anblick dieser Reliquien, preußischer und exklusiver als bei den Stolper Reitern war es in kaum einem anderen Kavallerie-Regiment zugegangen.

Ein Jägeroffizier war die aristokratische Steigerung des Reiteroffiziers. Nirgendwo waren Regimentskultur und Adelskultur inniger miteinander verbunden als in einem Kavallerie-Regiment. Unter Friedrich dem Großen aus der Militarisierung des preußischen Forstwesens hervorgegangen, entwickelten sie sich in der wilhelminischen Ära zu Bollwerken der Tradition, in Preußen rekrutierte sich ihr militärisches Führungspersonal vor dem Großen Krieg größtenteils aus dem Adel. Wie für den Adel waren für diese Regimenter Jagdkultur und Jagdtradition mentalitäts- und verhaltensprägend. Die von Wilhelm I. wiederentdeckte Hubertus-Jagd war alljährliches Ritual, und auch der aus England übernommene *steeplechase* wurde gepflegt. Jagdreiten gehörte ebenso zur Ausbildung eines Reiteroffiziers wie Renn- und Springreiten. Dem adligen Grundherrn ergeben, sah ein preußischer Jäger-Offizier im Wald das lebendige Symbol des Allerhöchsten Grund- und Jagdherrn. Dank dieser Erdverbundenheit zeichnete sich die als ausnehmend zäh, diszipliniert und kampfstark geltende Elitetruppe durch unverbrüchliche Königstreue aus. Mehr als andere Offiziere bezog ein preußischer Jäger aus der Tradition, dem Gehorsam und der Treue unauflösbar bindende Kräfte.

Den elitären sozialen Status, den Wilhelm als Offizier gewann, verdankte er dem eisernen Aufstiegswillen seiner Eltern. Jahrzehntelang rackerten sie sich in anfangs kleinbürgerlichen Verhältnissen für ihre drei Söhne ab. Wilhelms ehrgeizige Mutter war im hinterpommerschen Massow als Bürgermeistertochter zur Welt gekommen. Die Landpomeranze hatte den Absprung in die Reichshauptstadt geschafft und einen respektablen Gatten geheiratet. Der 1854 geborene Carl Rudolf Crisolli, Wilhelms Vater, war promovierter Jurist, und am Berliner sowie Potsdamer Landgericht Rechtsanwalt und Notar. Zu Beginn des neuen Jahrhunderts trat er in die kirchliche Verwaltung des königlichen Konsistoriums als Justitiar ein. Später war er Geheimer Oberkonsistorialrat und Mitglied des Evangelischen Oberkirchenrates. Solche Räte wurden nicht gewählt, sondern vom Monarchen ernannt. Zum Zuge kam nur, wer genügend

Treuebeweise lieferte. Carl Rudolf Crisolli hatte an der preußischen Kirchenverfassung mitgearbeitet. Das Bündnis von Thron und Altar fest zu schmieden, war für ihn Berufsalltag, Treue, Pflicht und Gehorsam gehörten zu den unverzichtbaren Glaubensartikeln seiner Familie. Die drei Söhne verkörperten das preußisch-wilhelminische Dienstethos des Vaters zivil wie militärisch. Zwei wurden Juristen, einer Offizier. Bei den Crisollis waren Luthertum, Preußentum und Soldatentum beispielhaft miteinander verschmolzen.

Carl Rudolf hatte sich seinen Aufstieg hart erkämpft. Sein Vater war als Konditormeister in Bromberg zu Geld gekommen und hatte sich nach Bernau bei Berlin als Rentier zurückgezogen. Als Carl Rudolf kaum zehn Jahre alt war, starb sein Vater. Trotzdem arbeitete sich der Halbwaise zum ersten Akademiker seiner Familie hoch. Der Anfang war bescheiden. Mehr als ein Jahrzehnt lebte er mit seiner Frau und seinen Söhnen in der Spandauer Vorstadt. Die gute Gesellschaft des Kaiserreichs mied den Berliner Nordosten, das Quartier, das sich vom Vor- zum Innenstadtbezirk entwickelt hatte, zeigte die für solche Viertel typische berlinische Bevölkerungsmischung. Rund um die Oranienburger Straße lebten wenige Jahre vor der Wende zum 20. Jahrhundert gewerbetreibende Kleinbürger und mittlere Beamte Seite an Seite mit Bohemiens, die wegen der billigen Mieten hierhergekommen waren. Das benachbarte Klinikviertel zog viele Studenten an, Zerstreuung bot der Park des Schlosses Monbijou, in dem auch Wilhelm als Kind oft spazierengegangen war. Die Große Synagoge in der Oranienburger Straße mit der goldblinkenden Kuppel lag ganz in der Nähe des Hauses, in dem Carl Rudolf mit seiner Familie lebte. Die Spandauer Vorstadt war der Mittelpunkt des jüdischen Berlin, das Scheunenviertel, die Zufluchtstätte der armen galizischen Juden, nicht weit davon entfernt. 1905 zog die Familie Crisolli in eines der vornehmen neuen Wohnviertel des Berliner Westens in der Nähe des Schlosses Bellevue um, dort war es still, grün und bürgerlich. Der nahe Tiergarten bot sich zu Spaziergängen an, die Knaben konnten Tennis spielen, und die Schulen waren auch besser. Die Sommer verbrachten die Söhne fortan meist zusammen mit ihrer Mutter in Potsdam, währenddessen der Vater seinen Amtsgeschäften nachging. Komfortabler, sicherer und auskömmlicher konnte es kaum zugehen. Zehn Jahre vor dem Ersten Weltkrieg erlebten die Crisollis ihr Goldenes Zeitalter. Sie hatten es geschafft und zählten zu den erwünschten bürgerlichen Kreisen, deren Söhnen es seit 1890 gestattet war, die bis dahin dem Adel vorbehaltene Offizierslaufbahn einzuschlagen. Der familiär unter Beweis gestellte nationalkonservative »Adel der Gesinnung« ermöglichte Wilhelm Crisolli den Aufstieg in den ersten Stand des deutschen Kaiserreiches.

1914 änderte sich Wilhelms Leben von Grund auf. Der Große Krieg erschütterte keine andere Generation mehr als die zwischen 1890 und 1900 geborenen jungen Frontkämpfer. Von einem Tag auf den anderen wurde sie ahnungslos aus der Welt vertrieben, für die sie erzogen worden war. Grau und alt geworden, sank die Welt bürgerlicher Sicherheiten in der Brutalität eines Krieges dahin, der zum größten Erlebnis und wichtigsten Erzieher Wilhelms wie seiner Alterskameraden wurde. Was ihnen vom ersten bis zum letzten Kriegstag widerfuhr, grub sich unauslöschlich tief in das Gedächtnis dieser unerfahrenen Jünglinge ein. Nicht zu wissen, ob man den nächsten Tag, die nächste Stunde noch erleben würde, ließ sie zu den Quellen des Elementaren, zu dem vorstoßen, was sie im nachhinein als »letzte Dinge« bezeichneten. Der große, bis in die tiefsten Schichten des Unbewußten durchschlagende Schrecken, der jähe, gewaltsame

Tod gehörte zu den wichtigsten Erfahrungen dieser Generation. Die Feuertaufe, der erste tote Kamerad, das erste Leichenfeld, das waren die Erlebnisse, die den vom Jüngling zum Mann heranwachsenden Wilhelm lebenslang prägten.

Darauf war er nicht vorbereitet. Nicht daß er sich den Krieg nicht gewünscht hätte, er hatte ihn sich nur anders vorgestellt, kurz, schnell, siegreich und weniger technisch. Seine Vorstellungen vom Krieg ähnelten den in der Folge des Deutsch-Französischen Krieges entstandenen Schlachtengemälden und Schlachtenerzählungen, mit denen er aufgewachsen war. Zu Beginn des Großen Krieges waren die Truppen trotz der Feuerkraft von Maschinengewehren noch in geschlossenen Formationen gegeneinander vorgerückt. Später begannen sie sich der Landschaft anzupassen und die Gegebenheiten des Geländes taktisch auszunutzen. Auf beiden Seiten der Front waren die Heere samt ihrer Feuerstellungen unsichtbar geworden. Von dem bunten Schlachtengetümmel, den Schützengefechten, von der schlachtentscheidenden Stärke der Kavallerie war bald nichts mehr übrig geblieben. Die Kriegslandschaften, die Wilhelm erlebte, waren eintönig, und außer einer gefährlichen Leere, aus der jederzeit feindliches Feuer hervorbrechen konnte, war kaum etwas zu bemerken. Seine Waffengattung, die Kavallerie, mußte sich auf Patrouille und Aufklärung beschränken. Den alten Gott der Reiterschlachten hatte Wilhelm buchstäblich vor seinen Augen verenden gesehen.

Vor den modernen technischen Waffen waren plötzlich alle gleich geworden. Von einem individuellen Heldentod konnte keine Rede sein, die Kameraden waren zu Tausenden niedergemäht worden. Auch das Sterben für das Vaterland hatte er sich anders vorgestellt, ruhmvoll und süß, wie es bei Horaz hieß. Vor allem aber schöner. Nicht als Verrecken, sondern als ob man als schöne Seele hinüberträte in einen lichten Hain und sich verströmte, als läge man bei einem Weibe. Aber der Mensch, dachte er, gewöhnt sich an alles, sogar an Blut, Tod und Sterben. Er hatte sich daran gewöhnt, weil ihm nichts anderes übrig blieb und er sich hatte fügen müssen. Wie hätte er sonst den blutigen Kampf der Maschinen, zu dem der Krieg geworden war, überleben sollen? Er war dankbar für den heroischen Reitergeist, den ihm die Kavallerie anerzogen und der ihm unschätzbare Dienste geleistet hatte. Es dauerte seine Zeit, dann war er hart und fühllos und sah nicht mehr hin.

Er hatte unter den fadenscheinigen Mantel der Zivilisation geblickt und dabei nicht nur mit dem Krieg, sondern auch mit sich selbst unerwartete Bekanntschaft geschlossen. Wenn er in der Etappe Dienst tat, vermißte er den Ausnahmezustand, den Front und Angriff gewährten. Er fürchtete sich vor dem Tod, dennoch gab es so etwas wie Todeslust und Verlangen nach dem Hochgefühl, den der Atem des Kampfes bescherte. Vor dem hämmernden Takt des Maschinengewehrs graute ihm ebensosehr, wie er sich danach sehnte. Als der Krieg vorbei war, hatte er über einen englischen Offizier namens Siegfried Sassoon gelesen. Dessen Schicksal ging ihm nicht mehr aus dem Kopf. Sassoon, 1916 für seine Tapferkeit mit einem der höchsten Orden des Empires belohnt, war Lyriker, ein Jahr später verfaßte er ein Antikriegspamphlet, das in mindestens zwölf Tageszeitungen erschien und großen Aufruhr entfachte. Die Diagnose einer Kriegsneurose rettete ihn vor dem Kriegsgericht, nach einigen Wochen in einem Sanatorium für traumatisierte Offiziere kehrte er freiwillig an die Front zurück. Wilhelm sah in dieser Entscheidung von »Mad Jack«, wie Sassoon seines Draufgängertums wegen bei seinen Kameraden hieß, kein Rätsel, er verstand, daß dieser Sassoon seine Männer nicht hatte alleine verrecken lassen wollen. War man als Offizier nicht angetreten, zu sterben, wenn es darauf ankam? Es war die Pflicht, ja das Vorrecht des Offiziers gegenüber der Lauheit des geldverdienenden Bürgers, dem Tod ins Gesicht zu blicken. Selbstaufgabe, nichts anderes war doch der Sinn des Krieges gewesen, sich für das Vaterland, etwas Höheres zu opfern als bloß für sich selbst und das eigene kleine Leben. So war es, und so sollte es auch bleiben.

Wilhelm war drauf und dran, der mal aus dem Zugfenster blickenden, mal gelangweilt in der »Dame« blätternden Annemarie diese letzten Gedankenfetzen ins Gesicht zu schreien. Gottlob kam der Zug in diesem Augenblick in Belgard zum Stehen. Annemarie blickte auf das Ortsschild draußen vor dem Abteilfenster. Wilhelm ergriff die Gelegenheit, ihr zu erzählen, hier seien die Leibhusaren stationiert, die des »Versailler Diktates« wegen aus Danzig hatten abgezogen werden müssen. Sie gehörten jetzt zu den Stolper Reitern beziehungsweise zum neu formierten Reiter-Regiment 5. Dennoch sei alles wie früher, und der alte Mackensen, den er sehr verehre, stehe noch immer treu zu seiner Truppe.

August von Mackensen war Wilhelms militärischer Übervater. Die Truppenteile, denen er in der ersten Hälfte des Großen Krieges angehörte, waren meist der Heeresgruppe des bereits betagten Generalfeldmarschalls unterstellt. Die ersten Kämpfe Ende Oktober 1914 erlebte der Fahnenjunker Crisolli an der ostpreußisch-russischen Grenze. In den beiden folgenden Kriegsjahren hielt er sich von Lettland über Galizien bis in die Bukowina an der gesamten Ostfront auf, zum Teil im Verbund mit verschiedenen k.u.k. Armeen. Unter der Führung Mackensens war der bald zum Leutnant beförderte Crisolli gegen die russische Armee von Sieg zu Sieg geeilt. Die deutschen Erfolge im Osten gingen zu einem nicht geringen Teil auf Mackensen zurück, der

Feldzug gegen Serbien, an dem Wilhelm ebenfalls teilnahm, war sein größter Triumph. Anschließend wurde Wilhelm ein halbes Jahr zum Küstenschutz an die bulgarische Schwarzmeerküste abkommandiert. Wenn er an die Kameraden dachte, die vier Jahre lang an der Westfront in ihren Unterständen vermodert waren, konnte er von Glück reden. Anders als sie war er immer in Bewegung geblieben.

Eine persönliche Beziehung gewann Wilhelm zu Mackensen nicht. In der deutschen Propaganda tauchte der Alte bald in der Gestalt eines neuen »Marschall Vorwärts« als Wiedergeburt Blüchers auf. Der weite Volkskreise in nationalen Taumel versetzende Kult riß auch Wilhelm mit. Das Kriegsglück des geadelten Aufsteigers Mackensen hatte ihn endgültig von der welterobernden Allmacht altpreußischer Militärtradition überzeugt. Er fühlte sich als Sieger. Das Verlieren lernte er erst später, als er im Frühjahr 1918 an die Westfront versetzt wurde und in der großen Schlacht um Frankreich gegen die Materialüberlegenheit der Alliierten ankämpfte.

Die Anzahl der Völker, denen Wilhelm auf seinen Feldzügen begegnete, war unüberschaubar. Letten, Litauer, Polen, Ruthenen, Serben, Bulgaren, wenn Wilhelm daran zurückdachte, verwischten sich die Grenzen. Fast überall traf er Juden, die mit ihren Hüten, Kaftanen und Ringellocken denen ähnlich sahen, die er aus seiner Kindheit in der Spandauer Vorstadt in Erinnerung hatte. Anfangs war er noch neugierig auf fremde Völker, Sitten und Mentalitäten, bald aber meinte er nur noch Armut und Primitivität zu erkennen. Die Deutschen hatten in Mitteleuropa eine kulturelle Mission zu erfüllen, das war ihm nie so klar und deutlich vor Augen getreten wie hier. Mit seinen Vorgesetzten war er sich über die Kulturlosigkeit dieser Völker und die Notwendigkeit einer Kolonisierung durch das deutsche Kriegsregime einig. Mackensen fackelte nicht lange und ließ auch die Zivilbevölkerung daran glauben. Stand sie im Wege, wurde sie vertrieben oder zu Zwangsarbeiten rekrutiert. Wie das ging, hatte er auf dem Balkan vorgemacht. Unter Mackensen hatte Serbien ohne Gnade sterben müssen. Hindernisse umging er nicht, er überrannte sie. Der Generalfeldmarschall lehrte Wilhelm, daß Kriege entweder total oder gar nicht geführt werden müssen.

Wilhelm konnte sich maßlos darüber ärgern, daß nach dem Friedensschluß immerfort über die stahlharten Kämpfer an der Westfront geredet wurde. Als ob er und seine Kameraden auf dem Balkan Däumchen gedreht und die Österreicher in Galizien nicht aus dem Schlamassel herausgehauen hätten. Vielleicht war es aber auch besser, wenn keiner mehr an Galizien oder Serbien dachte, nach dem Krieg standen die großen deutschen Heerführer auf einer alliierten Liste deutscher Kriegsverbrecher, unter ihnen auch Mackensen. Auf Grund seiner andauernden Popularität im Reich wurde der Volksheld jedoch bald wieder von der Liste gestrichen.

Unter Wilhelms Kameraden waren nach dem Krieg viele von der direkten Aktion in Hoffnungslosigkeit und Verzweiflung gestürzt. Ihm war es anders ergangen. Gewiß hatte auch er seine Exzesse erlebt, hatte gesoffen und sich Ausschweifungen hingegeben. Er war jedoch entschlossen gewesen, sich nicht in die Reservearmee der Stellungslosen und Handlungsreisenden einzureihen, die nach dem Krieg die Straßen der Republik bevölkerte. Und ein Beruf, der nur dem eigenen Fortkommen und nicht dem Ganzen diente, kam für ihn ebensowenig in Frage. Sollte er etwa von Haustüre zu Haustüre gehen und irgendwelchen geldscheffelnden Dickwänsten Schampus andrehen?

Wie seine Generationsgenossen war auch er davon überzeugt, seine Kriegserfahrungen hätten ihm neue Wirklichkeiten erschlossen, die nicht mehr aus der Welt zu schaffen seien. Als Träger einer unerhörten Revolution, wozu sich die Lautstärksten unter ihnen neuerdings pathetisch erklärten, verstand er sich jedoch ganz und gar nicht. Gewiß, die Wandervögel, die den Mund so voll nahmen, hatten an der Front den größten Blutzoll geleistet. Wie sie war auch Wilhelm unschuldig, hoffnungsfroh und begeistert in den Krieg gezogen, war auch er entwurzelt, innerlich aufgewühlt und an allem zweifelnd zurückgekehrt. Wie Hunderttausende anderer Feldgrauer hatte auch er während des Krieges Walter Flex' Erzählung »Der Wanderer zwischen beiden Welten« gelesen. Das vom idealistischen Wandervogelgeist beflügelte Büchlein, das an Frontabschnitten der Ostfront handelte, die auch ihm nicht unbekannt waren, kam ihm wie eine Offenbarung vor. Das Umstürzlerische und Radikale der Jugendbewegung, das ihn schon als kaiserlicher Offiziersanwärter abgestoßen hatte, war ihm dadurch jedoch nicht sympathischer geworden.

Und er glaubte auch zu verstehen, warum er so loyal war. Er hatte 1916, als im Westen die Niederlage der Achsenmächte bereits besiegelt schien, großes Glück gehabt. In dieser Schicksalsstunde war er in das Große Hauptquartier abkommandiert worden. Für ein Jahr hatte sich der Sitz der Obersten Heeresleitung der gesamten deutschen Wehrmacht auf Schloß Pleß in Schlesien nahe der österreichisch-ungarischen Grenze befunden. Dort versammelten sich der Große Generalstab, der Generalintendant des Feldheeres, der Chef des Admiralstabes und viele weitere Abteilungen. Der Kaiser war ein guter Freund des Fürsten von Pleß, der wildreiche Jagdreviere besaß. Das Gerücht ging um, die Pirsch sei der Hauptgrund für Seine Majestät gewesen, hier sein Hauptquartier aufzuschlagen.

Wilhelm war der Kommandantur zugeordnet und kümmerte sich um die Bewachung des Schlosses. Der Posten war untergeordnet, aber nicht jeder kam hierher. Im Großen Hauptquartier liefen die militärischen und politischen Fäden zusammen. Der Oberste Kriegsherr und die höchste militärische Führungselite des Reiches rangen um das Schicksal Deutschlands. Und er, gerade einmal einundzwanzig, war mit dabei. Er hatte miterlebt, wie der Stern Erich Ludendorffs aufgestiegen war. Ludendorff hatte damals aufgeräumt und die gesamte deutsche Kriegsführung, nein, alles über den Haufen geworfen, was jemals über operative Kriegsführung gedacht und geschrieben worden war. Freund wie Feind bewunderten den genialen Feldherrn, nach den Maßnahmen, die er angeordnet hatte, war nichts mehr wie vorher. Die feindlichen Truppen waren verblüfft, die eigenen von Zuversicht erfüllt. Und hatte nicht auch Wilhelm am meisten über Taktik und Organisation des modernen technischen Krieges von Ludendorff gelernt, darüber, daß eine Defensive langfristig gewinnbringender sein konnte als verlustreiche Offensiven?

Wilhelm lächelte still in sich hinein, als ihm der Kaiser, Ludendorff und Pleß in den Sinn kamen. Annemarie gegenüber mußte er zugeben, daß er weder Seiner Majestät noch den Exzellenzen der Obersten Heeresleitung nahegekommen war. Aber er war klug genug gewesen, die unwiederbringliche Gunst der Stunde auf seine Weise zu nutzen. Er eignete sich an, was in der von der Bedächtigkeit generalstäblicher Entscheidungsfindungen erfüllten waidmännischen Atmosphäre des Schlosses als vorbildliches Verhalten galt. Er wußte, daß sich ihm nie wieder die Möglichkeit bieten würde, den eleganten Auftritt des Junker-Offiziers so genau zu studieren wie auf Schloß Pleß. Im übrigen tat der aristokratisch-elitäre Geist des kaiserlichen Offizierskorps in Gestalt seiner vornehmsten Vertreter auch seinen Nerven wohl. Er versöhnte ihn mit der Welt und fügte wieder zusammen, was in ihm zerborsten war. Er hätte sich nichts Heilsameres als Pleß wünschen können. Das Schloß half ihm, die quälenden Bilder von Dreck, Blut und Verrecken loszuwerden. Und es zeigte ihm auch, wohin der Weg führte, den er einzuschlagen hatte. Wilhelm verstand gut, daß er weder der typische Frontkämpfer seiner Generation war noch ins Klischee des als Heros gehätschelten Frontoffiziers paßte. Nein, er hatte als Bataillons- und Regimentsadjutant, als Nachrichten- und Gerichtsoffizier gedient und häufig zwischen Front und Etappe gewechselt. Niemand konnte ihm mangelnde Kampferfahrung vorwerfen. Aber er hatte begriffen, daß die eigentlich bewegenden Kräfte einer zeitgemäßen Kriegsführung in Gestalt des modernen Generalstabsoffiziers hinter der Front saßen. Der Mann der Stunde war gar nicht der stahlharte Kämpfer, von dem die Nationalrevolutionäre schwärmten, sondern der als Bürosoldat geschmähte Organisator militärischer Gewalt. Der Mann der Stunde war demnach einer wie Wilhelm Crisolli.

Es dauerte nicht lange, und der Sechsundzwanzigjährige stellte einen der viertausend Reichswehroffiziere des Hunderttausend-Mann-Heeres der Weimarer Republik. Mehr waren von dem bei Kriegsende fast vierzigtausend Offiziere zählenden kaiserlichen Korps nicht übriggeblieben. Die Auslese war scharf. Nicht mehr zur Elite zu gehören, hätte Wilhelm nicht verwunden. Nach nur vier Jahren Offizierslaufbahn abzutreten, dafür hatten sich seine Eltern nicht krummgelegt. Militärisches Können zählte ab jetzt mehr als Herkunft, Bildung oder Vermögen. Ihm war es recht. Daß der Offizier nicht mehr so tonangebend und stilbildend wie früher sein sollte, behagte ihm allerdings weniger. So tief Wilhelms Entwurzelung war, so heftig verlangte es ihn nach Verwurzelung. Berlin war leer, der Vater gestorben, der Kaiser im Exil. Es war schwer, sich in Zeiten wie diesen nicht selbst abhanden zu kommen. Wilhelm suchte nach dem festen Boden, den ihm vier lange Kriegsjahre unter den Füßen weggezogen hatten. Und er fand ihn. Er hatte entschieden, sich von Berlin vorläufig innerlich fernzuhalten. Er begann in Stolp heimisch zu werden.

Das königliche Preußen stand dort mit seiner Militärtradition hoch im Kurs, auch der verlorene Krieg hatte daran kaum etwas geändert. Seit 1763 war Stolp Garnisonsstadt, und 1921 hatte die Oberste Heeresleitung die Stolper Reiter zum Traditionsregiment erklärt. So blieb, wie in der ganzen pommerschen Provinz, alles beim alten. Man war schwarz-weiß-rot und verunglimpfte schwarz-rot-gold gerne als schwarz-rot-gelb. Wie zu Kaisers Zeiten wurde das Kleinstadtleben noch immer durch die kavalleristische Regimentskultur geprägt. Die Paraden waren nicht mehr ganz so glanzvoll, aber es gab sie immerhin noch. Die Promenadenkonzerte auf dem Marktplatz schmetterten nicht mehr ganz so zackig, aber sie fanden weiter ihr Publikum. Mit der totenkopfgeschmückten Fellmütze des Husaren auf dem weißem Schopf lief dann und wann Mackensen in der Stadt auf, und plötzlich schien Preußen wieder lebendige Gewißheit und verbürgte eine sichere Zukunft. Jedes Jahr Mitte Dezember wurde unter reger Beteiligung der Stolper traditionsgemäß Blüchers Geburtstag gefeiert. Des Kaisers fiel fortan aus. Die Tanzlokale der Reiter aus der Vorkriegszeit florierten, auch Wilhelm waren das »Elysium« oder die »Reinhard-Diele« gut bekannt, ebenso die »Blücher-Box«, das »Jonny« und der »Zementklotz«, gelegentlich trank er in einer dieser Lokalitäten mit seinen Kameraden bis zum Morgengrauen.

Für den soldatischen Alltag der Offiziere wie Mannschaftssoldaten waren immer noch die Pferde bestimmend. Trotz des polnischen Korridors kamen sie traditionsgemäß weiterhin aus

Ostpreußen. Zäher und unempfindlicher als Hannoveraner oder Holsteiner, waren die Trakehner gleichsam die Totemtiere des Regiments. Die Springturniere und Military-Wettbewerbe, für die sie ausgebildet wurden, waren über Stadt und Region hinaus vielbeachtete reitsportliche Höhepunkte. Die Hubertusjagd, die alljährlich die Jagdsaison Anfang November beschloß, war nach wie vor das wichtigste Ereignis des Jahres. Bei Hörnerklang setzte das Spektakel ein. Zur eigentlichen Jagd begab man sich auf eines der Güter außerhalb der Stadt. Unter Beteiligung der gesamten Jagdgesellschaft klang sie bei einem abendlichen Essen im Stolper Kasino aus. In die Gegenwart kehrte man erst am nächsten Morgen zurück.

Auf den umliegenden Gütern waren Offiziere, sofern sie reiten konnten und Interesse am Waidwerk besaßen, gerngesehene Besucher. Wilhelm hatte es sich zur Gewohnheit gemacht, wann immer es sein Dienst erlaubte, morgens auszureiten. Jenseits der Stadt verfiel er in Galopp, flog über die weite Ebene in Richtung Küste und ließ seinen Dienstalltag wie manch quälende Erinnerung an den Krieg hinter sich. Bald konnte sich der ehemalige kaiserliche Jägeroffizier sein Leben ohne die ländliche Geselligkeit der Reit- und Treibjagden nicht mehr vorstellen. Er liebte den Klang der Jagdhörner, das Gekläff der Hundemeute, die Reiter in ihren roten Röcken und jetzt nicht mehr ganz so bunten Uniformen, das Keuchen seines Pferdes beim Sprung über einen Wassergraben, den Geruch des toten Wildes im Gras. Er sehnte sich nach den Herrenhäusern, den Trophäen in der Diele, den holzgetäfelten Jagdzimmern, dem Feuer, das im Kamin prasselte, den abendlichen Diners, die in Rauchsalons ausklangen, in denen es nach Zigarren und Cognac roch. Der schneidige Mackensen hatte Wilhelm den ersten Schliff gegeben, das Große Hauptquartier den zweiten, Ostelbien den letzten und entscheidenden. Was immer im republikanischen Berlin vor sich ging, Wilhelm entzog sich allen Ärgernissen auf dem Rücken seines Pferdes. Die aristokratische Kultur der kaisertreuen Jagd- und Reitgesellschaften durchtränkte ihn ebenso vom Scheitel bis zur Sohle wie die preußisch-wilhelminische Militärtradition. Er holte nach, was ihm der Krieg verwehrt hatte, und wurde allmählich zu dem, der er mit achtzehn Jahren gerne hatte sein wollen: ein den pommerschen Kiefernwäldern entstammender Junker-Offizier, wie er im Buche steht.

Dank des Korpsgeistes verflüchtigte sich allmählich das Lebensgefühl, in einem fortwährenden Provisorium dahinzugleiten. Gehorsam, Treue, Disziplin und Todesmut waren in der Weltferne des Stolper Reiterregiments Werte, die niemand anzweifelte. Der Bund seiner Kameraden bot dem Leutnant mit den traurigen Augen die Zuflucht, auf die er auch dann nicht verzichtete, als er seine Junggesellenexistenz beendet hatte. Die Halbwaise Annemarie wußte fast noch besser als er selbst, was es heißt, in jungen Jahren den Vater zu verlieren und sich verloren vorzukommen. Ohne Stolp, die Reiter und Jäger sowie Annemarie wäre Wilhelm ins Taumeln geraten.

Zu seinem Bedauern saß er im Lauf der Jahre nicht mehr so häufig im Sattel wie zu Beginn seiner Stolper Zeit. Wilhelm atmete immer häufiger Büroluft. Meist ritt er nur noch in seiner Freizeit. Man hatte ihn zu einer Reihe von Fortbildungslehrgängen außerhalb von Stolp abkommandiert. Mal war es ein Nachrichtenlehrgang in Jüterbog, mal ein Chiffrierkurs am Berliner Reichswehrministerium. Hinzu kam, daß bis in die Spitze der Reichswehrleitung hinein über den militärischen Sinn und Zweck der Kavallerie diskutiert wurde. Im Reichsheer gab es noch immer achtzehn Reiterregimenter mit mehr als vierzigtausend Pferden. Ihre Zugkraft war unerläßlich. Der Versailler Vertrag gestattete eine Motorisierung der Armee nur zu Transportzwekken. Wilhelm stimmte mit der Reichswehrführung darin überein, daß das Heil des Schwachen in dessen Beweglichkeit läge. Angesichts der miserablen Waffentechnik und der geringen Personalstärke der Reichswehr gab es dazu keine Alternative. Wie mangels moderner Ausrüstung eine bewegliche Kampfführung theoretisch gedacht werden könne, genau darum ging es in den meisten der Fortbildungslehrgänge, die Wilhelm besuchte. Wie innerhalb der ganzen Armee wurde auch dort viel über die neue Panzerwaffe gesprochen. Unter den gegebenen Umständen ließ sich damit nur verdeckt operieren. Aber man fand Auswege und übte an Holzattrappen. Bis sich die gesamte Kavallerie zu gepanzerten und motorisierten Verbänden entwickelt hatte, würde es noch dauern. Selbst Hans von Seeckt konnte sich einen vollständigen Ersatz der Pferdereiter durch Motorkrieger nicht vorstellen.

Wilhelm zog die gerade erschienene kriegstheoretische Schrift des ehemaligen Chefs der Heeresleitung, der 1926 zurückgetreten war, aus seiner Ledermappe.

Er schüttelte den Kopf. Gegen eine Renaissance der Kriegskunst hatte er nichts einzuwenden, aber eine »neuzeitliche Kavallerie« stellte er sich anders vor. Gerade erst hatte man die seit dem 18. Jahrhundert traditionelle Waffe der Kavalleristen, die Lanze, abgeschafft. Höchste Zeit, Annemarie, höchste Zeit. Die vollständige Motorisierung des Heeres war nach Wilhelms Überzeugung unumgänglich. Er schätzte den auf Bewahrung der Tradition bedachten Seeckt. Militärtechnisch hielt er es aber lieber mit Heinz Guderian, der in Stettin Lehrer für Taktik und Kriegsgeschichte war. Wilhelm hatte Guderian dort gehört und studiert, was der ehemalige Jägeroffizier geschrieben hatte. Auch er glaubte, daß es zukünftig allein auf die operative Stoßkraft schneller Panzertruppen ankäme. Für solch einen modernen

Bewegungskrieg, glaubte Wilhelm, sei er genau der richtige Mann. Sein auf flexibles Reagieren in schnell sich ändernden Situationen gedrillter Reitergeist bot dafür beste Voraussetzungen. Ein paar Monate zuvor hatte er in Stettin die erste Wehrkreisprüfung bestanden. Die nächste stand bevor, und er war sicher, auch diese zu bestehen.

1927 war für Wilhelm Crisolli ein gutes Jahr. Es bescherte ihm Liebesglück wie beruflichen Erfolg. Das Jahr 1927 fiel in die Stresemann-Epoche, in der Deutschland innenpolitisch einen Soliditäts-, außenpolitisch auf Integrationskurs steuerte. Im Inneren nur in der ersten Hälfte politisch stabil, kam dennoch kaum Krisenstimmung auf. Die Industrie machte Gewinne, die Zahl der registrierten Erwerbslosen lag im Juli, als der Reichswehrleutnant Crisolli auf Rügen seine Flitterwochen verbrachte, unter einer Million. Dank eines konjunkturellen Aufschwunges erlebte die Republik das beste Wirtschaftsjahr ihres Bestehens. Die Regierungskoalition aus Zentrum, Bayerischer Volkspartei, Deutschnationalen und Deutscher Volkspartei fand mit dem wichtigsten Reformwerk der Republik, dem Gesetz zur Arbeitslosenpflichtversicherung, im Reichstag eine überwältigende Mehrheit. Martin Heideggers Opus »Sein und Zeit«, das in diesem Jahr erschien, nahm der Leutnant nicht zur Kenntnis, ihn faszinierte Charles Lindberghs Atlantikflug. Am meisten freute er sich darüber, daß die Interalliierte Militärkontrolle, die die militärische Ausführung des Friedensvertrages überwachte, ihre Tätigkeit einstellte. Die Einweihung des Tannenberg-Denkmals nahm er mit Befriedigung auf. Sie erschien ihm wie eine nachträgliche Würdigung dessen, was er als Soldat im Osten geleistet und gelitten hatte.

Der Blick des Leutnants war optimistisch nach vorne gerichtet. Seine Zeit in Stolp lief ab. Man wollte ihn zum »Führergehilfen« machen. So nannte man jetzt die Generalstabsoffiziere, die auszubilden im Versailler Vertrag verboten war. Im nächsten Jahr würde er, wenn alles glatt lief, mit Annemarie für mehrere Jahre nach Dresden ziehen. An der dortigen Kriegsschule sollte er Strategie und Taktik der Infanterie erlernen, der auch unter den Bedingungen einer umfassenden Heeresmotorisierung weiterhin wichtigsten Waffengattung zu Lande. Der Weg nach oben stand ihm offen. Es würde noch viel aus ihm werden. Annemarie konnte stolz auf ihn sein.

Sie traten auf den Perron. In Stolp, von Kiefernwäldern, Kartoffeläckern und Sanddünen umgeben, schien die Zeit stillzustehen. Noch nie zuvor hatte Wilhelm die Grenze körperlich so nah empfunden wie in diesem Augenblick. Die »blutenden Grenzen«, die der Vertrag von Versailles laut Volksmeinung Deutschland geschlagen hatte, waren für ihn keine Metapher mehr. Er glaubte sich in einem geographischen Wurmfortsatz gefangen, der vom Reich bald ebenso abgeschnürt sein würde wie Danzig und Ostpreußen. Bromberg, der Weichselbogen, von dort stammten die Crisollis. Die Gräber seiner Vorväter, dröhnte es hinter Wilhelms Stirn, sie lagen nicht mehr auf deutschem Boden, sie lagen in Polen.

Sommertage, immer nur Sommertage

Die Wohnung mußte schnell geräumt werden. Annemarie Crisolli war im einundachtzigsten Lebensjahr gestorben. Die von ihr erbetenen letzten Dienste waren ihr versagt geblieben. Die Urne mit ihrer Asche wurde nicht anonym in der Ostsee, sondern auf dem Wiesbadener Waldfriedhof in dem bescheidenen Grab beigesetzt, in dem bereits ihr Schwager und ihre Schwägerin ruhten. Auch an Annemaries Herz rührte niemand, in ihrem Testament hatte sie angeordnet, es zu durchbohren, bevor sie begraben werde. Als die einst stattliche Frau aufgebahrt in der Kapelle des Krankenhauses lag, blickte ihre Tochter Heidemarie in Gesichtszüge, die sie nicht wiedererkannte. In diesem ausgezehrten Körper pulsierte kein Leben mehr.

Beim Leeren der Fächer und Schubladen fiel Heidemarie ein Packen Papier in die Hände. Wenige Blick genügten, und sie wußte Bescheid. Es waren Briefe aus den letzten Lebensmonaten ihres Vaters. Sie war verblüfft, daß der Generalmajor und sein italienischer Krieg mehr als vierzig Jahre im Sekretär ihrer Mutter überdauert hatten. Heidemarie ergriff die mit einem Band verschnürten Kuverts, rannte ins Bad und zündete über dem Waschbecken den ersten Brief an. Irgendwann war das Feuer so groß, daß sie nicht mehr an den Wasserhahn gelangen und den Brand löschen konnte. Zu Asche verbrannte Papierfetzen flogen in der Luft umher, hustend stürzte sie aus dem Badezimmer. Heidemaries Tochter goß einen eilends in der Küche gefüllten Eimer Wasser über das Feuer, die Flammen erloschen. Übrig blieb ein matschiger Haufen verkohlten Papiers. Nur ein einziger brauner Umschlag, größer und widerspenstiger als die anderen, war verschont geblieben. Heidemarie wußte nicht, was in sie gefahren war. Es kam nur selten vor, daß sie sich von sich selbst hinterrücks überfallen fühlte. Danach erfüllte sie immer Reue, gegen den Rumor, den sie vor langer Zeit eingekapselt hatte, war sie machtlos.

Anfang März 1945 regnete es vom pommerschen Himmel Flugblätter. Die Rote Armee hatte sie über der Front abgeworfen und die deutschen Soldaten aufgefordert, sich zu ergeben. »SONDERMELDUNG«, »Kessel Pommern« stand fettgedruckt auf den Flugblättern zu lesen. Aus einer Landkarte schnitt eine mit einem Dolch bewaffnete Hand Pommern und Westpreußen vom Deutschen Reich ab. »Nun ist es soweit!« rief das Flugblatt den »Soldaten und Offizieren« zu, »die Sowjettruppen haben um Euch einen stählernen Ring gelegt!« Das war keine Propaganda, sondern die exakte Beschreibung der militärischen Situation.

Vier Wochen vorher hatte sich die deutsche Abwehrfront vorübergehend stabilisiert. In fast gerader Linie verlief sie etwa hundertfünfzig Kilometer südlich der pommerschen Küste von Ost nach Südwest. Der sowjetische Großangriff Ende Februar verschärfte die aus deutscher Sicht aussichtslose Lage. Nach wenigen Tagen hatten die Russen einen Keil in die Front getrieben und waren zur Ostseeküste durchgebrochen. Kolberg wurde eingekesselt, Ostpommern sowie Westpreußen waren vom übrigen Reichsgebiet isoliert. Wer sich dort aufhielt, saß in der Falle. An eine Flucht über Land war nicht mehr zu denken. Offen blieb allein der Seeweg. In Pommern saßen viele in der Falle, nicht nur die einheimische Bevölkerung, sondern auch Flüchtlinge aus dem Memelland, aus Ost- und Westpreußen, deren Trecks sich bereits Ende 1944 in Marsch gesetzt hatten. Seither waren immer mehr Flüchtlinge gekommen und die Trecks immer länger geworden. Hinzu kamen versprengte deutsche Soldaten sowie Menschen aus dem Ruhrgebiet, die zum Schutz vor Bombenangriffen ins vermeintlich sichere Pommern evakuiert worden waren.

Im Mai 1944 war auch die kleine Garnisonsstadt Sorau in der Niederlausitz bombardiert worden. Sorau lag jenseits der Oder etwa zweihundertfünfzig Kilometer südöstlich von Berlin. Annemarie Crisolli entschloß sich, die Villa aufzugeben, in der sie, nachdem die Familie 1938 von Potsdam weggezogen war, mehr als fünf Jahre gelebt hatte. Aus Angst vor weiteren Bombardierungen flüchtete sie sich nach Rügenwalde in die Obhut ihres betuchten Bruders. Heidemarie war von der sogenannten »erweiterten Kinderlandverschickung« erfaßt worden. Durch Erlaß des Generalbevollmächtigten für die Reichsverwaltung wurden seit Sommer 1943 aus den Luftkriegsgebieten ganze Schulen in bombensichere Gegenden verlegt. Heidemarie verschlug es in ein Fischerdorf bei Kolberg an der pommerschen Küste. Sie war dreizehn Jahre alt, und Vater und Mutter waren weit weg.

Heidemarie schlief in einem großen Saal zusammen mit vielen anderen Mädchen. Zu Hause besaß sie ihr eigenes Zimmer. Sie war Einzelkind und hatte nie teilen müssen, im Kinderlager gab es keine Einzelzimmer, auch keinen Offiziersburschen, der ihr gelegentlich einen kleinen Gefallen tat. Jetzt mußte sie morgens früh aufstehen und zum Fahnenappell antreten. Die Tochter aus gutem Hause hatte nie früh erscheinen oder strammstehen müssen. Plötzlich wurde sie gedrillt wie ein Soldat, fühlte sich elend, elender noch als im Herbst zuvor. Da war sie von ihren Eltern für einige Wochen weggeschickt worden. Du bist schlecht in der Schule, hieß es, Du mußt eine Weile weg. Die Mutter zeigte eine besorgte, ängstliche Miene. Ihre Empörung über »Vatis Kaltstellung« wuchs von Tag zu Tag. Derweil lief Wilhelm Crisolli nervös im Garten umher. Seine Tochter verstand nicht, was vor sich ging, aber der im Garten auf- und abschreitende Vater blieb ihr im Gedächtnis. So aufgeregt hatte sie Vati noch nie erlebt, und so lange war er, seit Krieg herrschte, nie zu Hause geblieben. Dann mußte die Tochter plötzlich weg und hörte nichts mehr von ihren Eltern. Kein Anruf, kein Brief. Sie lebte in einem Dorf namens Uhyst südlich von Cottbus bei einer Familie, die von Kluge hieß und einen großen Gutshof bewirtschaftete. In dem riesigen Herrenhaus grämte sie sich, hatte Heimweh. Irgendwann vor Weihnachten durfte sie von

Uhyst wieder zu Hause, der Vater hatte ihr aus Dänemark eine weiße Schneehasenjacke mitgebracht. Sie war eine kleine Dame und Vati der Größte.

Eines Tages durfte sie das Kinderlager verlassen. Am Bahnhof in Rügenwalde wurde sie von ihrer Mutter und Onkel Dietz abgeholt. Sie trabten im Pferdewagen nach Rügenwaldermünde, das nur ein paar Kilometer entfernt am Meer lag. Das Stammhaus der John-Familie, in die der Onkel eingeheiratet hatte, lag am Rügenwalder Marktplatz, aber bis in den Spätherbst zog sich der Clan in den Badeort zurück. Das Domizil im sogenannten Johnschen Park war sehr herrschaftlich, es gab ein blaues Zimmer, einen roten Salon und noch viele andere Zimmer und Salons für viele Bewohner, Gäste und noch mehr Bedienstete. Die Spätsommerseptembersonne erhellte die düstere Eingangshalle. Draußen wehte ein warmer, von Salzgeruch erfüllter, würziger Seewind. Der September brachte an der pommerschen Küste oft noch sehr schöne warme Tage.

In der Halle stand ein schwarzer Todesengel. Er war von sehr weit her an die Ostsee gekommen. Der Bote überbrachte eine Nachricht, dann verschwand er wieder. Heidemarie verharrte einige Minuten reglos im Vestibül der Villa, dann ging sie nach oben in ihr Zimmer, setzte sich ans Fenster und blickte über die Birken und Kiefern des Parks hinweg zum Leuchtturm. Alles war stumm, nichts bewegte sich. Heidemarie dachte an die weiße Schneehasenjacke, die sie so sehr liebte. Sie konnte sich nicht mehr daran erinnern, wann sie ihren Vater zum letzten Mal gesehen hatte. Jetzt war er schon beerdigt. In Italien. Das Grab konnte man nicht besuchen. Erst nach dem Krieg. Modena hieß die Stadt. Mo-de-na.

Anfang 1945 rückten in der Villa am Meer alle enger zusammen. Mal in sich gekehrt, mal geschäftig begann jeder für sich und auf seine Weise Abschied zu nehmen. Entweder verrichtete man seufzend Alltagsdinge oder suchte Wertsachen zusammen und vergrub oder mauerte sie irgendwo ein. Die Straßen und der Markt in Rügenwalde waren mit Trecks verstopft, viele Flüchtlinge ohne Unterkunft. Sie hausten in ihren Wagen, die dicht an dicht standen, starben dort an Hunger und Kälte oder gebaren Kinder. Schon lange war nichts mehr wie früher in der alten Hansestadt. An Handel war nicht mehr zu denken, und auf den Molen im Seebad fand sich keine Abendgesellschaft mehr ein. Wer jetzt seinen Blick aufs Meer richtete, tat es in der Hoffnung, eines der Schiffe am Horizont möge ihn aus dem Kessel herausbringen. Dort draußen lauerten sowjetische Unterseeboote. Ende Januar war nur wenige Kilometer vom Badestrand entfernt der KdF-Dampfer »Wilhelm Gustloff« versenkt worden, Tausende waren dabei umgekommen. Auch am Strand von Rügenwaldermünde wurden Leichen angeschwemmt. Getroffen von sowjetischen Torpedos, sank wenig später der Lazarettdampfer »Steuben«. Die Ungewißheit wurde täglich unerträglicher.

In den ersten Märztagen kam der sogenannte »Auflockerungsbefehl«. Wer wollte, durfte gehen. Aber wohin? In wenigen Tagen würde die Rote Armee einmarschieren. Große Schiffe kamen nicht mehr. Es blieben kleine Küstenschiffe, die sich zwischen Minen und U-Booten hindurchmogelten und gelegentlich im Hafen anlegten, sie kamen immer seltener. Auf eines der letzten retteten sich Annemarie und Heidemarie, auch Onkel Dietz und dessen Frau Blanca kamen mit an Bord. Die graue See war schwer an diesem Tag. Schweigsam begab sich der kleine Trupp unter Deck und kauerte sich unter die übrigen Passagiere. Draußen vor den Bullaugen versank im Schneegestöber die Küste. Von dort hatten diejenigen, die jetzt hier saßen, tags zuvor noch aufs Meer geblickt. Am Abend erreichte das Boot Stettin. Am nächsten Morgen begann die schöne Blanca durchzudrehen. Man hatte immer befürchtet, daß sie verrückt würde. Jetzt war es soweit. Es lag in der Familie. Schon ihre Schwester, genauso schön und begehrenswert wie Blanca, war verrückt geworden. Dietz war deshalb immer besorgt gewesen, hatte vor seiner Heirat einen Arzt gefragt, ob die Krankheit erblich sei und sie Kinder haben könnten. Der Arzt hatte ihn beruhigt und ihm geraten, für ein Leben ohne Aufregungen zu sorgen, dann werde alles gutgehen. Blancas Schwester war jedoch irgendwann so seltsam und unerreichbar fern geworden, daß sie mit guten Worten nicht mehr zu beruhigen war. Man brachte sie in eine Heil-und-Pflege-Anstalt. Es ging nicht mehr anders, auch Blancas wegen. Kurz vor Kriegsausbruch kam per Post der Totenschein. Niemand konnte sich erklären, warum sie, die noch so jung war, plötzlich gestorben sein sollte.

Auf der Flucht entwickelte Annemarie Crisolli Lebensenergie wie nachher nie wieder. Sie organisierte Plätze in einem Autobus, der alle sicher über die Oder nach Schwerin in ein Flüchtlingslager brachte. Dann überquerten sie die Elbe. Alle atmeten auf, auch Blanca ging es besser. Heidemarie gab sich auf dem Weg in den Westen entweder einsilbig oder streitsüchtig. Meist war sie kaum von der Seite ihrer Mutter gewichen, sprach sie jemand an, wurde sie giftig, meist blieb sie stumm. In Gedanken war sie oft in Potsdam, wo sie 1935 hingezogen waren und ein paar schöne Jahre verbracht hatten. Damals war alles so ruhig, so sicher, so geordnet gewesen. Sie besaßen eine schöne Villa in einer ruhigen Seitenstraße nicht weit von der Russischen Kolonie und dem Belvedere im Neuen Garten. Der Bursche, der aus seltsam dickrandigen Tassen trank, aus denen sie nie hatte trinken dürfen. Die schönen Abendgesellschaften, die sie heimlich aus der Küche beobachtete, wo die Köchin werkelte. Und Vati, der damals immer da, nie weg war. Morgens holte ihn ein Chauffeur mit dem Auto ab, um ihn nach Bornstedt in die Kriegsschule zu fahren, wo er Lehrer war. Die Schule lag ein Stück hinter dem Neuen Palais, das Friedrich der Große erbaut hatte, und wurde von Erwin Rommel geleitet, von dem ihr Vater mit großer Bewunderung sprach. Manchmal wurde Vatis Chef mit Frau und Sohn zu ihnen nach Hause zum Kaffee eingeladen. Während sich die Erwachsenen unterhielten, spielte Heidemarie mit dem kleinen Manfred im Garten. Im Herbst wurde sie mit ihren Eltern anläßlich einer Treibjagd häufig zu einem Wildessen in ein Gutshaus in der Nähe Potsdams eingeladen. Männer, Frauen und Kinder versammelten sich an langen Tafeln, die mit Kiefernzweigen und Kandelabern geschmückt waren, gewohnheitsgemäß übte man sich in märkischer Bescheidenheit.

Kam der Vater schon zum Mittagessen wieder nach Hause, wußte Heidemarie, daß er nachmittags frei hatte. Dann bummelten beide entweder durch die Stadt oder gingen, während sie den Erzählungen ihres Vaters über Friedrich den Großen und all die anderen preußischen Könige lauschte, im Park von Sanssouci spazieren. Am schönsten war es, wenn Heidemarie mit ihren Eltern am Sonntag die Pfaueninsel besuchte, die Vati schon aus seinen eigenen Kindertagen kannte. Heidemarie bestaunte das weiße Schloß mit der zwischen den beiden Türmen aufgespannten filigranen Brücke, die wie eine Spinnwebe aussah, den Bauernhof mit seinen Hühnern und die exotischen Vögel, die in einer Voliere umherflatterten. Am besten gefielen ihr die Pfauen, die hier frei umherliefen. Die Menagerie, das Schloß, das Havelwasser, sie bewahrte es in ihrer Erinnerung auf. Potsdam blieb für Heidemarie zeit ihres Lebens eine glückselige

Insel, auf der Könige und Offiziere, Pfauen und kleine Mädchen an der Hand ihrer Väter flanierten wie in einem aus allen Zeitläuften herausgelösten Märchen. Sommertage waren es gewesen, immer nur Sommertage.

Als ihr Vater nach fast drei Jahren versetzt wurde und die siebenjährige Heidemarie Potsdam verlassen mußte, begann ein Leben voller Unruhe. Von nun an mußte sie immer alles hinter sich lassen. Als die Crisollis ein Jahr in Sorau waren und sich alle drei gut eingelebt hatten, begann der Krieg. Ihr Vater kam Heidemarie wie ein Gast im eigenen Hause vor. Sie wuchs vom Mädchen zur Frau heran, aber außer der Mutter gab es kaum jemanden, der ihr Halt geboten hätte. Auch ihre Cousine Johanna Oldenburg, die für sie wie eine große Schwester war, kam immer seltener zu Besuch, mit den ersten Bombenangriffen auf Hamburg, wo die Oldenburgs lebten, kam sie gar nicht mehr. Von vertrauten Personen und Umgebungen wurde Heidemarie getrennt, ohne gefragt zu werden. Dann war ihr Vater tot, und von da an waren Trennung und Tod für sie eins. Dreizehnjährig verlor sie den Glauben daran, daß Männer, die gingen, auch wiederkommen würden.

Im Westen war Heidemarie ohne Vater, Villa und Heimat. Sie war gewillt, neu anzufangen. Sie ging wieder zur Schule, Klassenbeste war sie jetzt nicht mehr. Mit ihren neuen Kameraden kam sie gut aus. Wenn das Leben zuviel Spaß machte, bekam sie ein schlechtes Gewissen und wollte nach Hause. Ihre Mutter konnte es sich nicht leisten, sie länger auf die Schule zu schicken. Sie sollte arbeiten gehen und lernen, auf eigenen Beinen zu stehen, mit sechzehn Jahren begann sie eine Buchhändlerlehre. Der Anfang war schwer, aber sie hielt durch. Durchhalten hatte sie gelernt. Nachts träumte sie, sie sei ein kleines Mädchen und ihr Vater gar nicht tot, sondern am Leben, irgendwo in Italien.

Aus einer Kopfwunde blutend, kam er, das Ritterkreuz um den Hals, mit ausgebreiteten Armen auf sie zu, aber sie entzog sich ihm und rannte davon, um sich zu verstecken. Am nächsten Tag, wenn sie wieder in die Buchhandlung ging, war ihr, als werde ihr, wie bei Ebbe das zurückflutende Meer den Sand mitreißt, der Boden unter den Füßen weggezogen. Wenn sie alleine war, geschah es, daß eine große Wut über sie kam. Etwas in ihr explodierte, und sie warf eine Tasse, eine Vase oder irgend etwas an die Wand, daß es krachte. Sie mußte sich Luft verschaffen, etwas loswerden, das ihr den Atem nahm.

Im Gründungsjahr der Bundesrepublik zählte Heidemarie ein paar Monate über achtzehn. Das Unwahrscheinliche, jetzt nahm es seinen Lauf. Noch wenige Jahre zuvor hätte sie den Aufstieg, der ihr bevorstand, nicht für möglich gehalten. Das Unwahrscheinliche war, daß es einen Ausweg aus der Ungewißheit gab und rund um sie her nicht mehr alles brüchig und unglaubwürdig war. Das Unwahrscheinliche war, daß sie sich wieder traute, an morgen zu denken. Das Unwahrscheinliche war, daß sie selbstverantwortlich Entscheidungen treffen konnte. Heidemarie tat, was die übrigen Angehörigen ihrer Generation, die der Soziologe Helmut Schelsky gut zehn Jahre später die skeptische nennen sollte, auch taten. Ichschwach, gefährdet und desillusioniert, orientierten sich die Jahrgänge der um 1930 Geborenen auf das Praktische, Handfeste und Naheliegende. Heidemarie bewies Wirklichkeitssinn und ging nach München, wo sie eine Lehrstelle als Verlagsbuchhändlerin gefunden hatte.

Dieses Mal war sie nicht weggeschickt worden. Sie hatte sich freiwillig verabschiedet und die Mutter alleine zurückgelassen. Süddeutschland war Heidemarie fremd, aber sie fühlte sich überraschend wohl. Sie begann aufzuleben. München brachte wieder ein wenig Glanz in ihr Leben, und zum ersten Mal seit

Jahren fühlte sie sich frei. Dafür war sie der Stadt dankbar und vergaß es ihr nicht. Abends las sie Romane, ihres Berufes wegen, aus Bildungshunger. Sie verschlang die in billigen Taschenbuchausgaben erhältlichen Romane der Amerikaner und Franzosen sowie die deutschen Autoren der sogenannten inneren Emigration, Hermann Kasack, Werner Bergengruen, Ernst Wiechert. Wiecherts Lobpreisungen des einfachen ostpreußischen Landlebens, Bergengruens an Gebete erinnernde Naturgedichte, vor allem die Totenreiche in Kasacks Roman »Die Stadt hinter dem Strom«, die das Dritte Reich symbolisierten, ließen die Zwanzigjährige lange nicht los. Doch von allen Schriftstellern liebte sie Thomas Mann am meisten. Mit dem von Mann in den »Buddenbrooks« beschriebenen Verfall der bürgerlichen Welt konnte sie etwas anfangen. Von dem bißchen Geld, das Heidemarie verdiente, leistete sie sich außer Büchern gelegentlich sogar einen Theaterbesuch, am liebsten ging sie in die Kammerspiele. Zu Beginn der fünfziger Jahre wollte das Theater informieren, bilden, aufklären, außerdem war es ein Ort des Aufbruchs, des Neuen, Jungen und Zukünftigen. Im Foyer der Kammerspiele lernte Heidemarie ihren zukünftigen Mann Otto kennen.

Otto war Landarzt und zehn Jahre älter als sie. Ein dreiviertel Jahr nach dem ersten Treffen heiratete sie den gut aussehenden und elegant gekleideten Charmeur. Sie verließ München und zog ins anderthalb Autostunden entfernte Gunzenhausen. Sie war jetzt einundzwanzig und Arztgattin. In Gunzenhausen war es Sitte, sie »Frau Doktor« zu nennen. Schnell genoß sie diese, wie sie glaubte, typisch süddeutsche Ehrerbietigkeit. Das Unwahrscheinliche. Heidemarie war wieder wer. Keine Berufsgruppe genoß in den fünfziger und sechziger Jahren in der Bundesrepublik ein höheres Prestige als Ärzte. Wenn jemand nach den braunen Jahren Vertrauen verdiente, dann der Halbgott und menschenfreundliche Helfer in Weiß. In Gunzenhausen gab es nur wenige Honoratioren und viele Kleinbürger. Wer hier in eine alteingesessene Arztfamilie einheiratete, gehörte zu den oberen Fünfzig und stand unter Beobachtung. Zumal, wenn er nicht in Mittelfranken geboren worden war, sondern aus dem Osten kam und durcheinanderbrachte, was hier Tradition und Gewohnheit war. Über den Krieg und alles, was hinter ihnen lag, hatten sich Heidemarie und ihr Mann verständigt, als sie noch nicht verheiratet waren. Otto hatte damals in der ersten Phase ihrer Bekanntschaft auch nach Heidemaries Vater gefragt. Sie teilte ihm das Nötigste mit und gab zu verstehen, daß der Generalmajor kein passendes Gesprächsthema sei. Otto erwiderte, er habe während des Krieges an der Militärärztlichen Akademie in Berlin studiert und sei Sanitätsoffizier gewesen. Heidemarie war erleichtert. Otto war als Achtzehnjähriger erst in Belgien, später in Rußland gewesen. An Berlin erinnerte er sich gerne, auch Potsdam kannte er. Wie seine Frau wandte aber auch er sich lieber den Erfordernissen der Gegenwart zu.

Vom Krieg erholte sich Gunzenhausen nur langsam. Als Heidemaries Mutter am Anfang der fünfziger Jahre das erste Mal nach Mittelfranken kam, schlug sie die Hände über dem Kopf zusammen. Schon ihre Heimat galt als heillos provinziell. Aber was sie hier zu sehen bekam, spottete allen hinterpommerschen Verhältnissen. »Grauenvoll«, das mit Abstand beliebteste Adjektiv Annemarie Crisollis, wurde mehrfach in Stellung gebracht und mit viel Verve abgefeuert. Zwar gab es ein paar nette Sehenswürdigkeiten, den Limes zum Beispiel, an dessen Fundamenten sich der Verlauf der alten römischen Grenzmauer erkennen ließ. Ein Blumen- oder ein Obstgeschäft gab es hingegen nicht. Und im Hof hinter dem Haus, in dem ihr Schwiegersohn, der junge Landarzt, praktizierte und zusammen mit seiner verwitweten Mutter hauste, gackerten die Hühner. Über solche Peinlichkeiten konnte auch das Jagdschlößchen des »Wilden Markgrafen«, dessen Park an das Grundstück des Arzthauses grenzte, nicht hinwegtrösten. Annemarie Crisolli war nicht gut auf Gunzenhausen zu sprechen. Die Abneigung beruhte auf Gegenseitigkeit.

Bis weit in die Fünfziger herrschten in der Kreisstadt erbärmliche Zustände. Am Ende des Krieges hatten auch die mittelalterlichen Fachwerkhäuser und Wehrtürme einige Zufallstreffer abbekommen. Hauptziel der alliierten Flugzeuge war die Eisenbahnlinie gewesen. In Gunzenhausen gabelte sich die Strecke in eine von München nach Würzburg sowie eine von München nach Nürnberg führende Verbindung. Die Angriffe zerstörten auch Straßenzüge und Wohnhäuser. Im April 1945 fiel eine Bombe auf einen Luftschutzkeller und tötete einhundertsechzig Menschen. In den letzten Kriegstagen kam es rund um die Stadt zu Kämpfen, Brücken wurden gesprengt, der »Volkssturm« stand auf. Geschlagene deutsche Verbände nahmen auf ihrem Rückzug mit, was nicht niet- und nagelfest war. Die Gunzenhäuser glaubten sich im Dreißigjährigen Krieg wiederzufinden. Die früh lutherische Stadt war damals in nur vier Jahren zwölfmal geplündert worden.

Bevor die Amerikaner einrückten, kursierten wilde Gerüchte. Der Feind habe angeblich Flugblätter abgeworfen, in denen er die völlige Zerstörung Gunzenhausens ankündige, die Kleinstädter bekamen Panik, fürchteten sich vor Vergeltung. Gunzenhausen war eine Hochburg der Nationalsozialisten, Fackelzüge und Aufmärsche waren seit der »Machtergreifung« an der Tagesordnung. Mit seinen paar tausend Einwohnern wies die Stadt eine hohe Anzahl von Dienststellen der NSDAP, der SA wie der SS auf: Kreisleitung der NSDAP, Ortsgruppe der NSDAP, SA-Sturmbann

III/6, SA-Sturm 21/6, SA-Sturm 3/R 37, SA-Nachrichtentrupp N/R 37, SA-Reitertrupp 3/78, SS-Sturm 2/78, Nationalsozialistisches Kraftfahrkorps, Hitlerjugend, Deutsche Arbeitsfront, NS-Volkswohlfahrt, NS-Frauenschaft, NSD-Marinebund, NS-Kriegsopferversorgung, NS-Bund Deutscher Techniker und so weiter. In Gunzenhausen hatte die Volksseele lange darauf gewartet überzukochen. Die seit sechshundert Jahren ansässige jüdische Gemeinde schrumpfte schon vor dem 9. November 1938 stetig. 1934 hatte es zwei Pogrome gegeben. Sie kosteten mehreren jüdischen Gemeindemitgliedern das Leben, die Mörder wurden nie ermittelt. Die stattliche Synagoge war nach dem Krieg erst Kaufhaus, dann Kesselfabrik. Später wurde sie abgerissen und durch pseudomittelalterliche Neubauten ersetzt.

Auch wer nach Kriegsende Zuflucht suchte, galt als Störenfried. Eben erst hatten die sogenannten »Ostarbeiter« den Landkreis verlassen, schon sah sich Gunzenhausen von neuen Eindringlingen aus dem Osten bedrängt. In den ersten Nachkriegsjahren stellten sie fast ein Drittel der Bevölkerung, später ließen sich die meisten anderswo nieder. Als Heidemarie zu Beginn der fünfziger Jahre eintraf, hatte sich die Lage längst normalisiert, dennoch galt sie als Flüchtling. Den Gunzenhäusern paßte weder ihre ostelbische noch ihre soziale Herkunft. Sich täglich durch eine aus dem Osten daran erinnern lassen zu müssen, daß ihr Reich nicht mehr kommen würde, das ertrugen sie nicht.

Kaum angekommen, machte sich die Generalstochter ans Werk und durchlüftete die bäuerlich-kleinbürgerliche Gemütlichkeit des Gunzenhäuser Arzthaushaltes. Zug um Zug kolonisierte sie ihre neue Umgebung nach ostelbischer Gutsherrenart. Um unserem jeweiligen Gegenüber nicht auf den Leim zu gehen, beurteilten wir andere Menschen in erster Linie nach ihrer sozialen Herkunft. In der Kunst, im Nu die Verhaltensweisen der

Person, mit der wir gerade Konversation machten, als Indizien zu deuten, war unsere Familie Meister.

Wie sprachen und kleideten sich diejenigen, denen wir begegneten, vor allem, wie aßen und tranken sie? Beugte unser Tischpartner beim Essen den Kopf zum Teller herab wie das liebe Vieh im Stall, wenn es an den Trog drängte? Stützte er den Ellbogen des Arms, der die Gabel hielt, auf dem Tisch auf wie ein Bauer? Oder ließ er den Löffel in der Kaffeetasse stecken, anstatt ihn auf dem Unterteller abzulegen? Wer sich derart unästhetisch darbot, war augenblicklich tabu. Fehlten Servietten, blickten wir ratlos in die Runde. Und in tiefe Verweiflung stürzte uns, wenn wir feststellten, daß unsere Gastgeber das Eßbesteck falsch gelegt hatten und die Schneide des Messers nach außen statt nach innen zeigte. Mit einer diskreten Handbewegung bereinigten wir flugs das Malheur. Tiefergehende Liaisons mit den Gastgebern kamen von diesem Augenblick an allerdings nicht mehr in Frage. Die Ausnahme von all diesen Regeln war das Dienstpersonal. Wir liebten es dafür, daß es voller Unschuld ausleben durfte, was uns verwehrt blieb. Unerzogene Individuen versprachen zwar erotische Augenlust, aber sich mit ihnen näher einzulassen kam unserer sozialen Ehre wegen nicht in Frage.

Ein Jungmädchentraum war doch noch wahr geworden. Heidemarie hatte sich immer gewünscht, in einen hinterpommerschen Gutshof einzuheiraten. An der Seite eines »Krautjunkers« einen »Stall voller Kinder« zu hüten, wäre die Erfüllung gewesen. Hinterpommern war nurmehr eine Chimäre jenseits der Oder-Neiße-Linie. Aber war nicht trotzdem alles so gekommen, wie Heidemarie es sich immer gewünscht hatte? München trat an die Stelle Berlins, Mittelfranken an diejenige Hinterpommerns, der Landarzt war der Gutsherr, die Arztgattin die Gutsherrin, das Arzthaus samt Kinder- und Dienstmädchen der Gutshof.

Heidemaries untergründig fortlebendes Leitbild des Offiziers entfaltete in den Wirtschaftswunderjahren modernisierende Wirkung. Sie brachte den Haushalt dank neuer technischer Geräte auf Trab und kultivierte einen Lebensstil, der sich auch dem kulturell Neuen nicht verschloß. Sie verwaltete das Budget, führte Buch, entschied über Ausgaben und Investitionen. Es dauerte nicht lange, und Heidemarie nahm wieder in Besitz, was sie als junges Mädchen verloren hatte. Voll eifersüchtiger Strenge lenkte sie die überwiegend in den Händen von Frauen liegenden Geschicke ihres Heimes.

Heidemaries Angst, moralisch diskreditiert wie sozial deklassiert zu werden, war groß. Irgendein namenloses Unheil schwebte über der Offizierstocher, irgend etwas verfolgte sie, das es zu bannen galt. Die Kleiderschränke waren voll, Jahr um Jahr musterte sie Frühjahr wie Herbst die Ausstattung ihrer Kinder, um zu ersetzen, was ihr nicht mehr brauchbar erschien. Das tadellose äußere Erscheinungsbild der Landarztfamilie bezeugte Standesbewußtsein, Exklusivität, Wohlstand, aber auch die Bitte, ihr die von niemandem bestrittene moralische Unschuld abzunehmen. Manchmal waren sogar dem Landarzt die Zwiespältigkeiten des preußischen Regiments nicht geheuer. Er fühlte sich der von seiner Frau etablierten Flüchtlingskultur unterlegen, ihr Streben nach Verhaltenssicherheit in allen Lebenslagen entsprach aber auch seinen Bedürfnissen. Auf männlichen Rückhalt konnte Otto nicht rechnen, sein Vater war während des Krieges an einer Infektionskrankheit gestorben. Also fügte er sich ein. Zerrissen zwischen Ostelbien und Mittelfranken, schien die Familie in der aufkeimenden westdeutschen Wohlstandsgesellschaft dennoch verankert.

Das Unwahrscheinliche. Irgendwann war daraus das Wahrscheinliche geworden, aus dem Glück die Regel, aus dem

Unglück aber nicht die Ausnahme. Für das Unglück gab es in der Landarztfamilie überhaupt keinen Platz mehr. In der Vergangenheit hatte es zuviel Unglück gegeben, als daß es jetzt noch hätte stattfinden dürfen. Unglück hieß Erfahrung, und Erfahrung hieß Unglück. Man hatte zu viele Erfahrungen gemacht, deshalb legte man sich den größtmöglichen Erfahrungsschutz zu. Eines Tages hatte man den Erfahrungen die Tür gewiesen, weil schon alles da war und nichts mehr hineinpaßte.

Heidemaries Familie konnte leben, wie es ihr gefiel, verreisen, wann und wohin sie wollte, mehr kaufen, als sie brauchte. Sie besaß zwei Häuser, fuhr zwei Autos, lud häufig Gäste ein. Es wurde vorzüglich gekocht, und man führte amüsante Unterhaltungen. Zwanzig Jahre nach Kriegsende lebten aber auch in Gunzenhausen viele, wie es ihnen gefiel, verreisten viele, wann und wohin sie wollten, und kauften viele immer mehr, als sie brauchten. Auch andere besaßen mehrere Häuser, fuhren mehrere Autos, luden häufig Gäste ein. Vielleicht war die Küche bei anderen Leuten nicht so vorzüglich und die Unterhaltungen weniger amüsant. Aber ansonsten ging es nicht viel anders zu als in den vier Mittelstandswänden der Landarztfamilie. Allmählich ließen Heidemaries zähe Willenskräfte nach, sie urteilte weniger streng über andere wie über sich selbst. Ostelbien war verloren, das Leitbild des Offiziers setzte Patina an. Otto und Heidemarie wandten sich vom Nationalliberalismus ab und dem Sozialliberalismus zu. Der mit dem Ritterkreuz dekorierte Wehrmachtsoffizier Erich Mende und Parteivorsitzende der FDP hatte ausgedient. Die Zeit war reif für die rheinische Frohnatur Walter Scheel. Man gestattete sich, nach dem eigenen Gusto zu leben, und scherte sich weniger als früher um Klatsch und Tratsch. Die Zugehörigkeit zur Kleinstadt-Hautevolee war unstrittig. Das Unwahrscheinliche, es konnte nicht banaler, nicht alltäglicher, nicht unaufgeregter in Erscheinung treten.

Das Unwahrscheinliche hatte jedoch seine Eigenheit, unberechenbar, ja umstürzlerisch zu sein, nicht aufgegeben. Etwa zwanzig Jahre, nachdem Heidemarie in Gunzenhausen angekommen war, brach es wieder ein. An einem Morgen im März, der in diesem Jahr ein einziger trockener Sonnenmonat war, stand ein schwarzer Todesengel vor der Tür. Otto würde nie wieder zurückkehren. Ganz allmählich und fast unmerklich war er verrückt geworden. Er hätte wieder gesund werden und neu anfangen können. Er war noch nicht einmal fünfzig. Aber er gab auf und entschied, daß es so mit ihm nicht weitergehen könne. Über zwanzig Jahre hatte er seinen Dienst verrichtet, war Tag für Tag über Land von Dorf zu Dorf gefahren, um seine Patienten zu besuchen. Sein Sohn hatte ihn, als dieser noch Kind war, oft begleitet. Er trieb sich gerne in Bauernküchen und Brotbackstuben herum, wo schwarzgekleidete Frauen hantierten, die ihm geräucherte Bratwürste, Schmalzgebackenes oder dick bestrichene Butterbrote zusteckten. Plötzlich zerbrach alle Regelmäßigkeit, und Otto wurde ganz gegen sein Naturell unzuverlässig. Er ließ den BMW stehen, setzte sich in seinen hellblauen VW-Käfer und fuhr nach Norden ans Meer, mal auf diese, mal auf jene ostfriesische Insel. Er gab weder seiner Frau noch sonst jemandem Bescheid, sondern verschwand einfach. Zwei, drei Tage später schickte er ein Telegramm. Nach etwa einer Woche kehrte er ohne ein Wort der Erklärung wieder nach Hause zurück, und fast war es, als sei nichts geschehen. Die letzte seiner Eskapaden blieb ohne Lebenszeichen. Niemand verstand, wovor er dieses Mal geflüchtet war. Als der Landarzt tot war, glaubte seine Familie jedes Recht auf öffentliche Auftritte wie öffentliche Anerkennung für immer verloren zu haben.

Heidemarie war wieder die, als die sie in Gunzenhausen angekommen war. Sie rettete sich in den Glauben, ihr Schicksal sei vorbestimmt. Sie war fast im selben Alter Witwe geworden wie ihre Mutter. Ebenso wie ihr Vater war auch ihr Mann mit neunundvierzig Jahren eines unnatürlichen Todes gestorben. Ihre halbwüchsigen Kinder erlebten, was sie damals erlebt hatte, auch sie waren Halbwaisen in jenem schwierigen Alter, in dem sie den Vater am nötigsten gehabt hätten. Und wieder standen die Frauen alleine da, wieder mußten sie den Karren aus dem Dreck ziehen, rückten Annemarie und Heidemarie abermals zusammen wie schon ein Vierteljahrhundert zuvor. Flucht, Kriegsende, Nachkriegszeit, Aufbaujahre, all die vergangenen, längst vergessenen Lasten meldeten sich als dumpfer Schlag, als Verzweiflung darüber, es doch nicht geschafft zu haben. Heidemarie war ratlos, wie mit Männern umzugehen sei, die weggingen, um als Tote zurückzukehren. Ottos Andenken umgab eine Scheu, die ihn fast unberührbar machte.

Zu Beginn der siebziger Jahre standen die Zeichen der Zeit auf Veränderung. Auch die bundesdeutschen Durchschnittsbürger gingen immer häufiger das Risiko ein, normative Verhaltensweisen und eingelebte Individualitätsmuster über Bord zu werfen. Die Familienwerte der Nachkriegskultur begannen an Bedeutung zu verlieren. Ob in Erziehungs- und Liebesdingen oder im Berufsleben, überall wurde experimentiert, Frauen meldeten sich zu Wort, die nicht länger ausschließlich auf Kinder und Küche beschränkt bleiben wollten. Das Private war politisch, also öffentlich geworden. Man redete über vieles, was lange tabuisiert war, und genehmigte sich Seitensprünge, die man sich lange gewünscht, aber nicht zugetraut hatte. Mehr als die Einhaltung der Regeln begann man jetzt deren Übertretung zu schätzen, Diskretion war zu einem Unwert geworden. Nicht nur in Wohngemeinschaftsküchen, auch an Kneipentischen und in den psychologischen Praxen der Großstädte etablierte sich eine Kultur, die vorzugsweise im kommunikativen Austausch mit anderen das wahre Selbst zu finden hoffte. Heidemarie, erst vierzig, verkaufte fast ihr gesamtes Gunzenhäuser Hab und Gut, zog weg, lernte einen neuen Beruf und finanzierte ihren Kindern das Studium.

Ihr half, was immer geholfen hatte, eiserne Selbstdisziplin. Sie sah von sich ab und zog sich zurück. Ihren Rumor hatte sie unter Kontrolle. Je älter sie wurde, desto häufiger dachte sie an Potsdam und die Pfaueninsel. Sie fotografierte viel, am liebsten Blumen und Blüten in Gärten, die sie auf ihren Ausflügen und Reisen entdeckt hatte. »Sommertage«, dachte sie dann, »immer nur Sommertage.«

Sommer 1944

Meist schroff steigt das Nordufer des Arno zum Hochapennin an. In seinem Mündungsgebiet, nördlich des Fiume Serchio, ist der Übergang sanfter. Dort läuft zwischen Lucca im Süden, Pontremoli im Norden und der Küste des Tyrrhenischen Meeres im Westen die Toskana in einer Art Enklave aus. Die sich von Südost nach Nordwest erstreckenden Apuanischen Alpen erreichen hier allmählich ansteigend eine Höhe von zweitausend Metern. Die höchsten Gipfel liegen in der Garfagnana und gehören zur Provinz Lucca. Unten am Meer führt die Via Aurelia an der Versilia-Küste in südlicher Richtung bis nach Rom. Gut gepolstert mit Parks, Villen und Palasthotels, zählen Viareggio und Forte dei Marmi seit Ende des 19. Jahrhunderts zu den mondänen Badeorten. In den Felswänden um Carrara leuchten weithin sichtbar die Marmorbrüche. Massa, Servezza, Pietrasanta und Camaiore heißen die übrigen auf halber Höhe zwischen Küste und Gebirgskämmen liegenden Kommunen. Die ins mittlere Serchio-Tal geduckten Bäder von Lucca zogen von Montaigne bis Heine Europas größte Geister an. Nördlich von Lucca ist die Landschaft hügelig. Lange waren die stadtnahen Südhänge der Lucchesia die bevorzugten Refugien italophiler Engländer und anderer europäischer Kosmopoliten.

Burgen, Kirchen, Dörfer, kleine Städte sind hier von Weinbergen, Obst-, Gemüsegärten, Zypressen- und Olivenhainen umgeben. Ochsenblut- und ockerfarbene Villen verbergen sich hinter hohen Gartenmauern oder winken den Besucher auf langen Alleen zu sich heran. In der Villa Mansi unterhalb des Weilers Anticiana hat der gebürtige Luccheser Puccini an seiner »Tosca« zu arbeiten begonnen. Gelebt hat der Komponist in Torre del Lago am See von Massaciuccoli, später bezog er eine Villa im nahen Viareggio. Hinter den Lidi der Tyrrhenischen Küste lagert majestätisch der Gebirgsriegel der Apuanischen Alpen. In den Hügeln rund um Lucca kehrt der Frühling mit den ersten Krokussen schon Mitte Januar ein. Bis auf elfhundert Meter hinauf wachsen im Frühsommer wilde Pfingstrosen, blühen Asphodill und Aurikeln meterhoch. Weiter unten am Meer wie an den Südhängen gedeiht fast das ganze Jahr über alles, was man sich wünscht und in Samenkästen vorbereitet hält. Bis zum Frühjahr 1944 litt auch Italien unter Kriegsauswirkungen, aber der Krieg fand anderswo statt. Noch waren die Apuanischen Alpen ein mit Marmor, Blumen und Villen reich gesegneter Garten.

Dieses eskapistische Angebot nutzte kaum jemand besser als der deutsche Dichter Rudolf Borchardt. Fast anderthalb Jahrzehnte hat er in der Villa Bernardini in Saltocchio bei Lucca nur einen Steinwurf von der Villa Reale di Marlia entfernt gewohnt.

Seiner Sehnsucht, sich in einem Garten vor der Welt zu verschließen, ist Borchardt hier am nächsten gekommen. Ende der dreißiger Jahre hat er angesichts dieser Landschaft sein Buch »Der leidenschaftliche Gärtner« geschrieben, eine auf Blütenträumen gegründete humanistische Gartenutopie. Zwischen Pflanze und Mensch sei der Nexus stärker als zwischen Mensch und Tier, behauptete ihr Autor. Hätte der preußenverliebte, konservative deutsche Jude und Mussolini-Verehrer Borchardt gewußt, was kommt, hätte er auch sagen können, zwischen Pflanze und Mensch sei der Nexus stärker als zwischen Mensch und Mensch. Bis der Mensch dem Menschen in der Provinz Lucca nicht mehr das Geringste galt, würde es nicht mehr lange dauern.

Ende 1942 mußte der Schriftsteller nach zehnjährigem Aufenthalt die Villa Bernardini aufgeben. Er zog nach Forte dei Marmi in ein bescheidenes Ferienhaus. Im Frühjahr 1944 lag der Badeort inmitten militärischen Sperrgebietes. An diesem Küstenabschnitt rechnete die deutsche Besatzungsmacht mit einem alliierten Invasionsversuch. Borchardt, dem es gelang, seine jüdische Herkunft geheimzuhalten, wurde mit seiner Familie evakuiert. Er fand Unterschlupf in der Villa Poggio al Debbio bei Lucca, deren Eigentümerin mit den Faschisten sympathisierte. Dort hielt sich auch deutsches Militär auf. Im Januar 1945 starb Borchardt entkräftet in der Nähe von Innsbruck. An die Brennergrenze war er auf Befehl eines SD-Mannes eskortiert worden, mit dem er in der Villa Poggio al Debbio aneinandergeraten war. Über deutsche und italienische Literatur dozierend, hatte der letzte Abendländer Rudolf Borchardt seine Mahlzeiten während des Sommers 1944 immer wieder in Gesellschaft von Wehrmachtsoffizieren eingenommen. Freund und Feind saßen sich in den Wirren dieser Zeit häufig unerkannt und ahnungslos oder einander belauernd unter einem italienischen Dach gegenüber.

Hauptmann Dörner, der Borchardt den Befehl überbrachte, dieser werde mit seiner Familie zurück ins Reich transportiert, gehörte der 3. Abteilung des Artillerieregimentes der 20. Luftwaffen-Felddivision an. Für den Fall, daß deren Kommandeur einem von Borchardts Vorträgen zugehört haben sollte, hätte sich der Schriftsteller Erklärungen auf deutsch sparen können. Sprachbegabt, wie Wilhelm Crisolli war, seit dem Vertrag von Rapallo 1922 und der Zusammenarbeit zwischen Reichswehr und Roter Armee lernte er Russisch, beherrschte er schon nach einigen Wochen das Italienische so gut, daß er auf Dolmetscher meist verzichten konnte. Wären sich der Ästhet und der Militär tatsächlich begegnet, hätten sich zwei preußische Extreme nur berührt, um augenblicklich wieder auseinanderzufallen wie zwei unverträgliche chemische Elemente. Was auch sollte der leidenschaftliche Gärtner Borchardt mit dem Wehrmachtsgeneral Crisolli anstellen, der sich gerade anschickte, den Tod in die Gärten der Versilia zu bringen?

Mitte Juli überquerte die 20. Luftwaffen-Felddivision den Serchio. Sie hatte eine unsichtbare Grenze überschritten und eine Zone entfesselter Gewalt betreten, noch wußte niemand in der Division, welcher Krieg in den kommenden sechs Wochen auf sie zukommen würde. Wilhelm Crisolli war froh, als sein Konvoi unter das dichte Blätterdach der von Lucca nach Camaiore führenden Allee eintauchte. Hier waren sie vor Tieffliegerangriffen sicher. Wenige Tage später erfuhr er, daß sein Vorgesetzter aus den Zeiten der Potsdamer Kriegsschule, Erwin Rommel, während einer Autofahrt in der Normandie durch Beschuß eines britischen Jagdfliegers schwer verletzt worden war.

Am 16. Juli kam der Divisionsstab in Nocchi an. Gefechtsstand war die geräumige Villa Contesso. Sie besaß fünfzehn Schlafzimmer und mehrere Bäder. Wer von den Offizieren dort nicht unterkam, fand in den beiden mehr als dreihundert Jahre alten Villen der Familie des Conte Graziani Platz. Sie waren nicht besonders groß, aber mit ihren Fresken um so prachtvoller und herrschaftlicher. Für die siebzig Mannschaftssoldaten wurden in den Parks Zelte aufgebaut. Die zehn Lastwagen ließen sich leicht unter Bäumen verbergen. Wilhelm Crisolli war sicher, daß es ihm in dieser annehmlichen Umgebung gelingen würde, am Feierabend abzuschalten. Ruhe war, was er jetzt am dringendsten nötig hatte. Er beschloß, die Villen von Nocchi zu seiner Oase zu machen.

Der Generalmajor hatte eine Zeit harter militärischer Kämpfe hinter sich. Anfang Juni war er mit den motorisierten Einheiten der Division quer durch die Toskana über das Gebirge zum Lago di Bolsena vorgerückt. Das ungewohnt heiße Klima machte ihm und seinen Leuten nach dem monatelangen Aufenthalt an der dänischen Nordseeküste schwer zu schaffen. Wilhelm Crisolli litt am meisten. Rommel hatte ihn nach Nordafrika mitnehmen wollen. Aber er erwies sich als tropenuntauglich, deshalb wurde nichts daraus. Während des Vormarsches war seine Division ständig auf zurückflutende deutsche Truppen gestoßen. Bald teilten sie deren Schicksal. An eine Frontlinie, in die sie sich hätten einreihen können, erinnerte hier nichts mehr. Das Kampffeld wurde von der Infanterie sowie den Panzertruppen des IV. US-Armeekorps beherrscht. Seine Division bewegte sich quälend langsam auf Fahrrädern fort.

Der Himmel gehörte den Alliierten zu hundert Prozent. Ihren Jagdflugzeugen entging am Boden keine Bewegung. Die Verluste der 20. Luftwaffen-Felddivision waren hoch. Mehrere Einheiten wurden aufgerieben oder gerieten in Gefangenschaft. Häufig liefen sie Gefahr, umfaßt zu werden. Ende Juni steckte die Division in den unwegsamen Bergen nördlich von Grosseto fest. Nur mit knapper Not entkam sie der Vernichtung. In Frosini legten sie eine Atempause ein. Versprengte Einheiten bildeten die »Kampfgruppe Crisolli«. Wenig später versuchten sie auf den Höhenzügen in der Nähe von Volterra eine Frontlinie aufzubauen. Als sie ins Tal der Cecina hinunterblickten, mußten sie ohnmächtig mitansehen, wie sich amerikanische Panzer gleich dutzendweise zum Angriff gruppierten. Die »Kampfgruppe Crisolli« kam erst wieder in Sant' Antonio zur Ruhe. Von der Terrasse der Villa überblickte man das gewaltige Panorama des Apennin. Erschöpft sanken sie in das antike Mobiliar, das sie aus dem Salon ins Freie getragen hatten. Während seines kurzen Aufenthalts verlor sich Wilhelm Crisolli immer wieder im Anblick des Gebirgszuges. Auf der nördlichen Verlängerung seiner Sichtachse lag Olivacci, wo er zweieinhalb Monate später zu Tode kommen sollte.

Der erfahrene Kavallerist Crisolli hatte sein möglichstes versucht, aber die 20. Luftwaffen-Felddivision erwies sich als wenig krisenfest. Er war sich darüber im klaren, daß keiner seiner Vorgesetzten viel von seiner Truppe hielt. Sowohl der Kommandierende General des XIV. Panzerkorps, Frido von Senger und Etterlin, als auch der Oberbefehlshaber Süd, Feldmarschall Albert Kesselring, schätzten sie als zweitklassig ein. Von Versagen war die Rede. Die 14. Armee, der seine Division angehörte, war viel schneller als geplant auf die Arno-Stellung zurückgeworfen worden. Wilhelm Crisollis Schuld war dieser Mißerfolg nicht. Aber ihm war klar, wie es um ihn stand. Er mußte sich bewähren. Es war kein Geheimnis, daß mit den Luftwaffen-Felddivisionen nicht viel los war. Auch er wußte, was ihm drohte, als er nach Dänemark gerufen worden war. Im Landserjargon hießen die Luftwaffen-Felddivisionen »Luftwaffen-Fehlkonstruktions-Divisionen«.

Das waren sie auch. Göring hatte sie hinter der Front als seine Privatarmee zurückgehalten. Als sie endlich dem Heer eingegliedert wurden, mußten sie von erfahrenen Kavallerieoffizieren »frontverwendungsfähig« gemacht werden. In den Generalstab aufzurücken war Wilhelm Crisolli nicht gelungen. Die Aussicht auf Beförderung, die ihm jetzt winkte, wollte er sich nicht verbauen. Dänemark bot die letzte Gelegenheit, ganz nach oben zu kommen. Generalmajor wurde man mit vierzig, er war fast zehn Jahre zu spät dran. Also willigte er, um Flagge zu zeigen, in den Auftrag ein. Seine Nierenerkrankung war ebenso bekannt wie seine »Neigung zu theoretisieren«. Kaum einer seiner Vorgesetzten, der ihm in der Personalakte nicht »Lehrbefähigung« bescheinigte oder ihn als »Kommandeur einer Kriegsschule« empfahl, andere behaupteten, er käme »nur noch als Kommandeur einer Infanterie-Division in Frage«. Seitdem er Taktiklehrer gewesen war, er gelegentlich zur Lesebrille griff und sich sein Nierenleiden als chronisch herausgestellt hatte, haftete ihm das Etikett des halbinvaliden »Gehirnfatzkes« an, wie Generalstäbler und solche, die dafür gehalten wurden, unter hartgesottenen Frontkämpfern hießen. Seinem Ruf als zaudernder Bedenkenträger galt es Entschcidungsfreude entgegenzusetzen. Das Ritterkreuz war ihm schließlich nicht geschenkt worden, er hatte es sich im Kampfeinsatz schwer verdient. Über die Panzerwaffe und deren operativen Einsatz vor allem im Orts- und Straßenkampf wußte er theoretisch wie praktisch besser Bescheid als die meisten anderen. Hatte er das nicht in Wilkomierz, Dünaburg und zwei Jahre später wieder in den weitaus härteren Kämpfen um Charkow bewiesen? Die Kampfmoral der 282. Infanterie-Division war damals, im August 1943, so weit aufgezehrt, daß kurzzeitig erwogen wurde, jeden zehnten Landser zu erschießen, um die Truppe zum Kämpfen zu bewegen. Dann war er als Kommandeur der 6. Panzer-Division eingesprungen, hatte das Blatt gewendet und die Russen aus Charkow wieder hinausgeworfen. Wenn die Stadt zwei Wochen später endgültig verlorenging, war das nicht seine Schuld. Der Übermacht der dreihundert sowjetischen Panzer hatte die unter Nachschubmangel leidende Wehrmacht nichts mehr entgegenzusetzen. Ohne ihn wäre alles viel schneller verloren gewesen.

Den italienischen Krieg, der ein einziger Rückzug war, wurde Wilhelm Crisolli von Tag zu Tag mehr leid, diese Haltung teilte er mit der ganzen deutschen Südarmee. In den Sommermonaten des Jahres 1944 stellte die Feldpostprüfstelle des Armeeoberkommandos 14 unter den Landsern zunehmende Kriegsmüdigkeit fest. Wilhelm Crisolli fand diese Einstellung, wiewohl sie ihn selbst plagte, unerträglich. Schlappheit konnte er nicht dulden. Als Divisionskommandeur hatte er ein aufmunterndes Vorbild für seine Offiziere zu sein. Also sorgte er dafür, daß in den als Gefechtsständen requirierten Villen ein Minimum normalen gesellschaftlichen Lebens stattfände. Sich wenigstens stundenweise von den Lasten des militärischen Alltags zu befreien, ging ihm mehr denn je über alles. Bridge bot ihm die beste Ablenkung. Er war fast süchtig danach. Sobald die Karten gemischt wurden, fühlte er sich inmitten seiner Kameraden wie im Offizierskasino. Je härter die Abwehrkämpfe wurden, desto sorgfältiger begann er auf sein Äußeres zu achten. Das glaubte er seinem Generalsrang schuldig zu sein, der ihn täglich mit Stolz und Genugtuung erfüllte. Sich in seiner Würde zu sonnen, tat auch seiner Stimmung gut. Gerne saß er in den Salons oder auf den Gartenterrassen der Villen und parlierte mit den Besitzern. Bei manchen Abendessen gab er ihnen sogar in heller Ausgehuniform die Ehre. Dann ließ er sich gerne fotografieren. Die schönsten dieser Aufnahmen schickte er an seine Familie.

In Nocchi, dem längsten seiner toskanischen Aufenthalte, fühlte sich der Generalmajor fast wie zu Hause. Wie in den hinterpommerschen Herrenhäusern saßen auch hier in den Villen entweder Großbürger oder die schon seit Jahrhunderten alteingesessenen kleinadeligen Familien. Mit den Contesso und den Graziani kam er gut zurecht. In der Toskana war er zugleich auch in Hinterpommern. Man war vom selben Stand, verfügte über ähnliche Höflichkeitsformen und einen verwandten Konversations- und Lebensstil. An den Feierabenden war Wilhelm Crisolli manchmal nahe daran, über die Orte hinaus auch die Kriege und Zeiten miteinander zu verwechseln. Und wie auch nicht? Zu Beginn des Italienkrieges war sein Oberbefehlshaber, genau wie damals, wieder ein Mackensen, ein Sohn des alten, der noch immer lebte. Und wie seinerzeit war er auch jetzt wieder unter Jägern. Seiner Division gehörten zwei solcher Regimenter an, deren einfache Soldaten »Jäger« oder »Oberjäger« gerufen und später in »Reiter« umbenannt wurden. Wilhelm Crisolli war dankbar für diesen an die Tradition seiner Stammregimenter wie den alten Korpsgeist anknüpfenden Zufall. Das herrschaftliche toskanische Ambiente machte ihn wieder zu dem, der er immer hatte sein wollen. »Molto Junker«, schoß es Maria Contesso, der Hausherrin, jedesmal durch den Kopf, wenn der Generalmajor durch die Halle der Villa lächelnd auf sie zuschritt. Den Kopf neigend, um der Signora einen Kuß auf den Handrücken zu hauchen, war Wilhelm Crisolli ganz Offizier vom alten Schlag.

In der ersten Zeit nach der Requirierung war die Villa ein Hort des Friedens. Die Deutschen hatten sich im Erdgeschoß eingerichtet, die Italiener in den darüberliegenden beiden Stockwerken. Es war für alles gesorgt, niemand litt Hunger. Jeder konnte tun und lassen, was er wollte, und sich frei bewegen. Die meisten Bediensteten kamen aus dem Dorf, die Deutschen stellten nur den Koch. Täglich gegen fünf Uhr wurde auf der Terrasse Tee für den Divisionsstab gereicht. Der Generalmajor bat Maria Contesso und deren Tochter Gianna hinzu. Die Familie Contesso, reiches Bürgertum aus La Spezia, besaß zwei Sommerhäuser. Nachdem die Küste Sperrgebiet und Viareggio nicht mehr zugänglich war, hatte sie die Villa in Nocchi erworben. Anders als in La Spezia waren sie dort vor Luftangriffen sicher. In Nocchi wollten sie warten, bis alles vorüber war. Wenn irgend etwas fehlte, ließ es der Generalmajor von seinen Leuten beschaffen, einmal ging der Kühlschrank kaputt, eine Stunde später schleppten zwei Landser einen neuen heran, das Eis der Vorbesitzer lag noch im Gefrierfach. Wilhelm Crisolli scherzte gerne mit Maria Vittoria, der vierjährigen Enkelin der Hausherrin, die meist im Garten spielte. Er schenkte ihr Schokolade, nicht ohne ihr »Vittoria, ma *victoria nostra!*« zuzurufen.

In der Villa lebten fast nur Frauen, der Generalmajor ahnte warum, war aber dennoch irritiert. Es waren sehr viele Frauen, vor allem sehr junge, sehr schöne und sehr anziehende. Seine eigene Frau hatte er seit mehreren Monaten nicht mehr gesehen. Die Frauen, die in der Villa lebten, gehörten nicht alle zur Familie Contesso. Die drei hübschesten hießen Donzelli. Sie waren mit ihren Eltern nach Nocchi evakuiert worden. Alliierte Bomben hatten ihr Haus in Pistoia getroffen. Im Dorf gab es viele aus den Städten evakuierte Ausgebombte. Die Contesso kamen mit den ungebetenen Donzelli anfangs mehr schlecht als recht aus. Die jungen Mädchen genossen bei den Prinzipalinnen der Villa nicht viel Respekt, sie schienen es darauf angelegt zu haben, den Deutschen die Köpfe zu verdrehen. Auch Wilhelm Crisolli waren die Anbändeleien nicht entgangen. Oberleutnant von Platen, mit noch nicht dreiundzwanzig Jahren der jüngste seiner Stabsoffiziere, wurde von Lucia Donzelli angehimmelt.

Wilhelm Crisolli war sich darüber im klaren, daß sein »Petilein«, wie er ihn nannte, anstatt Bridge zu spielen, lieber mit Lucia die Dorfstraße entlangbummelte oder mit ihr in den Garten der Villa entschwand. Nach den vielen Entbehrungen wollte er seinen Männern den Spaß nicht verderben. Solange ihre Kampfkraft nicht geschwächt würde, hatte er gegen erotische Fraternisierung nichts einzuwenden. Er hingegen widerstand allen Betörungen. Um so lieber war er bereit, auf der Terrasse inmitten all der Frauen, die in der Villa Contesso lebten, für ein Gruppenfoto zu posieren. Als er sich bei seinen Gastgeberinnen

unterhakte, versteinerte er. In dem Augenblick, in dem Platen auf den Auslöser drückte, wußte sich der Generalmajor nicht anders zu helfen, als sich gegen die ihn umringenden Körper, deren Wärme und Gerüche, aufzubäumen.

Schon als Hans-Osman Graf von Platen zu Hallermund mit dem Divisionsstab das Brennertal hinunterfuhr, war er fassungslos gewesen. Er hatte aus dem Fenster in die Dämmerung geblickt und beobachtet, wie sich Weinberge, Zypressen, Pinien, irgendwann Palmen aus dem Morgenlicht herauszuschälen begannen. Dann war der Himmel blau und wolkenlos. Während der Süden vor dem Zugfenster vorbeiglitt, glaubte Platen, er führe nicht in den Krieg, sondern ins Paradies. So weit von zu Hause war er noch nie weggewesen, und was er sah, war etwas ganz anderes als das trübsinnige Jütland. Während des Transportes nach Italien hatte er sich nicht den Kopf darüber zerbrochen, was ihm der Krieg bringen, ob er überleben würde. Dann hatte er in viele tote Augen geblickt. Sogar Lucias Gegenwart erinnerte ihn daran. Warum nur kostete es ihn so viel Mühe, zu verscheuchen, was ihn bedrängte?

Platen wußte nicht viel über seinen unglücklichen Verwandten August, der um der Männerliebe willen mehr als hundert Jahre zuvor sein Offiziersleben gegen die Lyrik und sein Sehnsuchtsland Italien eingetauscht hatte. Aber natürlich kannte auch er das Gedicht, das jeder kennt. Seitdem er bei Civitavecchia das Mittelmeer, seitdem er Italiens Städte, Villen und Landschaften gesehen hatte, waren ihm die beiden Strophen nicht mehr aus dem Sinn gegangen. »Wer die Schönheit angeschaut mit Augen,/Ist dem Tode schon anheimgegeben ...«, daran dachte er erst recht, seitdem er sich in Lucia verliebt hatte. In Nocchi waren Schönheit, Tod und Liebe auch seine Begleiter geworden. Der Gedanke, dieser Dreiklang sei weniger durch die Kunst, an der dieses Land so reich war, als durch den Krieg, von dem es zerrissen wurde, lebendig geworden war, befremdete Platen. Sollte etwa der Krieg, in dem er hier kämpfte, die wahre Gestalt dieser Formel sein, deren unheimlich-zweideutiges Prinzip? Er kannte keinen, den die bestürzende Schönheit, angesichts derer sie hier Krieg führten, kaltgelassen hätte. Platen empfand es als Zumutung, in diesem Italien Haltung zu bewahren.

Im Sommer 1944 saßen die deutschen Okkupanten in der Provinz Lucca in der Falle. Sie waren nicht mehr die Herren der Lage. Das Überlegenheitsgefühl des Frühjahrs schmolz dahin. Wie gefangene Tiere wurden sie allmählich beißwütig. In der zweiten Hälfte des Jahres 1944 setzte die Schlußphase des Zweiten Weltkrieges ein. Am 6. Juni landeten die Alliierten in der Normandie. Die sowjetischen Truppen rückten auf die Ostgrenzen des Reiches zu. Fast täglich waren die deutschen Städte Ziele alliierter Bomber. Mitte August landete eine weitere Invasionstruppe der Alliierten an der südfranzösischen Küste. Auch in Italien verschlechterte sich die Lage. Am 4. Juni wurde Rom, am 3. Juli Siena und am 4. August Florenz von den Deutschen geräumt. Schon Ende Mai hatte der »Führer des Großdeutschen Reiches« den beschleunigten Ausbau der Apennin-Stellung befohlen. Die Befestigung der sogenannten Goten- bzw. Grün-Linie begann am 7. Juni. Am selben Tag rief der britische Oberbefehlshaber der alliierten Streitkräfte in Italien, General Harold Alexander, die Resistenza zum verstärkten Widerstand gegen die deutschen Okkupanten auf. Die Partisanentätigkeit in den Apuanischen Alpen nahm daraufhin deutlich zu. Gleichzeitig schnellte unter den deutschen Soldaten die Zahl der Desertionen in die Höhe. Die von der Wehrmachtsführung als »Banden« bezeichneten Partisanen verzeichneten immer größere Erfolge. In den Apuanischen Alpen, der Garfagnana und dem südlichen Apennin sperrten sie Paßstraßen und Eisenbahnlinien und besetzten fertige Verteidigungsstellungen. Die Grün-Linie auszubauen, die Nachschubwege sowie den Rückzugsraum an der Nordseite des Apennin freizuhalten, war im Sommer 1944 eine der Hauptaufgaben der 20. Luftwaffen-Felddivision.

Ihr Auftrag lautete »Verteidigung der Küsten«, »Ausbau der Küstenverteidigung« sowie »Sicherung des Raumes von der Küste bis zur Grün-Linie gegen Banden«. So hieß es in dem am

11. Juli vom kommandierenden General des LXXV. Armeekorps, Anton Dostler, unterzeichneten Korpsbefehl Nr. 50. Divisionskommandeur Crisolli sah keinen Grund, bei der Erledigung dieser Aufgaben vor drakonischer Härte zurückzuschrecken. Wie alle übrigen Ortskommandanten wurde auch er bei der »Bandenbekämpfung« von höchster Stelle zur Eigeninitiative ermuntert. Die Grundlage dafür bildete ein Befehl Kesselrings. »Zu scharfes Durchgreifen« stellte der Feldmarschall darin unter Straffreiheit. Mit Bestrafung hatten hingegen »schlappe und unentschlossene Führer« zu rechnen.

Der Frontausbau kam nicht so schnell voran, wie es zur Verteidigung des Apennin erforderlich gewesen wäre, für den Stellungsbau der Grün-Linie fanden sich nicht genügend Freiwillige. Die Arbeiten wurden durch Sabotageaktionen behindert oder die Bevölkerung boykottierte die Arbeitseinsätze, zu denen sie die deutschen Besatzer aufriefen. Also wurden Razzien durchgeführt und Bergdörfer ausgekämmt. Stellungsbau und »Bandenbekämpfung« gingen Hand in Hand. Die Tätigkeit Wilhelm Crisollis war dabei größtenteils bürokratischer Natur. Seine wichtigste Aufgabe bestand in der Organisation des Frontausbaus, er konnte auf die Erfahrungen zurückgreifen, die er beim Grenzschutz in Pommern als Reichswehroffizier nach dem Großen Krieg gesammelt hatte. Damals ging es um den Aufbau militärischer Stellungssysteme entlang der deutsch-polnischen Grenze. Auf den Gütern war nicht nur gejagt, sondern der Grenzschutz mit freiwilligen Zivilisten auch praktisch geübt worden. Eine so schwache Armee wie die Reichswehr hatte die Landesverteidigung nur durch ein Volkskriegskonzept garantieren können. Was Wilhelm Crisolli in der Versilia zu erledigen hatte, verhielt sich in seinen Augen nicht viel anders. Der Frontausbau von heute ließ sich nach Art des Grenzschutzes von damals bewerkstelligen. Das Problem war nur, daß das Volk nicht so mitspielte, wie er es sich vorstellte.

Am Ortseingang von Nocchi stand gleich neben der Kirche von hohen Mauern und Palmen umgeben die Villa Doroni, die als Gefängnis diente. Der weitläufige Park der Villa Graziani bot Platz genug für ein Durchgangslager. Dort wurden alle diejenigen festgehalten, die bei Razzien gefangengenommen wurden. Die Verhöre in der Villa Doroni hatte Wilhelm Crisolli zu verantworten. Er entschied über das weitere Schicksal der Gefangenen. Unverdächtige wurden an Ort und Stelle zu Arbeitseinsätzen abkommandiert. »Banditen« und »bandenverdächtige Personen« verwies man an das Sammellager der Wehrmacht in Lucca. Von dort wurden sie zu Arbeitseinsätzen oder in Konzentrationslager nach Deutschland deportiert. Wie der gesamte Italienkrieg der Wehrmacht, besaß auch Wilhelm Crisollis militärischer Auftrag wirtschaftlichen Hintergrund. Je langsamer die Alliierten vorrückten, desto mehr Zwangsarbeiter konnten rekrutiert werden, ganze Heerscharen fanden auf diese Weise während der deutschen Okkupation Italiens den Weg ins Reich.

Noch keine fünfzig, fühlte sich Wilhelm Crisolli alt und ausgelaugt. Die Furunkel an seinem Körper quälten ihn. Weder konnte er das eine seiner Knie beugen, noch vermochte er bequem zu sitzen. Von den Zehen, die in Rußland erfroren waren, fielen die Nägel ab. Er fühlte sich als Wrack. Was er von zu Hause hörte, verbitterte ihn. Täglich fürchtete er um das Leben seiner Frau. Die Bombenangriffe auf Sorau erfüllten ihn mit tiefer Sorge. Die Telefongespräche mit Annemarie waren, falls er überhaupt durchkam, kurz und schlecht verständlich. Seine Tochter hatte man sicherheitshalber in ein Kinderlager an der Ostsee verschickt. Die Russen standen kurz vor der Weichsel, bald würden sie die Reichsgrenze erreichen, Wilhelm Crisolli wäre lieber an der Ostfront gewesen. Wie die meisten deutschen Soldaten einschließlich der Wehrmachtsführung hielt auch er die Italiener für Verräter und Feiglinge. Am meisten verachtete er diejenigen, die aus dem Hinterhalt auf ihn und seine Leute anlegten. Der Generalmajor war es überdrüssig, zwischen Banden und Bevölkerung einen Unterschied zu machen. Für einen erfolgreichen Krieg brauchte er ein ruhiges Hinterland, alles andere machte ihn nervös. Von Dolchstößen, die eine angeblich bolschewistisch infizierte Zivilbevölkerung hinterrücks gegen die Truppe führte, hatte er seit 1918 genug.

Italien, Toskana, Nocchi, die Villen, die Gärten, der Süden, die Hitze, all das begann ihn mit stiller Wut zu nähren. Die Frauen- und Mädchenblüte der Contesso und Donzelli empfand er als überspannt und aufdringlich. Er wollte mit diesen theatralisch gestikulierenden, lauten Katzelmachern, dem Mummenschanz ihrer öffentlich zur Schau gestellten Frömmigkeit nichts mehr zu tun haben. Am wenigsten wollte er mit ihnen verwechselt werden. Das widerfuhr ihm jedoch manchmal. Ja, seine Familie stammte aus Italien und war irgendwann nach Preußen eingewandert. Wann und warum das geschehen war, wußte allerdings keiner. Der Stammbaum reichte nur bis zum Beginn des 18. Jahrhunderts zurück. Damals, bevor sie sich auf den langen Weg nach Berlin aufmachten, saßen seine Vorfahren noch in irgendeinem Kaff am Weichselbogen. Wie sie dorthin gekommen waren, wußte der Teufel. Vielleicht über Krakau, wo es einmal viele Italiener gegeben haben sollte. Unter den männlichen Mitgliedern der Familie wurde ein goldener Ring vererbt. Er besaß die Form eines Eulenkopfes mit kleinen grünen Edelsteinen als Augen. Aus alter Familientradition hatte er seinen nicht abgezogen, sondern trug ihn auch jetzt am Finger.

Angeblich stand das Eulenwappen in irgendeiner Beziehung zur Universität von Padua. Die Familie war deshalb der Meinung, sie besitze dort ihren Ursprung. Beweisen konnte dies jedoch niemand, zumal es in Italien keine protestantischen Glaubensflüchtlinge gab, um die es sich bei den Crisollis zweifellos handelte. Was auch hätten Protestanten in Polen zu suchen gehabt? An ihrer italienischen Abstammung hielt die Familie dennoch unbeirrt fest.

Raffaele Mazzucchi stammte aus Pruno, einem kleinen Dorf in den Apuanischen Alpen. 1944 war er fünfundzwanzig Jahre alt. Drei Jahre zuvor hatte er in Florenz die Priesterweihe empfangen. Im Frühjahr 1944 fuhr Padre Raffaele in sein Heimatdorf zur Taufe seiner Nichte. Anschließend besuchte er seine Mutter, die in Forte dei Marmi lebte. Dort erfuhr er, daß er nicht nach Florenz zurückkehren könne. Die Front näherte sich dem Arno, und der deutsche Stellungsbau hatte begonnen. Bei den Befestigungsarbeiten galt der Grundsatz der verbrannten Erde. Ein zehn Kilometer breiter von der Bevölkerung evakuierter und allen Sichthindernissen wie Häusern und Bäumen befreiter Streifen bildete die sogenannte Hauptkampflinie. Sie zu überschreiten, war lebensgefährlich. Wer sich unbefugt dort aufhielt, wurde erschossen. Der Küstenschutz am Tyrrhenischen Meer wurde ähnlich brutal gehandhabt. Hier wurde die Bevölkerung jedoch nur teilweise evakuiert. Darunter befanden sich auch Padre Raffaele, seine Mutter, sein Großvater und sein Onkel in Forte dei Marmi. Gemeinsam flohen sie nach Pruno.

Dort begann sich Padre Raffaele nützlich zu machen und unterstützte Don Giuseppe Manetti, den örtlichen Pfarrer. Unermüdlich stand er der von den Razzien und Deportationen der deutschen Besatzer bedrängten Dorfbevölkerung bei. Von Cardoso bis Col di Favilla war er täglich in der gesamten Umgebung von Pruno als Seelsorger unterwegs. Jeder kannte ihn. Er war ein Volksheld. Anfang Mai lernte er in einem Nachbardorf Lorenzo Bandelloni und Guido Vanucci kennen. Die beiden arbeiteten für die Resistenza. Sie waren nicht die einzigen Partisanen in dieser Gegend. Bald zählte Padre Raffaele zu »denen von Cardoso«, zählten »die von Cardoso« zu seiner Gemeinde. Er spendete seinen Segen und erzählte ihnen, was er unterwegs gesehen hatte. Vom Treiben der Deutschen konnte er sich bei seinen Gemeindebesuchen einen genauen Überblick verschaffen, nach einiger Zeit rochen die faschistischen Schwarzhemden Lunte und begannen zusammen mit der SS gegen »die von Cardoso« vorzugehen. Dennoch ließ Padre Raffaele nicht davon ab, weiterhin die Messe zu lesen. Am 24. Juli wurde er während einer Razzia der SS in Pruno verhaftet. Einem deutschen Unteroffizier war es gelungen, sich bei den Partisanen von Cardoso als Deserteur einzuschleusen. Der Unteroffizier verriet den Padre. Zusammen mit dreißig anderen Zivilisten wurde er nach Nocchi in die Villa Doroni abtransportiert. Am nächsten Tag kamen hundert weitere Gefangene hinzu. Sie waren bei einer Razzia der 20. Luftwaffen-Felddivision in Nocchi und Umgebung aufgebracht worden. Nach einigen Tagen wurden sämtliche Gefangenen wieder abtransportiert, nur Padre Raffaele sowie die sechsundvierzig Jahre alte Gilda Nardini und ihre siebzehnjährige Tochter Margherita aus Forte dei Marmi blieben weiter in Haft.

Alle drei wurden vom Kommando der 20. Luftwaffen-Felddivision zum Tode verurteilt. Der Geistliche, so die Ic-Tagesmeldung der 14. Armee, »wegen Begünstigung von Banditen«, die »zwei Frauen wegen versuchter Verleitung deutscher Soldaten zur Fahnenflucht«. Der Volksmund behauptete, Mutter und Tochter wären nur verurteilt worden, weil sie den Pater begrüßt hatten, als sie unvermutet im Gefängnis auf ihn gestoßen waren.

Am 27. Juli wurden Padre Raffaele, Gilda und Margherita Nardini auf den Weg gebracht, der von Nocchi hinauf nach Torcigliano führt, und unterwegs erschossen.

Eine christliche Bestattung wurde den drei Toten verwehrt. Kein Angehöriger durfte Abschied nehmen. Die Grube, in der Priester, Mutter und Tochter verscharrt wurden, war durch Minen gesichert. »Così finiscono i partigiani«, hieß es auf einem Schild, das über dem Grab an einem Baum hing.

Es hätte im Ermessen des Divisionskommandeurs gelegen, die beiden Frauen frei- und den Pater mit einer Verwarnung davonkommen zu lassen. Der Commandante Crisolli, wie ihn die einheimische Bevölkerung nannte, hätte sich an den für Padre Raffaele zuständigen Bischof oder einen von dessen Stellvertretern wenden können. Ein vertrauliches Gespräch, die Bitte, dem Heißsporn Mazzucchi Zügel anzulegen, die Einwilligung der Kirche, und schon hätte für eine Weile Entspannung eintreten können. Aber der OB Süd hatte *carte blanche* gewährt und der Krieg längst aufgehört, ein Kampf ausschließlich zwischen Männern zu sein. Für einen staatstreuen Protestanten wie den Generalmajor war ein katholischer Volksheld wie der widerständige Padre, der dem Orden der »Servi di Maria« angehörte, das Fremde schlechthin. Von hundertdreißig Gefangenen blieben nur der Padre, die Mutter und ihre Tochter zurück. Auf die Frage, wer sein Feind sei, entschied Wilhelm Crisolli, daß diese drei es seien, die für ihn das Magisch-Gefährliche des Südens personifizierten. Militärisch wertlos, war ihr Tod die reine Vergeltung. Der Priester und die beiden Frauen waren langgehegte innere Feinde in äußerer Gestalt.

Am Vorabend der Hinrichtung drang das Gelächter der Donzelli-Mädchen, vermischt mit dem Plätschern des Wasserspeiers und dem Duft blühender Hortensien, vom Garten hinauf in das

Zimmer des Generalmajors. Daß diesen daraufhin ein Weinkrampf niedergerungen hätte, entspricht nicht den Tatsachen. Seit dem Hinrichtungsbefehl lebte Wilhelm Crisolli nur noch dem Anschein nach. In der folgenden Zeit stand er manchmal abends auf der Terrasse der Villa Contesso und blickte über die Palmen und Bananenstauden hinweg auf die gegenüberliegenden Hänge. Er wußte, was dort oben im Schutz der Berge, Bäume und Macchia vor sich ging. Der Anblick der Landschaft katapultierte ihn zurück. Der Instinkt des der Reinheit des Waldes ergebenen königstreuen Jägeroffiziers war wacher denn je.

Die Erschießung der drei Opfer fand wenige Tage nach dem 20. Juli statt. Nach dem mißlungenen Attentat auf den »Führer« war der Hitlergruß auch in der Wehrmacht verbindlich. Der Mann der Stunde war jetzt der für die Ideologisierung der kämpfenden Truppe zuständige NSFO, der Nationalsozialistische Führungsoffizier. Das Standesbewußtsein des sich unpolitisch dünkenden Offiziers alter Schule hatte endgültig ausgedient. Wilhelm Crisolli soll angeblich dem Führer und der Partei voller Abneigung gegenübergestanden haben. Daran mochte etwas Wahres sein. Für einen deutschen Generalmajor, der italienisch sprach, einen italienischen Nachnamen trug und den 20. Juli in Italien erlebte, hatten sich jedoch die politisch-moralischen Gewissenskonflikte verdoppelt. Die Loyalitätsfrage stellte sich Wilhelm Crisolli nicht nur auf deutsch, sie stellte sich ihm auch auf italienisch. Aber nichts lag ihm ferner, als ausgerechnet in dieser Stunde der Bewährung mit sich uneins zu sein. Als ehemaliger Lehrer einer Kriegsschule war er ein Kenner der preußischen Militärgeschichte, wußte er vom Schwenk Preußens ins Lager der Feinde Napoleons 1812. Ein neuer Yorck von Wartenburg, der sich um der Befreiung von dem Tyrannen willen der Gehorsamspflicht entzieht und in

Feindesland überläuft, solch ein Abtrünniger war Wilhelm Crisolli jedoch nicht. Seinen inneren Partisanen unterwarf er.

In der Statistik der von deutschem Militär an italienischen Zivilisten begangenen Gewalttaten und Kriegsverbrechen ist die Erschießung von Nocchi kein bedeutendes Ereignis. Außer weniger kurz nach dem Krieg erschienener Lokalchroniken erinnerte sich bald niemand mehr daran. Blutige Aktionen wie diese waren im heißen Sommer 1944 nichts Außergewöhnliches. Einzelne Zivilisten grundlos nebenher niederzumachen, gehörte zur Tagesordnung. Im August eskalierten die Ausschreitungen. Es kam zu Massakern, bei denen die Ermordeten nach Hunderten zählten. Verantwortlich war in allen Fällen die 16. SS-Panzergrenadier-Division »Reichsführer SS«. Während des Rückzuges der deutschen Armee auf die Grün-Linie war sie ebenfalls ins apuanische Hinterland verlegt worden. Ihre »Säuberungs- und Vergeltungsaktionen« dienten der »Bandenbekämpfung«. Binnen zweier Monate hinterließ die SS-Einheit, überwiegend junge Männer zwischen siebzehn und neunzehn, eine von der Gegend um Pisa über die Versilia und das Carrara-Massiv bis nach Marzabotto reichende Blutspur. Mit siebenhundertsiebzig Opfern, überwiegend Alte, Frauen und Kinder, war das südwestlich von Bologna liegende Marzabotto Höhepunkt und Abschluß der Mordaktionen. Dieses größte an italienischen Zivilisten begangene deutsche Kriegsverbrechen fand Ende September, Anfang Oktober statt. Zu diesem Zeitpunkt war Wilhelm Crisolli bereits tot. Im August lebte er noch. In diesem Monat mordete und brandschatzte die SS-Division im Carrara-Massiv, später in der Nähe von Lucca. In Sant' Anna di Stazzema kam es am 12. August zum größten in der Toskana begangenen Massaker. Über fünfhundert Zivilisten wurden getötet, meist Frauen und Kinder. In den darauffolgenden Tagen und Wochen kamen Hunderte von Zivilisten in weiteren Massakern um, wurden Tausende zum Arbeitseinsatz verschleppt.

So sah die Nachbarschaft des Generalmajors Wilhelm Crisolli aus, so ging es im Sommer 1944 rund um Nocchi zu.

Der Park der Villa Contesso war ein anheimelnder Ort, Tannen, Palmen, Oleander- und Kiefernbäume versperrten neugierigen Blicken die Sicht. Wie der gesamten Bepflanzung merkte man vor allem den farblich sorgsam aufeinander abgestimmten Blättern und Nadeln des blickversperrenden Grenzwäldchens die versierte Hand eines Gärtners an. Zier- wie Nutzgarten waren der Macchie, inmitten derer die Villa lag, mit Sachverstand und Schönheitssinn abgetrotzt worden. In einem ockerfarbenen Quergebäude befanden sich die Wirtschafts- und Küchenräume. Davor stand eine Reihe großer Terrakottakübel mit Zitronen- und Orangenbäumchen, dahinter begann der Obstgarten mit Birnen, Äpfeln, Feigen und Quitten. Was rings um ihn blühte, davon hatte Wilhelm Crisolli keine Ahnung, aber was er sah, beruhigte ihn. Er dachte an Potsdam, verblüfft darüber, wie ähnlich italienische Gärten denjenigen von Sanssouci waren, wo er so oft mit seiner Tochter spazierengegangen war. Glienicke, das Belvedere, die Orangerie, die römischen Bäder, das weiße Spinnwebschloß auf der Pfaueninsel. Eine italienische Ideallandschaft, ein arkadisches Reich vollkommener Glückseligkeit und Schönheit, einen Garten hatte Friedrich Wilhelm IV. rund um Potsdam schaffen wollen. Der Generalmajor befand sich am Originalschauplatz preußischer Italiensehnsucht. Er schüttelte sich. Dann war er wieder der alte.

Wilhelm Crisolli beschränkte sich jetzt fast ganz auf die Gesellschaft seiner Offizierskameraden. Abends spielte er wie besessen mit ihnen Bridge. Er begann sich der italienischen Männer zu erinnern, die in der Villa Contesso lebten. Er hatte sie nur selten zu Gesicht bekommen, wußte, daß es drei waren: Signor Donzelli, der Vater der hübschen Mädchen, Remo Polacchini, der Ehemann von Gianna Contesso, sowie deren Bruder Giulio Contesso. Wehrfähige italienische Männer in Zivil waren ihm von Grund auf verdächtig, strenggenommen durfte es sie gar nicht geben. Der Generalmajor entschloß sich, die drei zu überprüfen, und auf leisen Sohlen schlich sich der Krieg in die Villa ein. Vom Frieden war der mäandernde Mehrfrontenkrieg, der jetzt entbrannte, ebenso undeutlich geschieden wie der die Villa Contesso umgebende Garten vom Wald. Zu Anfang wurden nur Worte schmerzhaft wie Gewehrkugeln gewechselt, am Ende außer Kugeln nichts mehr. Die Oase der Teegespräche verdorrte. In den Garten der Villa Contesso hielt die uralte Wut Einzug, die sich in Schüssen und getöteten Feinden entlädt und sich in den Wäldern findet, zu denen in diesem Augenblick des Krieges die Geschichte überlief. Frei würde nur sein, wer es auf die andere Seite des Waldes schaffte.

Wilhelm Crisolli war geneigt, manche Dinge in Nocchi nicht überzubewerten, das Verhältnis zu den Dorfbewohnern gestaltete sich schwierig genug. Die Leute in Nocchi hatten noch nie so furchtbar bleiche Männer gesehen, die blauen Augen und blassen Gesichter der deutschen Soldaten machten ihnen angst, deshalb drückte der Generalmajor dann und wann ein Auge zu. Einmal zerschnitt ein Bauer versehentlich beim Unkrautjäten ein Kabel, ein anderer wurde beim Tabakschmuggel erwischt. Der Commandante ließ sie ungestraft davonkommen. In Nocchi galt er deshalb als höflich und korrekt. Korrektheit hieß für Wilhelm Crisolli, sich an die Vorschriften zu halten. Auch gegenüber den Herren Donzelli, Polacchini und Contesso. Dem sich ängstlich anbiedernden Signor Donzelli aus Pistoia schien die Frau davongelaufen zu sein, allein um das Wohlergehen seiner Töchter besorgt, wirkte er harmlos. Bei Remo Polacchini und Giulio Contesso sah die Sache anders aus. Die beiden waren Offiziere der italienischen Armee. Signor Polacchini war allerdings nicht mehr im aktiven Dienst. Im Abessinienkrieg des Duce hatte er sich mit Malaria infiziert. Seitdem war er Fabrikant, sein Unternehmen war ausgebombt. Ein amtliches Dokument bestätigte seine Wehruntauglichkeit. Wilhelm Crisolli bat ihn, den Raum zu verlassen. Vor Malaria hatte er Angst, im August des vorhergehenden Jahres war er während der Kämpfe um Charkow selbst daran erkrankt. Vom Tod umgeben, fürchtete er den Tod. Um Giulio Contesso, kaum jünger als der Generalmajor, stand es bedenklicher. Zur Rede gestellt, gab er zu, er sei Fregattenkapitän der königlichen italienischen Flotte. Wilhelm Crisolli nahm die Freimütigkeit dieses Geständnisses nicht ohne Bewunderung zur Kenntnis. Der Stolz, den Capitano di fregata Giulio Contesso an den Tag legte, war eines standesbewußten Offiziers würdig. Dennoch lag für Wilhelm Crisolli der Fall klar. Er hatte einen Deserteur vor sich. Er mußte handeln.

Ein Jahr zuvor und die beiden, die jetzt als Feinde aufeinandertrafen, hätten sich noch als Freunde gegenübergestanden. Am 8. September 1943 war jedoch alles anders geworden. An diesem Tag war der »Stahlpakt« zwischen dem faschistischen Italien und dem nationalsozialistischen Deutschland zerbrochen. Italien hatte kapituliert und mit den Alliierten einen Waffenstillstandsvertrag abgeschlossen. Seitdem gab es keine reguläre italienische Armee, auch keine königliche italienische Flotte mehr. Der Duce war bereits im Juli auf Verfügung des Königs Viktor Emmanuel III. entlassen und verhaftet worden. Nach dem 8. September schlug das NS-Regime zurück. Mussolini wurde im Handstreich befreit und in Salò am Gardasee an die Spitze einer faschistischen Marionettenrepublik gestellt.

Unter dem Codewort »Achse« demobilisierte die Wehrmacht die italienische Armee nach dem Grundsatz, wer nicht für uns ist, ist gegen uns. Entwaffnete italienische Soldaten wurden als Zwangsarbeiter nach Deutschland deportiert oder auf der Stelle getötet. Behielten sie ihre Waffen, brachen sie, gezwungen, unter deutschem Kommando weiterzukämpfen, den Eid, den sie auf ihren König geleistet hatten.

Giulio Contesso wählte, um sein Leben zu retten und seine Offiziersehre zu wahren, den einzig möglichen Ausweg. In der Hoffnung, nicht entdeckt zu werden, zog er die Uniform aus und ging wie viele andere seiner Kameraden nach Hause. Der Capitano konnte nicht damit rechnen, daß ihn irgendwann ein Wilhelm Crisolli aufstöbern würde, der in Fällen wie diesen keine Nachsicht kannte. Der Deutsche trug zwar einen italienischen Namen. Aber was in diesem Land vor sich ging, schien er, wiewohl ihm dessen Sprache erstaunlich leicht über die teutonischen Lippen ging, nicht zu verstehen. Offenbar weigerte er sich, das ebenso grausame wie tödliche Verwirrspiel des Bürgerkriegs, in das sich Italien durch die deutsche Okkupation gestürzt sah, zur Kenntnis zu nehmen. Anders als im befreiten Süden ging es in der Mitte und im Norden drunter und drüber. Dort kämpften die Deutschen gegen die Alliierten in einem regulären Frontenkrieg, an dem auch italienische Soldaten beteiligt waren. Im Rücken der Front gab es jedoch immer mehr bewaffnete italienische Zivilisten, die gegen die Okkupanten und deren einheimische Helfershelfer Widerstand leisteten. Der weitaus größte Teil der italienischen Bevölkerung sehnte hingegen schwankend zwischen passivem Widerstand und passiver Kollaboration das Ende des Krieges herbei.

Wilhelm Crisolli übersah, daß es in der Villa Contesso ähnlich undurchsichtig zuging. Er hatte die Botschaft des närrischen

Heckentheaters überhört, in das er ganz zu Anfang seines Italienaufenthaltes in der Villa Reale di Marlia geraten war. Rollentausch und Maskenspiel waren in Bürgerkriegen nichts Ungewöhnliches. Unter feindlichen Brüdern tat man gut daran, an einem Tag diese und am nächsten jene Maske vorzunehmen oder auch gleich zwei Rollen auf einmal zu spielen. Das mochte nicht besonders ehrenhaft sein, erhöhte aber die Überlebenschancen. In einem italienischen Verwirrspiel wie diesem war es deshalb nur eine Frage der Zeit, bis sich ein Mann seines Familiennamens in anderer Gestalt fortwährend selbst über den Weg laufen würde. Vor dem Verhängnis, daß sich der Capitano di fregata Contesso und der Commandante Crisolli als Doppelgänger gegenüberstanden, gab es kein Entrinnen.

Der sogenannte Kugelerlaß vom März 1944 verordnete, aufgegriffene fahnenflüchtige italienische Offiziere müßten deportiert und der Gestapo überstellt werden. Zusammen mit anderen Gefangenen aus der Villa Doroni ließ Wilhelm Crisolli den Capitano nach Lucca schaffen. Unterwegs stoppten Partisanen den Lastwagen. Es kam zu einer Schießerei, die viele Opfer kostete. Giulio Contesso blieb unverletzt, gemeinsam mit anderen Überlebenden floh der königstreue Offizier und versteckte sich in den Wäldern.

In der Folge dieses Vorfalls schlossen sich die italienischen Bewohner der Villa Contesso enger denn je zusammen. Sie zogen in das oberste Stockwerk und mieden den Kontakt mit den Deutschen. Allen in der Villa war bekannt, daß der Capitano, da man nach dem Überfall seine Leiche nicht gefunden hatte, noch leben müsse.

Eines Tages suchte Wilhelm Crisolli Maria Contesso auf. Falls sie eines Tages erfahren würde, wo ihr Sohn stecke, teilte er ihr mit, habe sie ihm dessen Aufenthaltsort mitzuteilen. Andernfalls sei er gezwungen, ihren Schwiegersohn Remo Polacchini erschießen zu lassen.

Wenig später verließen sämtliche italienischen Bewohner heimlich die Villa. Der Generalmajor kümmerte sich nicht mehr darum. Seine Zeit war abgelaufen. Bald würde er Nocchi verlassen. Die Alliierten rückten näher.

Am letzten Augusttag wurde die Villa Contesso von der 16. SS-Panzergrenadier-Division als Gefechtsstand übernommen. Der Schrecken, den sie unter ihrem Kommandanten Max Simon verbreitete, überlagerte in der Erinnerung der Dorfbewohner fast alles, was vorher geschehen war. Am 2. September wurden etwa vierzig Männer in die Villa Graziani eingeliefert. Die SS hatte sie in der Certosa di Farneta aufgegriffen, einem Kloster wenige Kilometer nordwestlich von Lucca. Bei den Deportierten handelte es sich teils um Patres, teils um Zivilisten, die sich schutzsuchend in das Kloster geflüchtet hatten. Sie wurden als »Bandenverdächtige« abtransportiert und in »Geiselhaft« genommen. Zwei Tage später töteten Partisanen einen Arzt der SS bei einem Überfall auf offener Straße. Daraufhin ließ Gruppenführer Simon fünfunddreißig der Gefangenen ermorden. In dem nicht weit von Nocchi entfernten Dorf Piopetti wurden die von Gewehrsalven durchsiebten Körper mit Stacheldraht an die Äste einer von Bäumen gesäumten Straßenkreuzung geknüpft.

Zu diesem Zeitpunkt war die Division des Generalmajors unterwegs in den Raum Forli an der adriatischen Küste. Die Contesso und Donzelli waren mittlerweile in Torcigliano untergekommen. Dort hatten sie bei dem Mann Unterschlupf gefunden, der in der Villa Contesso das Olivenöl gepreßt und dort für die Partisanen die Augen offengehalten und Informationen gesammelt hatte.

Nach vielen Kurven und Kehren endete in Torcigliano die Straße. Noch eine Kapelle, darin eine Madonnenrelief aus weißem Marmor mit der Jahreszahl 1638, dann begannen die Bergwälder.

Im September 1944 hatte sich der Wald, die Heimstatt der Partisanen, in der nördlichen Toskana über das Land und die Dörfer ausgebreitet, sogar in kleinen und großen Städten zeigte er sich. Vor allem aber beherrschte der Wald das Gebirge. Die 20. Luftwaffen-Felddivision war seit August wieder dem 14. Panzer-Korps unterstellt. Dessen Befehlshaber Frido von Senger und Etterlin hatte in der zweiten Augusthälfte seinen Korpsgefechtsstand aus der Gegend von Pistoia in die Nähe von Bagni di Lucca verlegt. Ende des Monats schlug er sein Quartier innerhalb des Ortes auf. Dort fühlte er sich sicherer. Die deutschen Besatzer konnten sich kaum mehr frei bewegen, Überfälle waren an der Tagesordnung. Die Paßstraßen, die über den Apennin in die Po-Ebene führten, standen nicht mehr unter ihrer Kontrolle. Die Partisanen konnten nur selten gestellt werden, sie zogen sich ins Hochgebirge zurück, wo sie jeden Stein, jeden Baum, jede Hütte kannten. Für die deutschen Truppen erstreckte sich dort nichts als namenlose Landschaft. Die Ungreifbarkeit der Partisanen beantworteten sie mit verschärften Repressalien gegen die Zivilbevölkerung. Die Repressalien erzeugten Haß und Gegengewalt. In der letzten Augustwoche begann die alliierte Offensive gegen die Goten-Linie. Anders als von den Deutschen erwartet, setzte sie nicht frontal, sondern an der adriatischen Küste bei Rimini an der schwachen Flanke ein. Bald lagen auch Prato und Pistoia unter alliiertem Bombenhagel. Die Ernährungslage verschlechterte sich. Schwarzmärkte boten Lebensmittel zu unerschwinglich hohen Preisen an. Die Zivilbevölkerung suchte jenseits des Apennin in der Emilia-Romagna Zuflucht, in der Provinz Pistoia begann die staatliche Ordnung der faschistischen Republik zusammenzubrechen. Die Stunde der Comitati di Liberazione Nazionale (CLN), der Nationalen Befreiungskomitees, und ihrer lokalen Widerstandsgruppen schlug.

Seine letzte Dienstfahrt unterbrach Wilhelm Crisolli in Bagni di Lucca. Vermutlich am 9. September lud er dort seinen Vorgesetzten zum Frühstück ein. Es war ein Abschiedstreffen, die 20. Luftwaffen-Felddivision schied aus dem Panzerkorps des Generals von Senger und Etterlin aus, die meisten Truppenteile standen bereits auf die Nordseite des Apennin. Warum sich Wilhelm Crisolli zu diesem Zeitpunkt noch immer in den Apuanischen Alpen aufhielt, bleibt rätselhaft.

Stimmte es, daß der Generalmajor auf seinem Rückzug von der Front ohne Begleitschutz unterwegs war? General von Senger und Etterlin erinnerte sich nach dem Krieg, zu jener Zeit habe er sich im militärischen Alltag möglichst unauffällig verhalten. Dank dieser Regel sei ihm, so seine Vermutung, möglicherweise das Schicksal Crisollis erspart geblieben. Weder an seinen Fahrzeugen noch an seiner Uniform habe er, so von Senger und Etterlin, auffällige Abzeichen zu erkennen gegeben. Wilhelm Crisolli verhielt sich offenbar sorgloser. Seinem Automobil, kein Mercedes, sondern ein offener Kübelwagen, sollen zwei Motorräder mit Beiwagen vorausgefahren sein. Außer ihm saßen darin der Chauffeur, Adjutant Lämpe sowie ein Soldat mit Maschinengewehr. Dahinter folgten drei weitere Fahrzeuge. Wer solch einen Konvoi sah, wußte nicht nur, hier kommt ein Chef, er konnte den Chef ins Visier nehmen. Wollte Wilhelm Crisolli seinen Rang, seine Bedeutung demonstrieren? Waren immer noch Eitelkeit, Stolz, Machtwille im Spiel? Oder glaubte er, ein gut bewaffneter Begleitschutz böte die beste Gewähr für seine Sicherheit? Das wäre möglicherweise der entscheidende Denkfehler gewesen.

Der Generalmajor hätte mißachtet, daß Tarnung auch für ihn die beste aller Waffen sein würde. Sollte sein Denken derart borniert gewesen sein, daß er auch jetzt noch glaubte, es brächte Ehre ein, die Waffen offen sowie Generalsuniform zu tragen? In diesem Fall hätte Wilhelm Crisolli ignoriert, daß er in den Apuanischen Alpen selbst zur Entfesselung des kleinen Krieges beigetragen hatte, der ihn nun zu verschlingen drohte. Vielleicht hat er die Besonderheit der Landschaft, durch die ihn sein letzter Weg führte, aber auch nicht übersehen, sondern ohne viel Aufhebens die gewohnte Kleiderordnung befolgt.

Auf den ersten Blick ohne jede Ähnlichkeit mit einer Front, einer Kampflinie oder einem Schlachtfeld, war auch der Appennino Pistoiese eine gut getarnte Kriegslandschaft. Ihr wichtigster Knotenpunkt war Campo Tizzoro. Ein Ortsfremder wie Wilhelm Crisolli mochte glauben, er passiere eine unterentwickelte Bergregion. Eisenhütten, Papierherstellung und Holzverarbeitung hatten sich hier jedoch bereits in der zweiten Hälfte des 19. Jahrhunderts angesiedelt. Die einheimische Bevölkerung war an Maschinenarbeit gewöhnt, gut ausgebildet und sozial abgesichert. Man hatte Straßen gebaut, Eisenbahnschienen verlegt und Leitungen für elektrischen Strom gelegt. Bald brachten die Züge die ersten Sommerfrischler aus den Städten hinauf in die Bergwelt. 1911 hatte die Familie Orlando den Stabilimento Metallurgico Italiano (SMI) in Campo Tizzoro gegründet. Am 8. September 1943 brachten die Deutschen die auch Forschungs- und Testzwecken dienende Waffenschmiede des Duce unter ihre Kontrolle. Leitender Direktor wurde Ingenieur Kurt Kayser.

Spätestens als Wilhelm Crisolli in Campo Tizzoro die Montagehallen aufgereiht an der Straße liegen sah, hätte er alarmiert sein müssen. Der Ort war streng kontrolliertes militärisches Sperrgebiet. Ohne Passierschein kam niemand hinein oder hinaus. Dennoch war die Sicherheit trügerisch. Der Generalmajor war in einer der gefährlichsten Zonen des Apennin angelangt. Kaum eine offene Handlung, die hier nicht ihre verdeckte Seite besaß. Eine Fabrikationsstätte wie diese weckte zwangsläufig mehr als nur von einer Seite Begehrlichkeiten. Eine antifaschistische Opposition von Arbeitern war in der SMI schon 1939 entstanden. 1943 hatte es Streiks und Demonstrationen gegeben. Allmählich hatte sich die Waffenfabrik zum Stützpunkt des irregulären militärischen Widerstands, die umgebende Bergwelt zu dessen Rückzugsgebiet entwickelt. Bei den Sabotageunternehmen innerhalb der SMI ging es weniger um Behinderung als um ein von der Kooperation mit den Deutschen kaum unterscheidbares Verhalten. Ein bestimmtes Quantum der Produktion wurde abgezweigt und in die Berge geschmuggelt. Welche Art von Waffen produziert wurde, erfuhren die nur wenige Kilometer entfernten Alliierten durch Meldegänger. Weder den Alliierten noch den Partisanen war an der Zerstörung des SMI gelegen, jeder wollte das Unternehmen unversehrt in seine Hände bekommen. Das war auch dem Ingenieur Kurt Kayser bekannt, dem letzten maßgeblichen zivilen Akteur dieser Region. Am reibungslosen Funktionieren seines Betriebes interessiert, vermied er allzu große Risiken und stellte für seine Arbeiter großzügig Passierscheine zum Verlassen der Sperrzone aus. Er wußte, daß nur der überlebte, der die Spielregeln der Camouflage beherrschte.

Im nachhinein mochte die Resistenza die Bedeutung ihrer militärischen wie politischen Kampfkraft für die Befreiung Italiens mythisch überhöht haben. In der Umgebung von Maresca, Campo Tizzoro, Pontepetri, Pracchia und Olivacci entwickelte sich jedoch tatsächlich eine Art verdeckt ausgetragener Volkskrieg. Nicht ohne Grund hatte das zuständige deutsche

Wehrmachtskommando die Gegend schon im Juni 1944 zum
»Bandengebiet« erklärt. Den bewaffneten Widerstand organisierte das im SMI fest verwurzelte Nationale Befreiungskomitee von Campo Tizzoro zusammen mit dem des Nachbardorfes Pracchia. Beide kooperierten mit der Brigata Garibaldi »Gino Bozzi«. Manchmal schickten die Komitees auch verirrte Flüchtlinge und politisch Verfolgte, die untertauchen mußten, hinauf in die Berge, wo sie die Brigata Bozzi aufnahm. Deren Kommandanten waren eigensinnig wie störrische Esel. Übergeordnete Kommandostrukturen anzuerkennen, ging ihnen lange gegen den Strich. Am wenigsten waren sie sich untereinander einig, die ideologischen Differenzen zwischen den Kommunisten und Christdemokraten ließen sich nicht überbrücken. Bald kämpften vier verschiedene Formationen für ihr eigenes Stück Erde. Sie hießen »Paolo«, »Sergio Giovanetti« und »Primo Filoni«. Nur die aus Pracchia waren namenlos. Sie hießen »die aus Pracchia«, nichts weiter.

Der letzte Lebenstag, die letzten Minuten Wilhelm Crisollis verschwimmen im Nebel des Krieges. Als alles vorüber war, liefen die Erzählungen darüber auseinander. Selbst die unmittelbar Beteiligten wußten nicht mehr genau, was eigentlich geschehen und wie es zu dem Überfall gekommen war.

Am Spätnachmittag jenes Tages versammelten sich etwa fünfzehn der Leute aus Pracchia an der Forra degli Olivacci. Je eine Fünfergruppe verbarg sich in der Macchia, der Rest unter der Brücke, die über den Gebirgsbach führte. Eine Salve abfeuernd, sprang Ludovico Venturi als erster auf die Straße. Das von den Deutschen sofort erwiderte Feuer streckte ihn auf der Stelle nieder, wild um sich schießend, zogen sich die Partisanen zurück. Dem Kugelhagel fielen Wilhelm Crisolli, der sich verblüfft im Fond des Wagens erhoben hatte, und sein Chauffeur zum

Opfer. Aufgabe der Partisanen war es, die Reibungslosigkeit des deutschen Rückzugs zu behindern. Friktionen zu erzeugen, war ihr militärischer Daseinszweck. Im nachhinein schien auch die Erinnerung der Brigata Bozzi an den Überfall auf Wilhelm Crisolli Opfer dieser militärischen Strategie geworden zu sein, sie verlief alles andere als reibungslos. In den verschiedenen regionalhistorischen Publikationen, die in den Jahrzehnten nach der Aktion erschienen, herrschte bald sowohl über den Zeitpunkt als auch über die Identität des Opfers wie der Täter Unklarheit. Hatte das Attentat nicht doch schon Ende August stattgefunden? War der Deutsche, der erschossen worden war, tatsächlich Wilhelm Crisolli? Konnte sich die Brigata Bozzi die Tat anrechnen oder ging sie auf das Konto ihrer schärfsten Konkurrentin, der Brigata Pippo? Der Nebel der Friktionen ließ nur wenige unumstößliche Fakten übrig. Der an der Aktion beteiligte Ermenegildo Puccinelli, den sie »Fulmine«, »Blitz«, nannten, behauptete wenige Jahre nach dem Krieg, das Kommando der Brigade habe den Leuten von Pracchia einen Hinweis auf die Durchfahrt des Generalmajors gegeben. Ein anderer, der 1944 sechzehn Jahre alt war, meinte hingegen, niemand habe davon Ahnung gehabt. Die Männer aus Pracchia hätten nur den Rückzugsweg des deutschen Konvois gekannt, mehr nicht. Das gab der ehemalige Partisan Amerigo Calistri zu Protokoll, als er im Sommer 2001 dem Regionalhistoriker Daniele Amicarella Auskunft über »das mysteriöse Ende« Wilhelm Crisollis gab.

Fest steht, daß der Generalmajor, sein Fahrer und der Partisan Ludovico Venturi, genannt »Molotow«, an der Forra degli Olivacci am Sonntag, dem 10. September 1944, tödlich verwundet wurden. Die Partisanen kamen nachweislich aus Pracchia.

Unwahrscheinlich ist, daß der »Tarzan« genannte Anführer der Brigata Bozzi über die Durchfahrt Wilhelm Crisollis nicht informiert gewesen sein soll. Daß der Rest seiner Mannschaft davon keine Kenntnis hatte, ist hingegen wahrscheinlich.

Unwahr ist, daß der gewaltsame Tod des Generalmajors nicht mit Repressalien beantwortet wurde. Zwei Tage später wurden etwa vierzig Einwohner aus Pracchia gefangengenommen, dank der Intervention Kurt Kaysers aber wieder freigelassen.

Nicht völlig aus der Luft gegriffen war, daß Wilhelm Crisolli darum gebeten haben soll, auf Repressalien zu verzichten. Nach übereinstimmenden Zeugenaussagen trug Ludovico Venturi eine Uniform der Bersaglieri, der italienischen Scharfschützentruppe. Möglicherweise hielt der Generalmajor bis zum letzten Atemzug daran fest, Reguläres zu ehren und Irreguläres zu bestrafen.

Nicht mehr festzustellen ist, wann und wo Wilhelm Crisolli starb. Möglicherweise wurde er in das Militärkrankenhaus von Modena transportiert, wo er zwei Tage nach dem Überfall seinen schweren Verletzungen erlag.

Kurze Zeit nach dem Begräbnis in Modena trafen die wenigen persönliche Dinge, die Wilhelm Crisolli in der Stunde seines Todes am Leib trug, bei seiner Familie ein. Ritterkreuz, Armbanduhr, Notizbuch, Brieftaschen. Auch der Eulenring fand den Weg zurück nach Hinterpommern. Die Generalin blickte für einige Sekunden in das Vogelgesicht mit den grünen Edelsteinaugen, steckte sich den Ring an den Mittelfinger, und Italien begann im Nebel des familiären Gedächtnisses zu versinken.

Der Krieg ist ein Roman, den die Frauen erzählen

Die Mauer vollkommenen Schweigens, die keiner Frage gestattet, sich im Warteraum möglicher Antworten umzusehen, diese Mauer gab es nicht. In meiner Familie war Gräfin Johanna, die Cousine meiner Mutter, die einzige Zeitzeugin, die an Wilhelm Crisolli eine lebendige Erinnerung besaß. Zwischen den beiden Frauen bestand ein reger Austausch, häufig besuchten sie sich gegenseitig. Die Gräfin war sieben Jahre älter als ihre Cousine, die Generalstochter schien das Gedächtnis verloren zu haben, das der Gräfin quoll über. Fast achtzig Jahre alt, lebte Gräfin Johanna seit mehr als einem halben Jahrhundert im mainfränkischen Castell. Ich brach zu meiner vorletzten Expedition auf. Ich kannte Castell seit meiner Kindheit, war aber jahrzehntelang nicht dort gewesen. Wenn ich jetzt hinfuhr, war es wie eine Ruckkehr in eine neue Zeit.

Castell liegt im Maindreieck östlich von Würzburg an den Hängen des Steigerwalds. Immer wenn ich meine Tante besuchte, kam es mir so vor, als erfahre ich in dem Zweitausend-Seelen-Dorf, in dem sie lebte, einen höheren Grad deutscher Wirklichkcit. In dieser Provinz, so schien mir, erinnerte sich Deutschland an eine Zeit, als es Deutschland noch gar nicht gab. Eine ehemaliges Fürstentum wie Castell machte deutlich, wie prägend die Kleinstaaterei für die verspätete deutsche Nation noch immer war. Auch wenn unserer Mittelstandsgesellschaft die Geschichtsmacht des Adels fremd ist, in der kleinstaatlich-provinziellen Wirklichkeit Castells hat er noch das Sagen. Die 1901 in den Fürstenstand erhobene gräfliche Familie residiert dort seit fast tausend Jahren und ist eines der ältesten deutschen Adelsgeschlechter. Das Dorf schart sich um ein aus ockerfarbenen Sandsteinquadern erbautes und von einem Park umgebenes Barockschloß. Der dort residierende Fürst ist der wichtigste Unternehmer der Gegend. Der Wein, der auf den Casteller Hügeln angebaut wird, ist ein wichtiger Wirtschaftsfaktor und zugleich Ausdruck der Traditionspflege.

Albrecht Fürst zu Castell-Castell, derzeitiges Oberhaupt der Familie, setzt sich für die Versöhnung von Deutschen und Juden ein. Er fördert nicht nur die Entwicklung der jüdischen Kultur in Mainfranken, sondern unterstützt auch deutsch-jüdische Projekte in Israel. Das Engagement ist Teil familiärer Wiedergutmachung. Carl Fürst zu Castell-Castell, Albrechts Vater, war wie viele deutsche Adlige 1933 in die NSDAP eingetreten. Im Ersten Weltkrieg Offizier des Bamberger Königlich Bayerischen 1. Ulanen-Regiments, war der passionierte Reiter 1928 Vorsitzender der fränkischen »Ländlichen Reit- und Fahrvereine«, nach der Gleichschaltung wurde er 1935 Gruppenreiterführer der SA-Gruppe Franken. Während des Zweiten Weltkriegs kämpfte der dem Vernichtungskrieg seines Führers treu ergebene Fürst Carl als Offizier seines Regiments 1941 zunächst auf dem Balkan, nach einem Zwischenspiel auf den Lofoten an der Ostfront. Bei Kriegsende hielt er sich im oberschlesischen, kurz darauf im böhmisch-mährischen Raum auf. Am 9. oder 10. Mai 1945 geriet er während der chaotischen Absetzbewegungen deutscher Truppen östlich des böhmischen Dorfes Ronov in einen Hinterhalt und wurde durch Kopfschuß getötet. Ob der gerade achtundvierzigjährige Fürst Carl sowjetischen Soldaten, tschechischen Partisanen oder, wie die Ronover Dorfchronik behauptete, Deutschen zum Opfer fiel, konnte nie geklärt werden.

Castell ist kein mainfränkisches Dorf wie jedes andere. Die Dorfbewohner sind stolz auf ihre adlige Herrschaft, hier gibt es nicht bloß einfache Leute, hier gibt es eine gute Gesellschaft. Die Casteller sprechen Johanna als »Frau Gräfin« an. Mit Blick auf das nahe Schloß lebt sie in einem hoch aufragenden, gleichfalls aus heimischem Sandstein erbauten Renaissancegebäude. Dort bewohnt sie eine geräumige Wohnung. Das dunkelrote Fachwerk in dem Zimmer, in dem ich gewöhnlich schlief, zeigte die Jahreszahl 1625. Im Stockwerk darunter liegt das Fürstlich Castell'sche Archiv. Mit seinen achttausend Urkunden auf zirka tausend laufenden Regalmetern ist es eines der bedeutendsten bayerischen Privatarchive. Geschichte ist in Castell von der Archivalie über das historische Gepräge des Dorfes bis zu dem seit mehr als dreihundertfünfzig Jahren kultivierten Silvaneranbau alltägliche Gegenwart. Auch die Wohnung der Gräfin ist keine Ausnahme, jeder, der sie besucht, kann sich bei ihr umsehen wie in einem privates Geschichtsmuseum.

Im Wohnzimmer hat Gräfin Johannas inneres Preußen plastische Gestalt angenommen. Den Mittelpunkt ihres familiären Gedächtnisses bildet das Andenken an ihren vor zwanzig Jahren verstorbenen Gatten. Dieser Raum ist erkennbar kein Damen-, sondern ein Herrenzimmer. Über dem schweren Schreibtisch zeigt eine Genreszene in Öl kleine und große Jagdhunde. Die Wände der Sofaecke sind drapiert mit Gehörnen und Geweihen, Wildschweinhauern sowie dem Fell eines Wildschweins. Es sind die Jagdtrophäen des verstorbenen Grafen Georg. Der Graf war fast fünfundzwanzig Jahre der Forstverwalter des Fürsten. Er war kein Hiesiger, sondern ein Flüchtling und entstammte einem der berühmtesten Adelsgeschlechter Preußens. Staatsdiener *par excellence,* waren sie Militärs, Kronprinzenerzieher, Kabinettsminister unter drei preußischen Königen.

Loyalität gegenüber den Hohenzollern gilt noch immer etwas im Haus der Gräfin. Die Kupferstichporträts in ihrer Wohnung zeigen preußische Herrscher, vorzugsweise den Großen Kurfürsten, den Soldatenkönig Friedrich Wilhelm I. und immer wieder Friedrich den Großen. Graf Georg wurde nicht auf dem ostpreußischen Stammschloß, sondern in Pommern geboren. Besäße das Casteller Wohnzimmer einen offenen Kamin, repräsentierte es das typische ostelbisch-preußische Herrenzimmer. An ein abgesägtes, an der Wohnzimmerwand befestigtes Stück Ast krallt sich eine ausgestopfte Nebelkrähe. Graf Georg hat sie, wie Johanna gerne erzählt, vor vielen Jahren persönlich erlegt. Unter lauter dunklen Krähen sei ihm sofort dieses Tier aufgefallen, mitten in Mainfranken habe dieser Sonderling den Grafen an seine Heimat erinnert, die pommerschen Ackerfurchen seien allein von graugefiederten Nebelkrähen bevölkert gewesen.

Als ich mit Gräfin Johanna länger als gewöhnlich sprach, war es heißer als in der Toskana. Dennoch verließen wir ihr kühles Haus, um uns hangaufwärts an den Dorfrand zu begeben. Dort lag hinter einer Pforte ihr bunt blühender Garten. Er ähnelte einem englischen *cottage garden*, England ist die geheime Liebe der Gräfin, die Pflanzen hat sie zum großen Teil von dort mitgebracht. Seit Jahren reist sie zusammen mit der einen ihrer beiden Töchter nach England, um dort die berühmten Parks zu besichtigen. Viele der Gerätschaften, die sie zur Pflege ihres Gartens benötigt, die Gießkanne, die Handschuhe, die Schäufelchen, sind englischer Herkunft. In ihrem Garten pflegt sie im Sommer gegen fünf Uhr ihren Tee einzunehmen. Wenn es zu heiß ist, erfrischt sie sich lieber mit einer Schorle. Von der Sitzecke des Gartens aus blickt man auf die Weinberge des Kugelspiels, wo der Casteller Silvaner wächst.

Kaum hatten wir unter dem Sonnenschirm Platz genommen, kam sie zur Sache. Ich wisse ja, daß sie als Nichte des Generalmajors dessen Familie oft besucht habe. Für ihre Cousine sei sie so etwas wie die ältere Schwester gewesen. Silvester 1943 müsse es gewesen sein, daß sie ihren Onkel zum letzten Mal gesehen habe. Fast neunzehn sei sie damals gewesen. Sie sei mit ihrer Mutter von Hamburg, wo ihre Familie gelebt habe, wie es ihre Gewohnheit war, wieder einmal in die Niederlausitz gereist. Die Crisollis hätten dort eine wunderbare Villa bewohnt. Weißt du, dein Großvater hatte ja bei der Eheschließung seiner Frau ein standesgemäßes Leben garantieren müssen. Deshalb zogen die beiden, in welcher Garnisonsstadt auch immer, nie in eine der Offizierswohnungen in der Nähe der Kasernen, sondern mieteten immer ein Haus für sich allein. Das hatte nichts mit Verschwendung zu tun. Wie seine Frau konnte auch dein Großvater ohne eine gediegene Umgebung nicht gut leben.

An jenem Silvesterabend hätte sich in der Sorauer Villa eine illustre Gesellschaft versammelt. Für die jungen Leute habe es im Keller einen separaten Raum gegeben, wo sie unter sich hätten feiern können. Im Lauf des Abends habe ihr Onkel vorbeigeschaut, um ein wenig mit ihnen zu plaudern. Einer der jungen Männer habe erzählt, er ginge zur SS. Zum Erschrecken aller habe der Generalmajor diese Auskunft mit der knappen Bemerkung quittiert: »Na, da sind Sie ja jetzt schon verloren.« Genauso mußt du dir ihn vorstellen. Zackig, kurz, knapp, direkt, ein preußischer Offizier, einer, der sich den Mund nicht verbieten läßt.

Ich erzähle dir diese Anekdote, damit du dir, als sein Enkel, ein angemessenes Bild von ihm machen kannst. Mich hat sein Auftritt damals sehr beeindruckt. Wahrscheinlich habe ich deshalb auch die »Kaltstellung« im Gedächtnis behalten. Die lag ja auf der gleichen Linie. Irgendwann während des Rußlandfeldzuges, ich weiß nicht mehr genau, im Sommer 1942 oder 1943, da hat er einen Befehl, der ihm unsinnig erschien, nicht befolgt. Irgendwo bei Leningrad, glaube ich, war es, Luki, Luki, richtig, Welikije Luki, hieß der Ort, sollte er eine Stellung, wie das bei

Hitler immer hieß, »bis zum letzten Mann verteidigen«. Das kam ihm massenmörderisch vor. Er wollte seine Leute nicht opfern. Deshalb führte er den Befehl nicht aus. Daraufhin wurde er nach Hause geschickt.

Er durfte keine Uniform mehr tragen, und man hat ihm sogar eine Wache vor die Haustüre gestellt. Er konnte nirgendwo hin, nicht einmal in die Garnison. Das ging wochenlang so. Keiner wußte, was geschehen würde.

Sie, die Gräfin, sei damals, es war Sommer, in Sorau zu Besuch gewesen, sie könne sich noch an die Stimmung erinnern. Alle seien sehr angespannt, ein Gefühl von Gefahr sei spürbar gewesen. Daß ihre Cousine im Anschluß an diese Affäre in ein Dorf namens Uhyst geschickt worden und bei einer Familie von Kluge Unterschlupf gesucht habe, sei ihr nicht bekannt. Woran ich mich aber erinnere, fuhr die Gräfin fort, ist dein Großvater. Ich sehe ihn noch, wie er im Garten nervös auf und ab gegangen ist. Wie er mit sich selbst gehadert und sich vor sich selbst gerechtfertigt hat, daß er doch nicht anders hätte handeln können, als er es getan habe. Den Nazis, das konnte man nicht allein dieser Situation, sondern seinem ganzen Verhalten entnehmen, hat er mit einer ganz tiefen, inneren Ablehnung gegenübergestanden. Er war sehr streng, auch seiner Tochter gegenüber, aber hinter diese Strenge verbarg sich eine große Menschlichkeit. Er war von Kopf bis Fuß ein Preuße, auch in Zivil. Eben das, wovon es heute nur noch Zerrbilder gibt. Aber für mich, weißt du, sind Disziplin und Pflichtgefühl keine negativen Werte.

Sie erzählte, als habe dieser Vorfall erst gestern stattgefunden. Mich erstaunte, welche Vorbildfunktion mein Großvater für sie nach so langer Zeit noch immer besaß. Ich mußte nicht lange nachfragen. Die Gräfin war eine der wenigen Personen, denen es nichts ausmachte, vom Krieg zu reden. Der Krieg schien für sie der Motor ihrer Erinnerungen zu sein. Warum es sich so verhielt, war mir lange ein Rätsel. In den vielen Gesprächen, die ich mit ihr führte und angesichts der vielen Fotografien, die wir gemeinsam betrachteten, verblüffte mich ihre Auskunftsbereitschaft jedesmal erneut. Erst an jenem Sommernachmittag in ihrem *cottage garden* verstand ich, warum sie davor keine Scheu hatte.

Die Gräfin erzählte ihre Kriegserlebnisse nicht als Leidens-, sondern als Liebesgeschichte. Für alle anderen bedeutete Krieg nichts anderes als Tod und Verderben. Bei ihr war es das Gegenteil. Warum sollte man im Krieg nicht lieben und begehren? Sie hatte die lebensgierigen Untergangsstimmungen nicht vergessen. Bei Kriegsbeginn war die Gräfin fünfzehn und in der Pubertät, bei Kriegsende war sie einundzwanzig und im heiratsfähigen Alter. Sie wuchs im Krieg zur Frau heran, im Krieg lernte sie die Männer und ihre große Liebe kennen. Männer, Liebe und Krieg waren in ihrem Gedächtnis miteinander verschmolzen. Sprach sie über eines, war auch gleich das andere mit dabei.

Ihre ersten Erfahrungen mit dem anderen Geschlecht hatte sie in einer Zeit gesammelt, in der es Männer, vor allem junge, eigentlich gar nicht gab. Männer und Frauen teilten damals kaum mehr dieselben Erfahrungsräume. Gab es Männer, waren es Soldaten, die von der Front kamen und dorthin bald wieder zurückkehrten. Auch Johanna lernte ausschließlich Soldaten kennen, es schienen nicht wenige gewesen zu sein. Glaubte man ihren Andeutungen, war immer einer hinter ihr, der sie heiraten wollte. Sogar unterwegs im Zug sei einmal einer nach ihr verrückt geworden. Für die jungen Frontsoldaten muß sie das ideale Objekt ihrer Sehnsüchte gewesen sein. Wenn ich die Fotografien betrachtete, auf denen sie siebzehn oder achtzehn war, verstand ich, warum. Langbeinig, blond, mit hohen Wangenknochen, wirkte sie mit ihrem leicht hochmütigen Blick abweisend und verlockend zugleich. Sie nur einmal besitzen, mochten die jungen Landser gedacht haben, die ihr über den Weg liefen, und alles, was noch geschieht, kann dir egal sein.

Aber Johanna mißtraute jungen Männern. Männer ihrer Generation kamen für sie als Vorbilder nicht in Betracht. Nach Männern jedoch, die Vorbilder waren, suchte sie, wie mir schien, fast verzweifelt offenbar den ganzen Krieg hindurch. Warum hätte sie mir sonst den Krieg, ihren Krieg, am Leitfaden der Männer erzählen sollen?

Als es in Hamburg wegen der Luftangriffe zu gefährlich wurde, flüchteten die Gräfin und ihre Mutter für die letzten anderthalb Kriegsjahre ins vermeintlich sichere Freiburg im Breisgau. Dort arbeiteten die beiden Frauen in einem sogenannten kriegswichtigen Unternehmen. Zusammen mit vielen ukrainischen Zwangsarbeiterinnen stellten sie feinoptische Geräte für U-Boote her. Im November 1944 erlebten sie den schweren Luftangriff, bei dem Freiburg stark zerstört wurde und mehr als zweieinhalbtausend Menschen ums Leben kamen. Mit vielen anderen Frauen und Kindern habe sie damals im Keller des Hauses gesessen, in dem Johanna mit ihrer Mutter wohnte. Irgendwann schleppten Sanitäter einen verletzten Soldaten herein. Vorher seien alle gefaßt gewesen. Aber der Junge bekam Panik und fing an, wild um sich zu schlagen und zu schreien. Irgendwann habe sie den Burschen gepackt und hinauf in ihre Wohnung gezerrt. Dort habe sie ihn auf ihr Bett geworfen, sich neben ihn gesetzt und ihm erzählt, was ihr gerade eingefallen sei. Da habe sich der junge Kerl allmählich beruhigt und bald nicht mehr auf die ringsum explodierenden Bomben geachtet.

Für die Gräfin war die militärische Niederlage des Deutschen Reiches vor allem eine Niederlage des deutschen Mannes. Wie hochexplosiv die Lage erotisch auch sein mochte, ein Soldat, der sich wie ein Kind aufführte, konnte sie nicht beeindrucken. Ich begriff, daß ihr Vertrauensverlust in die Männer verheerend gewesen sein mußte. Mochte die Propaganda das Heldentum des deutschen Soldaten preisen, sie glaubte sich stärker als all diese Jammerlappen zusammen. Die Sehnsucht der Gräfin nach einem integren Mann wuchs ins Grenzenlose. Die Lichtgestalt des Grafen Georg ließ nicht lange auf sich warten. Sie lernte ihn kurz vor Kriegsende im Februar 1945 kennen. Das Schicksalsjahr der Deutschen, sagt sie, sei auch ihr ganz persönliches Schicksalsjahr gewesen. Die große Liebe ihres Lebens begann, wo solche Geschichten seit Jahrhunderten immer wieder begonnen hatten, vor den Toren einer eingekesselten Stadt, wo Einwohner und geschlagene Soldaten aufeinandertreffen. Ihr lebensentscheidendes Kriegsliebesabenteuer versetzt die Gräfin noch immer in Erstaunen. Bis heute kann sie den Krieg, wie sie ihn erlebt hatte, nicht anders denn als sentimentalen Roman erzählen.

In den Monaten vor der Kapitulation sei Freiburg tagsüber von zwei alliierten Jagdbombern in Schach gehalten worden, die auf alles geschossen hätten, was sich bewegte. Im Hellen habe sich keiner mehr auf die Straße getraut. Nicht weit vor der Stadt lagen die Franzosen. Nach Einbruch der Dunkelheit fuhren Johanna und ihre Mutter manchmal aufs Land, um zu hamstern. Einmal, an einem Spätnachmittag im Februar, gelang es ihnen nicht mehr, nach Freiburg zurückzukommen. Eine deutsche Militärkolonne rollte heran. Johanna stellte sich an die Straße und winkte. Der Lkw an der Spitze hielt. Sie durfte ins Führerhaus steigen, ihre Mutter kletterte zu den Landsern auf die Ladefläche. Neben dem Fahrer saß Graf Georg. Sie und er seien sofort ins Plaudern gekommen. Es sei ungewiß gewesen, wie lange Georg in Freiburg bleiben würde. Immer nach Dienstschluß sei er zu ihr in die kleine Wohnung gekommen. Jeder Tag konnte der letzte sein, jeden Abend nahmen sie Abschied voneinander. Zwei Wochen vergingen. Dann zog Graf Georg weiter. Johanna litt. Aber sie vergaß nicht. Auch nicht, als sich kurz darauf abermals ein deutscher Soldat in sie verliebte, der auch durch Freiburg kam, sich ebenfalls mit seiner Truppe zurückzog und den sie heiratete. Dem sie nach Bremen folgte und von dem sie sich bald wieder scheiden ließ. Es sollte sechs Jahre dauern, bevor sich Johanna und Georg wiederfanden, heirateten und die bürgerliche Kaufmannstochter endlich Gräfin wurde.

Georg gelang es, Johanna spontan das Vertrauen zurückzugeben, das ihr der junge Angsthase im Luftschutzkeller ein paar Monate zuvor genommen hatte. Anders konnte ich mir bis zu diesem Punkt ihrer Erzählung nicht erklären, warum sie die ernüchternde Bombennacht als negative, den Kriegsabend, an dem sie dem Grafen begegnete, als positive Erleuchtung geschildert hatte. Georgs von Johanna aufgelistete charakterliche Vorzüge machten den Eindruck, als sei er es gewesen, der sie moralisch erweckt habe. Der Graf, müsse ich wissen, sei, obwohl er dem preußischen Adel entstammte, kein hoher Offizier, sondern nur Feldwebel gewesen. Diese Bescheidenheit habe sie sehr berührt. Georg habe ihr erklärt, er wolle seine Pflicht für das Vaterland wohl erfüllen, nicht jedoch an exponierter Stelle. Überdies habe er nie an den Endsieg geglaubt und deshalb während des Dritten Reiches zeitweise seinen Lebensunterhalt als Versicherungsagent statt als Forstassessor verdienen müssen. Der Graf war die Respektsperson, auf die Johanna gewartet hatte. Allerdings habe sie, fuhr sie lachend fort, Georg damals in Freiburg nie richtig sehen können. Sie hätten sich immer abends im Dunklen getroffen. Es gab ja kein elektrisches Licht, nur Kerzen.

Johanna suchte blindes Vertrauen, Georg gab es ihr. Für die Unverbrüchlichkeit ihrer Liebe war der Altersunterschied entscheidend. Georg war achtzehn Jahre älter als Johanna. Der Graf gehörte nicht der Generation der Söhne an, mit deren männlicher Stärke es, wie Johanna wußte, nicht weit her war. Aber so alt, daß er zur Generation der Väter gehören würde, war Georg auch nicht. Er war weder Vater noch Sohn. Graf Georg konnte sie moralisch erwecken, weil er sie von einer großen Scham befreit hatte.

Ihr Vater war im Kriegswinter 1941 an den Spätfolgen einer Tuberkulose gestorben. Der Hamburger Kaufmann trug den Ersten Weltkrieg im Leib. Damals war er Luftaufklärer gewesen, irgendwann an der Ostfront mit seiner Maschine in einen Haufen Schnee gestürzt und zu spät gerettet worden. Die Tuberkulose zwang ihn in den folgenden Jahren häufig zu Sanatoriumsaufenthalten. Wie die Gräfin von ihrem Vater erzählte, stellte ich ihn mir als einen Hans Castorp vor, an dem man sehen konnte, was aus dem jungen Hanseaten geworden wäre, wenn ihn Thomas Mann nicht auf den Schlachtfeldern des Ersten Weltkriegs hätte sterben lassen. Im weiteren Leben des Hamburgers Karl Oldenburg ging es, obwohl er welterfahren, in England ausgebildet und in Chile, wo Johanna zur Welt kam, reich geworden war, sehr deutsch zu.

Karl war ein Spieler und Abenteurer. Mal war er oben in den Wolken, mal unten am Boden, ganz wie die modernen Fluggeräte, denen seine Leidenschaft gehörte. Ihn hatte nicht nur die Tuberkulose im Griff, sondern auch das Flugfieber. Er zählte zu den Helden seiner Zeit, Piloten galten damals als moderne Ritter der Lüfte. Zu Beginn der zwanziger Jahre verdingte er sich als Kurierflieger und lernte bei einem Zwischenstopp in Stolp seine Frau kennen. Er nahm sie mit nach Chile, wo er schon vor dem

Ersten Weltkrieg gut verdient hatte. 1929 raubte ihnen die Weltwirtschaftskrise ihr Vermögen, und die mittellose Familie ließ sich in Hamburg nieder. Karls Tuberkulose brach wieder auf. Er kurierte sich in Davos und rappelte sich auf. Bald ging es für ihn wirtschaftlich wieder aufwärts, und er kaufte seiner Familie eine Villa im Hamburger Stadtteil Wandsbek. Karl war 1933 in die NSDAP eingetreten, aktiver SA-Mann und so deutsch als möglich geworden. Als Geschäftsführer einer Automechanikerfirma machte er mit der Reparatur und dem Wiederverkauf alter Lastkraftwagen in den dreißiger Jahren viel Geld. Um welche Geschäfte es genau ging, wußte die Gräfin nicht.

Das Beste an Karls Job war, daß er wieder ins Flugzeug steigen konnte. Der politische Ausnahme- als gesellschaftlicher Dauerzustand kam dem Abenteurer gerade recht. Er flog in ganz Deutschland umher, um Ware ausfindig zu machen, und war selten zu Hause. Durch seine Geschäfte profitierte Karl vom Krieg, noch bevor der nächste begonnen hatte. Er war ein großer Junge, der ins Fliegen ebenso vernarrt war wie in den Krieg. Die Gräfin äußerte sich verklausulierter. Noch auf dem Totenbett, als ihn die Tuberkulose nicht mehr ausließ, habe ihr Vater darunter gelitten, daß der Zweite Weltkrieg ohne ihn weitergehen müsse, daß er herumliege, während die anderen für den »Führer« ihr Leben opferten.

»Wie das eben so als Mann ist«, seufzte die Gräfin, ihr Glas Schorle leerend. Sie sagte nicht, mein Vater war ein moralischer Bankrotteur, ein Nazi. Sie sagte, mein Vater war ein Mann, wie Männer eben so sind. Wie anders war Georg dagegen.

Der Graf war weder Held noch Endsieger, sondern Besiegter, dennoch charmant. Die Begegnung mit Georg muß für Johanna die Wirkung eines reinigenden Wunders besessen haben. Anfang der fünfziger Jahre heirateten die beiden. Geschichten wie diese konnte man damals auch im Kino sehen. Die Filme, die auf die Leinwand kamen, bearbeiteten die typischen Konstellationen der deutschen Nachkriegsfamilie: entwertete Väter und integre Ersatz-Väter, mächtige Mütter, Kinder, die trostspendend zu den Eltern ihrer Eltern werden. Zum Kugelspiel hinüberblickend, über dessen Silvanerreben die Hitze flirrte, stellte ich mir vor, daß es Johanna ähnlich ergangen sein könne. Es muß ihr nicht leichtgefallen sein, aus ihrem Kriegsliebesroman ein Nachkriegsmärchen zu machen. Die längste und härteste Zeit des Krieges stand sie mit ihrer Mutter durch. Nie war die eine von der Seite der anderen gewichen. Die Liebe zu ihrem Grafen brachte sie in Loyalitätskonflikte. Sich Georgs wegen von der Mutter abzuwenden, wäre über Johannas Kräfte gegangen. Am Versuch dieser doppelten Ablösung war bereits ihre erste Ehe gescheitert. Wenn sie sich schon vom Vater entfernte, mußte sie wenigstens der Mutter treu bleiben.

Aber dank des Grafen kam Johanna ihrer Mutter näher denn je zuvor. Daß Georg von Adel war und wie Johannas Mutter aus Pommern stammte, stellte ihren Vater für immer in den Schatten. Nur wer von der Seite der Mütter kam und Preuße war, gehörte von nun an für die frischgebackene Gräfin zu den moralisch integeren Ersatz-Vätern. Deren Genealogie reichte über alle Zeiten hinweg vom Soldatenkönig über Friedrich den Großen bis hin zu Graf Georg. Auch Wilhelm Crisolli war mit dabei. In Castell mußte man nicht warten, bis in den achtziger Jahren die Witwen der Männer des 20. Juli das Wort ergriffen. Preußen war hier nie verloren gewesen. Von Rittersporn, Astern, Akelei, Rosen und dem mainfränkischen Preußen-Mythos der Gräfin umfangen, kam es mir einen Moment lang so vor, als sei ich wieder dort angelangt, wo ich begonnen hatte.

Mit der einen Hand die Gartentüre hinter mir schließend, mit der anderen das Kuchentablett balancierend, fiel mir ein, woran mich die Geschichte von der Kaltstellung Wilhelm Crisollis erinnerte. Die Befehlsverweigerung war fester Bestandteil preußisch-militärischer Erzähltradition. Ihr Urmuster ging auf die zweite Hälfte des 18. Jahrhunderts zurück. In der Mythologie altpreußischer Tugenden war der von Johann Friedrich Adolf von der Marwitz verweigerte Befehl legendär. Wie der Kavallerieoffizier Wilhelm Crisolli war auch der Kavallerist Marwitz gerade Oberst gewesen, als er mit seinem höchsten Kriegsherrn aneinandergeriet. Während des Siebenjährigen Krieges hatte Marwitz einen Befehl Friedrichs des Großen verweigert. Der König war entrüstet, Marwitz forderte seinen Abschied, aber Friedrich entließ ihn nach vielen Kränkungen und Demütigungen erst, als er zum dritten Mal darum ersuchte. Zur Erinnerung an den denkwürdigen Vorfall schrieb man auf den Grabstein des 1781 gestorbenen Marwitz: »Johann Friedrich Adolf. Er sah Friedrichs Heldenzeit und kämpfte mit ihm in allen seinen Kriegen. Wählte Ungnade, wo Gehorsam nicht Ehre brachte.«

Auch Wilhelm Crisolli hatte um der Ehre willen Insubordination anstelle von Subordination gewählt. Gräfin Johanna wollte es selbst erlebt haben. Der zwölfjährigen Heidemarie war der im Garten seines Hauses umherirrende Vater als eines ihrer wenigen Erinnerungsbilder niemals entfallen.

Uhyst

Reich flossen die Ströme der Erinnerung, an deren Ufern Gräfin Johanna mich hatte Platz nehmen lassen. Angesichts der Rinnsale, die bei uns zu Hause immer schnell versiegt waren, empfand ich ein wenig Neid. Die Gräfin bekannte sich zu ihrer Familiengeschichte in einer mir unbekannten Offenherzigkeit. Sie war eine Frau, die sprach. Aber konnte man nicht redend genauso etwas verschweigen, wie es möglich war, dem anderen schweigend etwas mitzuteilen? Ebenso wie man nicht nicht kommunizieren konnte, war nicht jedes Sprechen über Vergangenheit zwangsläufig aufklärend. Der Casteller Sommergarten hatte mir exemplarische Lehrstunden kommunikativen Beschweigens beschert. Spontan mißtraute ich dem Wahrheitsgehalt einer angeblichen »Befehlsverweigerung« beziehungsweise »Kaltstellung« Wilhelm Crisollis. Ich verdächtigte diese Rede der Schuldverdrängung wie der Gewissensberuhigung. Den einen wie den anderen Vorfall hielt ich für eine Fiktion ohne Fakten, für ein leicht durchschaubares Kriegsmärchen. Einerseits.

Andererseits war ich tief verunsichert. Die »Kaltstellung« gehörte zu den Wortklängen, die ich nicht zum ersten Mal vernahm. Wie manch anderer lockte auch dieser Klang ein fernes Echo hervor. Mehr als halblaut war die Rede von der »Kaltstellung« in meiner Familie aber offenbar nie geworden. Welcher faktischen Grundlage diese Chiffre auch entbehrte, sie schien einen familiären Mythos zu bergen, der irgendwann in die Obhut der Gräfin geraten war. Die »Kaltstellung« als Legende abzutun, hinter der nichts als Selbstschutz stecke, erschien mir deshalb unsinnig. Als Teil eines Gruppengedächtnisses erinnerte sie mich an die Gerüchte, Legenden und Mythen, die ich aus der Toskana kannte. Daß die Erzählung aus Mainfranken einer derjenigen glich, die ich aus dem Apennin kannte, machte mir am meisten zu schaffen. War die »Befehlsverweigerung« nicht ähnlich ethisch-moralisch gelagert wie das nach dem Überfall von Olivacci verbreitete Gerücht, Wilhelm Crisolli habe kurz vor seinem Tod darum gebeten, auf Repressalien zu verzichten? Beide Male ging es darum, menschliches Leben nicht leichtfertig aufs Spiel zu setzen. Ob die eine der Erzählungen die andere plausibler oder weniger plausibel erscheinen ließ, war unentscheidbar. Eine Trennschärfe zwischen Fakten und Fiktionen konnte ich weder im einen noch im anderen Fall feststellen.

Mit den Erinnerungen der Gräfin und ihrer Cousine an den in seinem Sorauer Haus unter Kuratel gestellten Wilhelm Crisolli verhielt es sich kaum anders. Sollten diese so plastisch geschilderten Szenen reine Erfindung sein? Wenn ich daran dachte, was Cira Dati mir erzählt hatte, wuchsen meine Zweifel. Die Erschießung von Nocchi, von der ich zum ersten Mal durch sie erfahren hatte, sowie ihre Erinnerung daran, hatte sich als wahrheitsgemäß erwiesen. Zum Zeitpunkt dieses Vorfalls war sie dreizehn gewesen, also fast im gleichen Alter wie Heidemarie, als diese, wie sie behauptete, ihren Vater im Garten hatte umherirren sehen. Warum sollte Heidemaries Erinnerung weniger glaubwürdig sein? Weil die Brutalität einer Erschießung dauerhaftere Spuren hinterläßt als ein bloßes Disziplinarverfahren? Zäsuren im jeweiligen Gruppengedächtnis, demjenigen der Dorfgemeinschaft von Nocchi wie dem der Familie Crisolli, hatten jedoch beide Ereignisse hinterlassen. Aber war die Funktionsweise der Erinnerungen potentieller Opfer mit denjenigen, die in der Folge ein Tätergedächtnis bildeten, überhaupt vergleichbar? Vermutlich nicht, dennoch war in beiden Fällen nur schwer zu entscheiden, wer was mit eigenen Augen gesehen hatte oder nur vom Hörensagen kannte. Hatte das Mädchen aus den Gärten Nocchis dem Mädchen im Sorauer Garten etwas zu sagen, war es ausgeschlossen, daß der Schrecken ein Indiz für Milde darstellte? Ich versuchte zu klären, ob die »Kaltstellung« einen realen historischen Kern enthielt oder nichts als Widerstandsmärchen war.

Für die »Befehlsverweigerung« wie die darauffolgende »Kaltstellung« kam die Zeitspanne vom Winter 1941/42 bis zum Sommer 1943 in Betracht. Die Handbücher »Die Generale des Heeres 1921–1945« sowie »Die Ritterkreuzträger der Infanterie« gaben an, Wilhelm Crisolli sei im Januar 1942 durch einen feindlichen Bombensplitter bei Podberesje schwer verwundet worden. Der Wehrpaß bestätigte diese Information. Podberesje, nicht weit entfernt von Welikije Luki, lag seit Dezember 1941 in Frontnähe. Zu diesem Zeitpunkt machte sich erstmals die Belastung eines Winterfeldzuges bemerkbar, auf den die deutsche Armee nicht vorbereitet war. Von den anfänglichen Blitzkriegerfolgen weit entfernt, blieb der deutsche Vormarsch in Schlamm und Schnee stecken. Um die Front vor Zusammenbrüchen zu bewahren, hatte Hitler größere Rückzüge verboten. Unter solchen Bedingungen lag eine »Befehlsverweigerung« Wilhelm Crisollis im Bereich des Möglichen. Tatsächlich war er im Winter 1941/42 laut Wehrpaß in »Abwehrkämpfe vor Leningrad« verwickelt, Welikije Luki, immerhin vierhundert Kilometer von Leningrad entfernt, wird jedoch nirgends erwähnt.

Im Dezember 1941 sollte Oberst Crisolli das Eichenlaub erhalten, die nächst höhere Stufe des zu Beginn des Zweiten Weltkrieges geschaffenen Ritterkreuzordens. Auch wenn die Auszeichnung aus unbekannten Gründen von den zuständigen Stellen nicht genehmigt wurde, eine Befehlsverweigerung war damit für diesen Zeitraum ausgeschlossen. Mit Beginn seines Marienbader Lazarettaufenthaltes im Frühjahr 1942 wurde Crisolli der »Führerreserve OKH« (Oberkommando des Heeres) in Berlin zugeteilt, die offenbar erst mit seiner Ernennung zum Kommandeur der 20. Luftwaffen-Felddivision im Februar 1944 endete. Ob dieser fast zwei Jahre während Status mit Crisollis Kriegsverletzung oder anderen Gründen zusammenhing, war nicht zu ermitteln. Wenngleich Fehlverhalten Motiv für eine Versetzung sein konnte, war ein Wechsel in die »Führerreserve« ein regulärer Vorgang. Wiederverwendbare Führungsoffiziere, die ihr Kommando abgegeben hatten, warteten darauf, Kameraden zu ersetzen, die ihren Heimaturlaub antraten, erkrankt, verletzt oder gefallen waren. Nach Beendigung ihrer Einsätze erhielten solche Offiziere neue Befehle.

Auf genau diesen Sachverhalt traf ich bei Wilhelm Crisolli. Seit Herbst 1942 sprang er in den folgenden zwölf Monaten für beurlaubte, erkrankte oder gefallene Kommandeure ein und führte kurzzeitig die 13. Panzer-, die 16. Panzergrenadier-, die 333. Infanterie- sowie die 6. Panzerdivision. Den Wartestand zwischen den Einsätzen verbrachte er vermutlich zu Hause. In den entsprechenden Kriegstagebüchern, drei Aktenordner dick, fand ich nichts, was auf eine »Befehlsverweigerung« hindeutete, statt dessen ergab sich, daß Crisolli vertretungsweise durchschnittlich fünfwöchige Einsätze an verschiedenen Abschnitten der Ostfront zubrachte. Alles andere als eine Bilderbuchkarriere, lieferte dieser Werdegang weder für den Sommer 1942 noch für den des Jahres 1943 Hinweise auf Verstöße oder Unbotmäßigkeiten. Bemerkenswert schien allenfalls, daß Crisolli für seinen Einsatz als Kommandeur der 6. Panzerdivision im August 1943 in Charkow keine weitere Auszeichnung mehr erhielt.

Unter den Dokumenten, die in den beiden Brieftaschen Wilhelm Crisollis steckten, befanden sich diverse, mit Bleistift beschriebene Zettel. Ich erkannte die gut lesbare Handschrift meiner Großmutter. Die undatierten liniierten Blätter schienen alle zur gleichen Zeit aus demselben Notizbuch herausgerissen worden zu sein. Sie enthielten eine lange Liste von Gegenständen. Zunächst glaubte ich, es handele sich um Dinge, die Annemarie Crisolli auf die Trecks in den Westen mitgenommen hatte oder hatte mitnehmen wollen.

Die Listen enthielten jedoch nichts, was für eine Flucht unentbehrlich gewesen wäre. Wer floh, nahm mit, was auf dem Rücken und in beiden Händen getragen werden konnte. Daß jemand, der um sein Leben fürchtet und flieht, Listen seiner Habseligkeiten anfertigt, war so gut wie ausgeschlossen. Es war kaum anzunehmen, daß Annemarie Crisolli, die sowjetischen Truppen im Rücken, die winterliche Ostsee unter dem Bootskiel, eine Flasche »Eau de Cologne«, einen »Nerzmantel«, einen »Persianermantel«, einen »Fohlenmantel« sowie ein »Paar Tennisschuhe« benötigte. Und ebenso ausgeschlossen war es, daß sie das Boot, das sie nach Stettin brachte, mit einem »Uniformkoffer« betrat, der »Schlipse«, »Taschentücher und Hosenträger für Wilhelm« enthielt. Sie ging nicht auf Kreuzfahrt. Außerdem war Wilhelm Crisolli, als sich seine Frau und seine Tochter in den Westen aufmachten, längst tot. Zu dem Zeitpunkt, als seine

Frau die Schränke inspizierte, um die Listen zusammenzustellen, mußte er also noch am Leben gewesen sein. Nun erzählten die vergilbten Blätter eine ganz andere Geschichte.

Die meisten der Koffer sollten offenbar deponiert werden, und zwar »b. Kluges«. Bislang hatte ich nur die undatierten Zettel beachtet. Der Vermerk »b. Kluges«, vor allem jedoch das Datum auf einer »Einlieferungsquittung der Bank über Verwahrstücke« lieferten eindeutigere Indizien. Der »25. November 1943« paßte in etwa in die Chronik der Ereignisse, wie sie Johanna und Heidemarie geschildert hatten. Sollte Annemarie Crisolli einen Nothausstand für einen längeren Aufenthalt an einem anderen Ort zusammengestellt haben? Hatte sie ihre Tochter vorgeschickt, um ihr später zusammen mit ihrem Mann zu folgen? Wer aber war die Familie Kluge?

Zunächst glaubte ich, es handele sich um Hans Günther von Kluge, den Hitler 1940 zum Generalfeldmarschall der Deutschen Wehrmacht ernannt hatte. Eine Bekanntschaft zwischen dem Generalfeldmarschall und Wilhelm Crisolli schien nicht ausgeschlossen. Zudem lagen Sorau und Uhyst nicht allzuweit voneinander entfernt, aber immerhin so weit, daß Uhyst eine sichere Zuflucht bieten konnte. Der »kluge Hans«, wie Generalfeldmarschall von Kluge seiner Wendigkeit wegen genannt wurde, stand dem militärischen Widerstand voller Ambivalenz gegenüber. Sein Erster Generalstabsoffizier Henning von Tresckow hatte ihn in langwierigen Unterredungen von der Notwendigkeit einer Unterstützung zu überzeugen versucht. Kluge blieb jedoch ein Zauderer, der das eine Mal einwilligte, um sich bei der nächsten Gelegenheit wieder zu entziehen. Im Sommer 1944 war er in Frankreich Oberbefehlshaber West sowie der Heeresgruppe B. Als es am 20. Juli darauf ankam, zu handeln, verweigerte er, obwohl in Paris der Staatsstreich weit vorangeschritten war, seine Unterstützung. Kluges Abkehr kam um so überraschender, als ihm klar sein mußte, daß die deutsche Front gegen die alliierten Invasionstruppen nur noch kurze Zeit halten würde. Nach dem gescheiterten Attentat auf Hitler wurde der seiner Mitwisserschaft verdächtigte Generalfeldmarschall von seinen Ämtern abberufen. Unterwegs nach Deutschland, wo er fürchten mußte, vor dem Volksgerichtshof angeklagt zu werden, nahm sich Kluge während einer Fahrpause in der Nähe von Metz durch Gift das Leben. In einem Abschiedsbrief hatte er dem »Führer« zuvor noch seine Treue und Ergebenheit bekundet. Der in Posen gebürtige Kluge war der Prototyp des altgedienten Offiziers, dem es nicht gelang, sich von Tradition, Gehorsam und Eidesbindung zu lösen.

Eine derart widersprüchliche Figur schien mir gut in das diffuse Widerstandsszenario der »Kaltstellung« Wilhelm Crisollis zu passen. Hans Günther von Kluge hatte mit Uhyst jedoch nichts zu tun. Eine Adresse mit seinem Namen war dort nicht nachweisbar.

Um der Sache auf den Grund zu gehen, fuhr ich selbst nach Uhyst. Mit seinen zweitausend Einwohnern liegt das Dorf südlich von Cottbus an der Bahnstrecke nach Görlitz am Ufer der Spree. Von Uhyst nach Cottbus sind es mit dem Zug fünfzig, von dort nach Sorau jenseits der Oder noch einmal fünfzig Kilometer. Die Lausitz, einst einer der ärmsten Landstriche des Deutschen Reiches, ist die Heimat der Sorben und deshalb zweisprachig. Uhyst liegt inmitten von Kiefernwäldern, Kartoffeläckern, Seen und Karpfenteichen. Bis zur Wende lebte das Dorf von dem damals die Lausitzer Landschaft prägenden Braunkohletagebau. Anfang der neunziger Jahre wurde er eingestellt. Bald gaben auch die landwirtschaftlichen Produktionsgenossenschaften auf, und die jungen Leute zogen in die Städte.

Der Bürgermeister von Uhyst hieß Knobloch. Er empfing mich freudig. Endlich Abwechslung. Er fragte mich, was mich hergeführt habe.

Ja, ein Gut gebe es in Uhyst, ein Rittergut, schon seit dem 16. Jahrhundert. Der erste Besitzer sei Caspar von Nostitz gewesen. In den folgenden Jahrhunderten hätten häufig die Besitzer

gewechselt: von Warnsdorf, von Metzradt, von Gersdorff, von Trotta, zu Dohna, auch die Herrnhuter Brüdergemeine war dabei. Der vorletzte Besitzer namens von Roessing habe Bankrott gemacht und sei entmündigt worden. Einer der beiden Stiefsöhne Roessings, Herbert Kluge, ein Bürgerlicher, sei der letzte Rittergutsbesitzer auf Schloß Uhyst gewesen. Während des Dritten Reiches habe sich Kluge nichts zuschulden kommen lassen. Hier im Osten wüßten sie allerdings nicht viel über den Alltag im nationalsozialistischen Deutschland. Darum habe man sich in der DDR nicht gekümmert, schon gar nicht um Rittergutsbesitzer, das seien Klassenfeinde gewesen.

Kluge habe man nach 1945 systematisch diffamiert. Es sei aber doch bemerkenswert, daß er die Umbenennung Uhysts, das den Nazis zu slawisch geklungen habe, in Spreefurt nicht mitmachte.

Kluge habe an der Bezeichnung »Herrschaft Uhyst« festgehalten. 1947 sei er mit seiner Frau, einer Schauspielerin, und seinen drei Kindern nach Frankfurt am Main gezogen, in den fünfziger Jahren soll er einem Verkehrsunfall zum Opfer gefallen, seine Frau wenig später ertrunken sein. Was es damit auf sich habe, wisse er nicht. Von Kluges drei Kindern habe er nur die Adresse einer der Töchter. Sie lebe jetzt in den USA auf einer Ranch, in Jackson, Wyoming. Er gebe mir gerne die Anschrift. Mehr wisse er bedauerlicherweise nicht.

Ich verabschiedete mich, verließ das Bürgermeisteramt und ging zum Rittergut. Drei Stockwerke hoch, prunkte es im Mittelrisalit mit einem sechssäuligen Portikus und schien kurz vor dem Einsturz. Es mußte einmal sehr einkömmliche Zeiten gesehen haben. So groß hatte ich mir das Herrenhaus nicht vorgestellt, es war weniger ein Gut als ein Schloß. Sogar wenn hier mehrere Familien Unterschlupf gefunden hätten, wäre es nicht aus den Nähten geplatzt, hätte sich niemand beengt vorkommen müssen. Es war so groß, daß ich mir vorstellen konnte, wie verloren sich hier ein von seinen Eltern zurückgelassenes zwölfjähriges Mädchen vorgekommen sein mußte.

Unverzüglich schrieb ich einen Brief nach Wyoming. Ich besaß eine Faxnummer, schickte mein Schreiben los und stellte mir vor, in welches Erstaunen man wenige Minuten später auf der Ranch in Amerikas Mittlerem Westen ausbrechen und daß man vielleicht sofort reagieren würde. Aber es geschah nichts. Nach einigen Tagen schickte ich den Brief per Post ab. Es dauerte zwei Monate, bis ich Antwort bekam. Christa, die älteste Tochter der Kluges, lebte längst nicht mehr in Wyoming, sondern war nach Minnesota umgezogen. Mein Brief sei ihr glücklicherweise nachgeschickt worden, das habe seine Zeit gebraucht. Ihre Mitteilungen waren liebenswürdig, aber enttäuschend. An die Tochter Wilhelm Crisollis könne sie sich noch gut erinnern. Einen Familiennamen wie diesen vergesse man nicht so leicht. Was die »Kaltstellung« beträfe, sei ihr jedoch nichts bekannt. In jener Zeit seien viele Fremde bei ihnen auf dem Gut gewesen, Flüchtlinge und Ausgebombte aus den Städten, jeder habe sein individuelles Schicksal gehabt. Sie habe sich bei ihrer in Deutschland lebenden Schwester erkundigt, jedoch von ihr nichts Einschlägiges erfahren. Das verwundere sie nicht, über politische Dinge sei damals vor Kindern nicht gesprochen worden. Sicherheitshalber habe sie noch eine Verwandte in Hamburg angerufen, die so alt sei, daß sie damals an den Gesprächen der Erwachsenen in Uhyst schon habe teilnehmen können. Aber auch diese jetzt sechsundachtzigjährige Tante habe sich an keine Angelegenheit dieser Art erinnern können.

Meine Expeditionen waren zu Ende. Der letzte Ort war Uhyst in der Lausitz gewesen. Uhyst, das klang wie eine Chiffre, die viel oder gar nichts bedeuten konnte.

Zeugenschaften

Annemarie Crisolli und ihre Tochter waren noch einmal davongekommen. Den 8. Mai 1945 erlebten sie bereits im Westen. Die Flucht über Oder und Elbe war ihnen geglückt, ohne daß sie behelligt worden wären. Hätten sie gezögert und sich nur wenig später auf den Weg gemacht, wäre es ihnen möglicherweise übel ergangen. Viel mehr als das, was sie am Leib trugen, hatten sie nicht retten können. Das einzige, was sie noch besaßen, war ihre Vergangenheit. Mit dieser Erblast im Fluchtgepäck begann für sie der Nachkrieg. Die Frage, in welchem Verhältnis ihre Biographie zur Schuld ihrer Nation stünde, ließen sie offen. Sie taten, was alle taten, und kümmerten sich um ihr Überleben. Untergründig versetzte sie jedoch der selbst unter Kriegsbedingungen nicht alltägliche Tod des Generalmajors in Angst und Schrecken. In den ersten Nachkriegsjahren sickerte auch bis zu ihnen durch, wie brutal die letzte Phase des Krieges an der Südfront des Apennin verlaufen war.

1946 und 1947 hatten sich in Rom und Venedig die ranghöchsten Vorgesetzten des Generalmajors als Kriegsverbrecher zu verantworten. Sowohl Generaloberst Eberhard von Mackensen, Oberbefehlshaber der 14. Armee, als auch Generalfeldmarschall Albert Kesselring waren von britischen Militärgerichten zum Tod durch Erschießen verurteilt worden. Im selben Jahr wie Kesselring wurde in Padua, abermals durch britische Alliierte, auch der Kommandeur der 16. SS-Panzergrenadier-Division »Reichsführer-SS«, Max Simon, zum Tode verurteilt. Das gleiche Schicksal widerfuhr Walter Reder, Kommandeur der SS-Panzer-Aufklärungsabteilung 16, 1951 verurteilte ihn ein italienisches Militärgericht in Bologna zum Tode. Allgemeiner Hauptanklagepunkt waren in allen vier Fällen die kriegs- und völkerrechtswidrigen Repressalien gegen die italienische Zivilbevölkerung. Anders als Mackensen hatte sich Kesselring nicht allein für das im März 1944 an 335 Italienern in den Fosse Ardeatine bei Rom begangene Massaker zu verantworten. Der Generalfeldmarschall wurde auch wegen seiner zwischen Juni und August desselben Jahres erlassenen Befehle zur Partisanenbekämpfung verurteilt. Die SS-Kommandeure Simon und Reder wurden für den Massenmord in Marzabotto sowie die in den Apuanischen Alpen begangenen Massaker belangt. Hingerichtet wurde keiner der Angeklagten. Alle vier wurden zu lebenslanger Haft begnadigt. Reder blieb bis 1985 in der Festung Gaeta bei Rom gefangen. Kesselring, Mackensen und

Simon verbüßten ihre Strafe in der Bundesrepublik. Deren öffentliche Meinung stand der »Siegerjustiz« ablehnend gegenüber, die politische Klasse bemühte sich um die Rehabilitierung der deutschen Soldaten. Noch in den fünfziger Jahren wurden die rechtskräftig verurteilten Kriegsverbrecher Kesselring, Mackensen und Simon entlassen.

Trotz dieses gesellschaftlichen Klimas waren Annemarie und Heidemarie beunruhigt. Die Prozesse sowohl gegen Kesselring und Mackensen als auch gegen Simon und Reder bestätigten ihre schlimmsten Befürchtungen. Die Zeiträume, die Orte, die handelnden Personen, alles stimmte. Ohne Nachforschungen anzustellen, waren sie fest davon überzeugt, für den Überfall auf Wilhelm Crisolli gebe es ein Motiv. Sie nahmen an, es handele sich um einen Akt der Vergeltung, und stellten sogar eine Verbindung zwischen dem Tod des Generalmajors und der Mordtat von Marzabotto her. Ihre Ängste waren tief wie Abgründe, in die zu stürzen droht, wer nur einen einzigen Blick hinabwirft. Sie ahnten nicht, daß Wilhelm Crisolli ein kurzfristig bestimmtes Opfer war, dessen Tod nicht kalkuliert, sondern Zufall war. Als Geisel hätte ein lebend in ihre Hände geratener deutscher General den Partisanen sogar nützlicher sein können als ein toter. Die deutsche Vorhut, ein Soldat auf einem Fahrrad, zwei weitere auf einem Motorrad mit Beiwagen, war nicht getötet, sondern aufgehalten und gefangengenommen worden. Den Krieg stellten sich Annemarie Crisolli und ihre Tochter jedoch nicht banal, sondern so dramatisch wie ihre überschießenden Schuldgefühle vor. Sie glaubten, der Tod des Generalmajors berge ein furchtbares Geheimnis. Im Lauf der Jahre wurde ihre Angst vor bloßstellenden Enthüllungen nicht geringer, sondern untergründig. In der Partitur des allmählichen familiären Verstummens waren Marzabotto, Kesselring, Modena nie gänzlich verhallende Alarmtöne.

Es gab kaum etwas, das ich nicht archiviert, kartographiert, dokumentiert hatte. Niemand konnte mit Wilhelm Crisolli vertrauter sein, als ich es war. Ich kannte die Züge seines Gesichtes und wußte, wie sich seine Physiognomie im Lauf der Jahre verändert hatte. Mir waren die meisten seiner Einsatzorte sowohl aus dem Ersten als auch aus dem Zweiten Weltkrieg bekannt. Sie reichten vom Schwarzen Meer über die Wolga, die Weichsel, Jütland und Flandern bis nach Mittelitalien. Es gab kaum eine seiner ostelbischen Garnisonsstädte, die ich nicht besucht hätte. In Berlin war ich in den Straßen gewesen, hatte vor den Häusern gestanden und die Wohnviertel erkundet, in denen er aufgewachsen war. Wo die empirischen Fakten nicht ausreichten, vertraute ich mich literarischen Einbildungskräften an. Um ihm möglichst nahe zu sein, setzte ich mich in ein Zugabteil und fuhr mit ihm im Juli 1927 von Berlin nach Stolp, um ihn mit seiner Frau so offen reden zu lassen, wie er vermutlich nie mit ihr gesprochen hätte. Oft stellte ich mir, ob in Berlin, Italien oder Hinterpommern vor, daß er diesen oder jenen Gegenstand angefaßt oder sein Blick dieses oder jenes Gebäude gestreift haben könne. Er konnte mich nicht, ich konnte ihn nicht mehr abschütteln. Ich wollte ihn mir vollständig vergegenwärtigen. Ich lernte ihn kennen, ohne ihn je wirklich kennengelernt zu haben, und ich begegnete ihm, ohne ihm je wirklich begegnet zu sein.

Animismus war für mich kein primitiver Aberglaube mehr. Wie ein Schamane hatte auch ich nichts anderes getan, als die Geister der Toten zu beschwören und zu den Ahnen zurückzukehren. Es hatte Nachtträume gegeben, in denen ich nichts weiter war als ein Wilhelm Crisolli verfolgendes Paar Augen. Ich verfolgte den toten Generalmajor auf Schritt und Tritt, und wenn ich wieder aufgewacht war, heftete er sich an meine Fersen. Irgendwann hatte ich mich entschlossen, über die Zeitkapsel hinaus nach weiteren Fotografien zu suchen, auf denen mein Großvater zu sehen war. Ich hatte mir vorgenommen, soviel als möglich aufzuspüren. Bei meiner Mutter fand ich einige Fotos verstreut in Schubladen sowie ein Album, das Annemarie Crisolli noch vor der Flucht angelegt und später im Westen für ihre Tochter weitergeführt hatte. Drei oder vier Bilder zeigten Wilhelm Crisolli in Zivil, ein zwischen 1936 und 1938 vermutlich in einem Potsdamer Fotoatelier entstandenes Porträt erstaunte mich am meisten. Das Eiserne Kreuz, das er im Ersten Weltkrieg

verliehen bekommen hatte, am schlichten Waffenrock, zeigte es ihn im Rang eines Majors. Die Mund- und Kinnpartie bot keine Überraschung. Sie zeugte von Härte, Disziplin und Willenskraft. Anders die großen, dunklen Augen. Sie drückten eine mit einer seltsamen inneren Abwesenheit gepaarte Empfindsamkeit aus. Mit der Erklärung, hier liege der Schöngeist des Flötenspielers oder dilettierenden Lyrikers verborgen, der in jedem preußischen Offizier stecke, gab ich mich nicht zufrieden. Mir schien sich in diesen Augen die Verlorenheit eines ganzen Lebens zu spiegeln.

Unter welchen Umständen mir Wilhelm Crisolli begegnete, weder wurde ich seinen Blick noch auch eine innere Stimme los, die nicht aufhörte, mir zu verbieten, mich diesem Mann anzunähern. Leiser wurde die Stimme erst zuletzt, und obwohl sie nie ganz verklang, ließ ich mich auf ihre Verbote nicht ein. Der innere Widerstand war die Herausforderung, die ich brauchte, um dem Familiengeheimnis auf die Spur zu kommen. Weder wollte ich der Ankläger noch der Verteidiger meines Großvaters sein, geschweige denn sein Richter. Dennoch war ich es immer wieder, sein Ankläger, sein Verteidiger, sein Richter. Wie immer ich mich verhielt, ich handelte als Befangener. Die einzige Rolle, die ich mir zutraute, war die des Ermittlers, des Ermittlers in fremder wie zugleich eigener Sache.

Gerne wäre ich so interesselos kalt vorgegangen wie Lieutenant Colonel Edwin S. Booth. Mister Booth war dem Hauptquartier der 5. US-Armee zugeteilt. Dort war er als Ermittler des War Crimes Office im U.S. War Department für die Aufklärung deutscher Kriegsverbrechen in Italien tätig. In seine Zuständigkeit fielen die Morde von Piopetti. Booth hatte Zeugen am Ort des Geschehens wie aus Certosa di Farneta befragt. Ende Mai 1945 sprach er in Nocchi vor. Der einzige Zeuge, den er dort traf, war Silvio Graziani. Zuvor hatte er dessen Villa nach Spuren durchsucht. Er fand nichts als zwei Fetzen Papier. Wieder zusammengefügt, entpuppte sich der Zettel als Namensliste, die Spielschulden und -gewinne von zehn Personen verzeichnete. Bei den Spielern handelte es sich um Stabsoffiziere der 20. Luftwaffen-Felddivision. Mit 8500 Lire stand zuoberst »General Crisolli« zu Buche.

Die Befragung Silvio Grazianis ergab, daß die Zivilisten, Pater und Mönche aus Certosa di Farneta, erst am Tag nach dem Rückzug der 20. Luftwaffen-Felddivision in Nocchi eingetroffen waren. Im übrigen bestätigte Signor Graziani die Meinung vier an anderen Orten befragter Zeugen, für das Verbrechen von Piopetti sei die SS verantwortlich. Lieutenant Colonel Booth erkundigte sich, ob während des Aufenthaltes des Generalmajors Crisolli in Nocchi irgendwelche Zivilisten zu Schaden gekommen seien. Silvio Graziani antwortete, Zivilisten habe man in dieser Zeit nur verhört. Außer einem Priester aus Florenz, dem vorgeworfen worden sei, Partisanen zu unterstützen, sowie zwei Frauen namens Nardini sei niemand getötet worden.

Mister Booth nahm diese Aussage ohne weitere Nachfrage zur Kenntnis und setzte die Zeugenbefragung fort.

Sein Interesse galt allein der Ermittlung der am Massaker von Piopetti beteiligten Täter. Aus diesem Grund fügte Lieutenant Colonel Booth der Untersuchungsakte auch die Namensliste »zu welchem Zweck auch immer« bei. Das Blatt Papier, Zeugnis der Leidenschaft Wilhelm Crisollis für das Bridge-Spiel, machte ihn wie alle übrigen, die darauf verzeichnet waren, zu Verdächtigen. Es fand als Indiz für eine eventuelle Beteiligung an den Morden von Piopetti Verwendung. Damit stand nahezu der gesamte Stab der 20. Luftwaffen-Felddivision bei der Militärstaatsanwaltschaft in La Spezia auf einer Liste potentiell verdächtiger Kriegsverbrecher. Weder die Offiziere, die den Krieg überlebt hatten, noch die Hinterbliebenen derjenigen, die gefallen waren, erfuhren je davon. Anklage wurde nie erhoben.

Eines Morgens war mir per Post eine Kopie der von Lieutenant Colonel Booth zusammengestellten Untersuchungsakte zugegangen. Sie stammte aus den National Archives in College Park, Maryland. Carlo Gentile hatte sie gefunden, auf ihn konnte ich mich verlassen, ihm entging nichts. Endlich war ich in den Park eingedrungen und hatte das Bollwerk der Grenzwaldinsel hinter mir gelassen. Es war zwecklos gewesen, mich jahrelang zu fragen, wo der Eingang sei. Es gab keinen. Man mußte nur drauflosgehen. Nach fast sechs Jahrzehnten hatte sich der Verdacht der großen Mütter bestätigt. Das Geheimnis war gelüftet, die Nachkriegszeit zu Ende, Italien aus dem Nebel des familiären Gedächtnisses ins Bewußtsein zurückgekehrt. Selbst hinterpommersche Kiefernwälder kannten Lichtungen.

Es hatte mich eine lange Zeit der Verstörung gekostet, die Erschießung des Paters und der beiden Frauen als unumstößliche Tatsache anzuerkennen. Ich, der ich selbst die Fakten zusammengetragen hatte, ertappte mich immer wieder dabei, daß ich geneigt war, deren Unumstößlichkeit beiseite zu schieben. Nur wenn ich die Rollen tauschte und an Stelle des Enkels den Ermittler in mir aufrief, gelang es mir zu erwägen, was für und was gegen die Verantwortung meines Großvaters sprach. Es gab jedoch nichts, was ihn hätte entlasten können. Daß Wilhelm Crisolli vergleichsweise anständig geblieben sei, wie manche meinten, die mich beruhigen wollten, wenn er nur diese drei auf dem Gewissen habe, war kein Trost. Die Gewißheit über die Täterschaft war viel zu übermächtig, als daß sie irgend jemand hätte hinwegreden können. Die Akten der 20. Luftwaffen-Felddivision waren verloren gegangen. Wer weiß, was ich aus ihnen noch erfahren hätte. Die Wahrheit über die Erschießung von Nocchi war möglicherweise viel banaler, als ich sie mir vorgestellt hatte. Ein bürokratischer Vorgang, möglicherweise von Wilhelm Crisolli bestätigt, ohne daß er an der Urteilsfindung beteiligt war. Vielleicht war er sogar von einem seiner Vorgesetzten, von Dostler, Kesselring oder Lemelsen, angehalten worden, ein Exempel zu statuieren. Solche Erwägungen beruhigten mich jedoch nicht.

Die Erschießung von Nocchi sprach von einem spezifischen Vernichtungswillen, dessen Unbarmherzigkeit mich nicht an willkürliche Opfer glauben ließ. Als stelle die Exekution eine Frage, die allein von mir zu beantworten sei, stand dieser gewaltsame Tod vor mir wie ein dunkler Fels. Die Beweise waren erdrückend, mildernde Umstände ausgeschlossen, das Ergebnis meiner Untersuchungen fiel ebenso eindeutig aus wie mein Urteil.

Im Fall Piopetti wandte ich mich an Carlo Gentile. Er versicherte mir, nach Lage sämtlicher ihm bekannter Archivalien sei Wilhelm Crisolli zum Zeitpunkt der Morde in der Umgebung Nocchis »physisch nicht mehr anzutreffen« gewesen. Im übrigen verweise die Grammatik des Massakers eindeutig auf die grausamen Tötungsgepflogenheiten der 16. SS-Panzergrenadier-Division. Wilhelm Crisolli hatte also ein Alibi. Die Anschuldigungen waren vom Tisch. An der Liste von La Spezia änderte sich nichts. Der Verdacht bestand weiter. Ich hatte ihn entkräftet, ihn aber weder beseitigen noch den Namen Crisolli von der Liste streichen können. Mir wäre es recht gewesen, wenn *post mortem* Schuld oder Unschuld meines Großvaters durch ein Gerichtsurteil festgestellt worden wäre. Gegen einen Toten Anklage zu erheben, war jedoch nicht möglich, das Verfahren zu eröffnen, blieb allein mir überlassen.

Eine der Eigentümlichkeiten der Geschichte von meinem Großvater und mir war, daß sie sich ohne großes Zutun meinerseits wie ein Roman entwickelte.

Je mehr ich in Erfahrung brachte, desto mehr bestätigte sich, daß nicht die erfundenen, sondern die wirklichen Geschichten den bizarrsten Stoff liefern. In meinen Annäherungen an Wilhelm Crisolli hatten sich von Beginn an Militär- und Literaturgeschichte überschnitten, die Biographien von Antoine de Saint-Exupéry, Rupert Brooke, August von Platen, Rudolf

Borchardt waren in dieser Hinsicht exemplarisch, aber auch Alfred Andersch gehörte in diese Reihe. In dessen Erzählung »Die Kirschen der Freiheit« ist die 20. Luftwaffen-Felddivision Teil des militärgeschichtlichen Hintergrunds. Andersch war im September 1943 gemustert und im April des folgenden Jahres nach Hobro in Dänemark dem mit Fahrrädern ausgerüsteten Jäger-Regiment 39 der von Generalmajor Crisolli kommandierten Division zugeteilt worden.

Von seinem Soldatenleben berichtete der damals dreißigjährige Schriftsteller seiner Mutter in Briefen, die illustrieren, was auch Wilhelm Crisolli erlebt hatte: die dänische Ostseeküste, Felddienstübungen in der jütländischen Heide, die tagelange Eisenbahnfahrt von Dänemark zum Brenner, von dort das Etschtal hinab nach Brescia und Cremona bis nach Carrara. Bereits in Dänemark hatte Andersch den Entschluß gefaßt, den er wenige Tage nach seiner Ankunft im italienischen Einsatzgebiet verwirklichte. Auf dem Vormarsch entlang der Via Aurelia täuschte er eine Fahrradpanne vor, blieb unter dem Vorwand, die Reifen flicken zu müssen, alleine auf der Strecke zurück und schlug sich, als die Nacht einbrach, in die Macchia. Am Tag der alliierten Invasion in der Normandie, am 6. Juni 1944, beging Alfred Andersch, Obersoldat der 20. Luftwaffen-Felddivision, in der Nähe des Klosters San Elmo, sechzig Kilometer nördlich von Rom, Fahnenflucht. Am Morgen ergab er sich einer Gruppe italienischer Partisanen sowie einem amerikanischen Offizier, kurz darauf war er Prisoner of War des 51. Armee-Regiments der 5. US-Armee. Einige Wochen später begann für Andersch in den Kriegsgefangenenlagern an der Ostküste der Vereinigten Staaten lange Monate vor der Kapitulation der Nachkrieg.

Die »Kirschen der Freiheit« las ich während einer meiner toskanischen Reisen oben in Anticiana im Schatten einer alten

Steineiche. Die von Existentialismus erfüllten Passagen, die Vorbereitung wie Durchführung der Fahnenflucht schildern, fesselten mich. Andersch' sich in seiner Desertion bahnbrechendem Abenteurertum konnte ich einiges abgewinnen. Von einer befreienden Wirkung des »Berichts«, wie die Erzählung aufgrund der Authentizität des dargestellten Geschehnisses hieß, konnte jedoch keine Rede sein. Von Andersch trennte mich mehr, als mich mit ihm verband.

Zunächst glaubte ich, Zweifel an der Berechtigung seiner Fahnenflucht seien der mögliche Grund meines Unbehagens, aber um irgendwelche Treuebrüche meinem Großvater gegenüber ging es nicht. Ich hatte ja selbst versucht, Wilhelm Crisolli auf Grund seines Nachnamens wie der ausweglosen militärischen Situation zum potentiellen Freund seiner Feinde zu erklären, mich dann aber der Faktenlage beugen müssen. Umso stärker irritierte mich Andersch' negatives Heldentum. Ich kannte die kriegsgeschichtlichen Hintergründe aus den Archivalien, wußte aus den Tätigkeitsberichten der Feldpostprüfstelle des auch für die 20. Luftwaffen-Felddivision zuständigen Armeeoberkommandos, daß im Sommer 1944 eine große Zahl deutscher Landser an der italienischen Front kriegsmüde war und mit dem Gedanken spielte zu desertieren. Andersch' Fahnenflucht mochte dem Zeitgeist der frühen Bundesrepublik widersprochen haben, *de facto* war sie jedoch weit weniger heroisch, als man damals glaubte. Am meisten befremdete mich, daß Andersch dieser Tat wegen glaubte, aus seiner Familiengeschichte wie der Genealogie der Täter ausgetreten und fortan moralisch salviert zu sein. Die Widerstandsbiographie, die der Sohn eines strenggläubigen protestantischen Reserveoffiziers für sich in Anspruch nahm, mochte wahr, sie mochte falsch sein. Einen Abschied von meinem Großvater, der mit Andersch'

Abschied von den Vätern vergleichbar sein würde, gab es für mich jedoch nicht. So wie niemand seinen Vätern entfliehen konnte, konnte es auch keine Flucht vor den Großvätern geben. Vor seiner Familie kann niemand davonlaufen. Man kann nur im Guten wie im Bösen mit ihr leben, viel mehr war nicht möglich. Wäre ich Andersch' Ruf gefolgt, hätte ich meine Recherche in dem Moment als beendet betrachtet müssen, in dem ich meinen Großvater als Täter überführt hatte. Wilhelm Crisollis Schicksal besaß jedoch seine eigenen Tücken, Täterschaft und Opferschicksal waren in seinem Fall derart dicht miteinander verwoben, daß sich für seine Familie nicht ohne weiteres Orientierung ergab und sich vielleicht auch gar nicht hatte ergeben können. Manchmal überblendete sich in meiner Vorstellung die Erschießung von Nocchi mit dem Überfall bei Olivacci. Erst sah ich den Pater und die beiden Frauen in grotesken Verrenkungen, dann meinen Großvater blutüberströmt zusammenbrechen und entweder stand jedes dieser Ereignisse in seiner Dramatik für sich oder eines war, obwohl zwischen beiden kein Zusammenhang bestand, Folge des anderen. In meinem Garten führte kein heilsgeschichtlicher Weg geradewegs auf einen Baum zu, an dem ich von den Kirschen irgendeiner erlösenden Freiheit hätte kosten können. Meine Geschichte kannte keinen entscheidenden Augenblick, keine lebensentscheidende Tat, unter den vielen Augenblicken, unter denen ich hätte wählen können, waren alle und keiner entscheidend. Hätte ich mir Andersch' triumphales Erzählmodell, das mich weniger betraf, als ich zunächst glaubte, zu eigen gemacht, hätte ich die labyrinthische Geschichte von meinem Großvater und mir gar nicht aufschreiben können.

Meine Recherche war auf keinen archimedischen Punkt getroffen, aus dem sich politisch-moralische, geschweige denn politisch-ideologische Notwendigkeiten ergeben hätten. Die

Erschießung von Nocchi schnitt in mein Leben wie der Hieb einer Sense. Aber wie sah die ethische Handlungsanleitung aus, die für mich daraus folgte? Eine der wenigen Gewißheiten, die sich ergeben hatte, war die, daß sich Ereignisse nachträglich konstituierten und es mir überlassen blieb, ob ich die Deutungen sortieren oder durch neue, eigene ergänzen wollte. Am seltsamsten erschien mir, daß der Verdacht der Generalin und ihrer Tochter bestätigt und zugleich widerlegt worden war. Mein Großvater wurde zufällig eines Kriegsverbrechens beschuldigt, für das er sehr wahrscheinlich ein Alibi besaß. Aber genauso zufällig stand er wegen eines Todesurteils, das er mit Sicherheit zu verantworten hatte, nicht auf der Liste von La Spezia. Und sollte dieses Urteil tatsächlich durch ein Standgericht gefällt worden sein, wäre es moralisch zwar immer noch indiskutabel, hätte aber nach damaligem Völkerrecht, wie Carlo Gentile zu bedenken gab, vermutlich sogar als unbedenklich gegolten. Das Blatt, auf dem die Spielschulden der Stabsoffiziere verzeichnet waren, hätte auch übersehen werden und nicht als Indiz verwandt werden können. Und genauso gut hätte Lieutenant Colonel Booth im Fall Mazzucchi/Nardini Ermittlungen aufnehmen können, um das Zustandekommen des Urteils zu rekonstruieren, was er aber nicht tat. Mit dem Überfall auf Wilhelm Crisolli verhielt es sich ähnlich. Das Attentat hätte ebenso einem anderen gelten, genausogut aber auch gar nicht stattfinden können.

Ich hatte mir Aufklärung verschaffen wollen, über meinen Großvater, meine Herkunft, über mich selbst. Ich hatte Zeitzeugen befragt, geriet dabei aber immer wieder in das Dilemma, ihren Aussagen nicht oder nicht mehr vollständig vertrauen zu können. Entweder lagen die Ereignisse für eine exakte Erinnerung an den Zweiten Weltkrieg zu weit zurück oder die Dramatik der Ereignisse hatte die Erinnerungsfähigkeit eingeschränkt und nur eine lückenhafte Wahrnehmung erlaubt. Aus solchen Gründen, aber auch aus Mangel an handschriftlichem Quellenmaterial aus dem Besitz meines Großvaters waren die Fotografien, auf denen er zu sehen war, meine Hauptgedächtnisstütze. Die stumme Augenzeugenschaft der Fotos besaß mit den lebendigen Erinnerungen der Augenzeugen, mit denen ich gesprochen hatte oder deren Aussagen schriftlich dokumentiert waren, eine auffällige Verwandtschaft. Sowohl die sprachlich erinnerte als auch die fotografierte sechzig Jahre zurückliegende Realität eröffnete einen von Fakten, Fiktionen, Legenden, Mythen und Gerüchten erfüllten vielstimmigen Raum, in dem das Wahrscheinliche gegenüber dem Unwahrscheinlichen abzuwägen eine meiner Hauptsorgen war.

Wenn ich glaubte, ich sei mit meinem Großvater allein, hatte ich mich getäuscht. An einem Julinachmittag im heißen Sommer 2003 war ich im »Principe di Napoli«, meinem italienischen Stammlokal in Kreuzberg, mit Marco Formisano verabredet, der, in Palermo geboren, schon mehrere Jahre in Berlin lebte. Als klassischer Philologe beschäftigte sich Marco seit langem mit der Rezeption antiker Kriegskunst während der italienischen Renaissance. Von seinen Forschungen ein wenig gelangweilt, war er froh, mir bei schwierigen Übersetzungsfragen weiterzuhelfen, bald interessierte ihn der Fall Crisolli so sehr, daß er manchmal als Ko-Ermittler für mich tätig war. Wir saßen vor dem »Principe di Napoli« unter den schattenspendenden Platanen der Dieffenbachstraße, dem Ort in Berlin, an dem ich mich außerhalb meiner Wohnung am meisten zu Hause fühlte. Marco berichtete von dem Freund eines seiner italienischen Freunde, mit dem er am Abend zuvor telefoniert hatte. Er hieß Gastone Breccia, war Mitte vierzig und lebte in Pistoia. Er hatte einen Roman mit dem Titel »Das Eiserne Zeitalter« geschrieben, in dessen Mittelpunkt ein deutscher Wehrmachtsgeneral stand, der sich während des Zweiten Weltkriegs im Apennin aufgehalten hatte. Unglücklicherweise konnte sich Marcos Freund, der das Romanmanuskript gelesen hatte, nicht mehr an den Namen des Protagonisten erinnern. Da Gastone Breccia derzeit für mehrere Monate nach Peru verreist sei, müßten wir, um Näheres zu erfahren, abwarten, bis dieser nach Italien zurückkäme. Nach allem, was er herausgehört habe, schloß Marco seinen Bericht, könne mit dem deutschen General durchaus mein Großvater gemeint sein. Es dauerte mehrere Wochen, bis ich erfuhr, daß es sich um Frido von Senger und Etterlin handelte, dem Wilhelm Crisollis Division für einige Zeit unterstellt war und mit dem er noch einen Tag vor seinem Tod gesprochen hatte.

Gastone Breccia arbeitete als Byzantinist an der Universität von Cremona, und entweder hielt er sich, nachdem er aus Südamerika zurückgekehrt war, für meine Anfragen unerreichbar dort, in Pistoia, Ägypten oder einer Bibliothek an irgendeinem anderen Ort auf, um Handschriften zu entziffern. Endlich antwortete er auf meine E-Mail und erzählte mir von seinem Großvater, der wie er Gastone hieß und dessen Geschichte auch seine Geschichte war. Im September 1943, als die deutsche Wehrmacht Italien besetzte, war Gastone Breccia sen. im Rang eines Hauptmannes der italienischen Armee auf Sardinien stationiert. Wie vielen anderen Offizierskameraden drohte auch ihm damals die Erschießung durch die deutschen Okkupanten. Dem sicheren Tod, so Gastone Breccia, entrann sein Großvater mutmaßlich dank der Zivilcourage Frido von Senger und Etterlins, einem der wenigen deutschen Befehlshaber, die sich den von Wilhelm Keitel, dem Chef des Oberkommandos der Wehrmacht, unterzeichneten Führerbefehlen widersetzt hatten. Nach seiner Rettung flüchtete Gastone Breccia sen. nach Neapel, wurde dort zum Verbindungsoffizier der britischen 8. Armee ausgebildet, diente in einer Nachrichteneinheit und wechselte mehrmals über die feindlichen Linien, um mit den Partisanen Kontakt aufzunehmen. Bei Kriegsende schied der vielfach ausgezeichnete Offizier aus der Armee aus, Mitte der fünfziger Jahre nahm er sich das Leben. Fortan fiel in der Familie Breccia kein Wort mehr über ihn.

Als Folge dieser *damnatio memoriae*, bin ich, fuhr sein Enkel Gastone in seinem Brief nunmehr auf seine Kindheit Bezug nehmend fort, in einem von Erinnerungen an meinen militärischen Großvater bereinigten Vakuum aufgewachsen. Schon als Jugendlicher entwickelte ich ein starkes Interesse an allem, was mit Krieg zu tun hat, ich beschäftigte mich mit Militärgeschichte, aber meine Gedanken drehten sich vor allem um die Erfahrungen von Männern, die sich der Gefahrenprobe eines bewaffneten Konflikts auszusetzen bereit waren. Aus all diesen Gründen stieß ich schon sehr früh auf General von Senger und Etterlins Kriegserinnerungen. Ich machte mich mit allem, was er geschrieben hatte, mit seiner Biographie sowie seiner Art zu denken vertraut und vertiefte mich immer wieder in das seinen Erinnerungen als Frontispiz vorangestellte fotografische Portrait. Irgendwann war es soweit, und der deutsche General war mein Ersatz-Großvater. In meinem Leben, schloß Gastone Breccia seine Mitteilungen an mich, ist Frido von Senger und Etterlin ständig gegenwärtig, mein Manuskript zählt tausend Seiten, möchte ich es veröffentlichen, muß ich versuchen, es zu kürzen.

Das ungewisse Schicksal dieses mir unabschließbar erscheinenden Projekts hielt mich davon ab, meinem ersten Impuls nachzugeben und nach Pistoia aufzubrechen, um dort noch mehr über Wilhelm Crisolli zu erfahren, als ich bereits wußte.

Sich tagtäglich, jahraus, jahrein, vielleicht lebenslänglich in den Augen seines Großvaters zu spiegeln, schien mir nicht der empfehlenswerte Weg zu sein, aus dem Labyrinth der *damnatio memoriae*, der Tilgung des Andenkens, herauszufinden. Man mußte sich erinnern, aber auch vergessen.

Ich fuhr jetzt häufig mit einem Kahn auf den See hinter dem Haus in Dołgie hinaus. Am Kiel saß Feliks Pawłowski. Seine Angelrute ragte weit über den Bordrand hinaus und spiegelte sich auf der glatten Wasseroberfläche. Von Zeit zu Zeit kurbelte er den Faden ein, löste einen kurzen Aal vom Haken und warf ihn in einen Eimer zwischen seinen Knien. Zu Hause würde er die Fische klein schneiden und für den Winter sauer einwecken. Feliks war tot, eines Tages gestorben, als ich in Italien unterwegs war, aber das schreckte mich nicht. Mit dem zu kleinen Hut auf dem Kopf und der monströsen Brille im Gesicht sah er aus wie immer. Wenn ich auf den See hinausfuhr, stellten sich er und viele andere immer wieder wie von selbst ein. Feliks grinste. Er verstand, daß ich es geschafft hatte, ich war fünfzig und lebte noch. In Nocchi, dachte ich, blühten noch immer die Kamelien. Feliks und ich schwiegen und blickten zum Ufer. Dort stand, fast drei Jahre alt, an der Hand seiner Mutter mein Sohn. Er winkte mir zu und rief, ich solle ans Ufer kommen. Ich tauchte die Ruderblätter ins Wasser und lenkte den Kahn in ihre Richtung.

Dank

Während der Arbeit an diesem Buch habe ich sowohl in Deutschland als auch in Italien mit vielen Zeitzeugen des Zweiten Weltkrieges gesprochen, darunter auch einigen wenigen, die Wilhelm Crisolli noch begegnet waren. Darüber hinaus war mir eine ganze Reihe von Personen behilflich, deren Anregungen, Hinweise und kritische Bemerkungen bei meiner Arbeit nützlich und hilfreich waren.

An erster Stelle danke ich meiner Familie, meiner Mutter, die mir, soweit es in ihrer Möglichkeit stand, mit Auskünften behilflich war, meiner Tante für ihre Bereitschaft zu erschöpfenden Auskünften sowie meiner Schwester Annette Medicus (München), ohne deren Unterstützung dieses Buch nicht zustande gekommen wäre.

Zu großem Dank bin ich dem Hamburger Institut für Sozialforschung (HIS) verpflichtet, wo ich im Frühsommer 2001 drei Monate als Gastwissenschaftler verbringen durfte. Dem Vorstand sowie allen Mitarbeitern des Institutes danke ich für die freundliche Aufnahme, ihre Hilfsbereitschaft sowie für ihr Interesse an meinem Projekt. Während der dreimonatigen Forschungsarbeit gelang es mir, die Grundlagen für dieses Buch zu schaffen. Der Leiter des Bereiches »Gesellschaft der Bundesrepublik« am HIS, der Soziologe Heinz Bude, regte mich an, dieses Buch zu schreiben und war mir in den vergangenen drei Jahren ein richtungsweisender Ratgeber. Harry Nutt, Feuilletonchef der »Frankfurter Rundschau«, stellte mich für den dreimonatigen Hamburger Aufenthalt als seinen damaligen Stellvertreter frei und bewies auch sonst viel Geduld mit mir.

Von den Ratschlägen und Hinweisen des Historikers Carlo Gentile (Köln), seinem ebenso stupenden wie detaillierten Wissen über den Zweiten Weltkrieg in Italien, vor allem die deutschen Kriegsverbrechen in den Apuanischen Alpen, habe ich ohne Unterlaß profitiert. Er überließ mir großzügig Quellenmaterial und stand mir jederzeit mit Rat und Tat zur Seite. Ohne ihn wären die entscheidenden Vorgänge in Nocchi wie Olivacci im Dunkeln geblieben.

Weiter danke ich: Meiner ersten Leserin Brigitte Uppenbrink†, Martin Uppenbrink (Berlin), Eva Uppenbrink (Berlin), Feliks Pawłowski† (Dołgie), Michał Majerski (Berlin, Stettin), Ludwig Norz (Berlin), Helga Hirsch (Berlin), Joachim Staron (Berlin), Jesko Graf zu Dohna (Castell), Hans-Osman Graf von Platen-Hallermund (Hamburg). Lisa Neuhalfen und Michael Krumme (beide Berlin) stellten mir mehrfach kostenlos ihr Haus in Anticiana (Toskana) zur Verfügung. Durch Julia Fahrenkamp-Uppenbrink (London/Cambridge) lernte ich Cambridge, Grantchester und Rupert Brooke kennen. Peter Bexte (Berlin) überließ mir in seiner Arbeitswohnung ein ebenso schönes wie ruhiges Zimmer und las die Rohfassung meines Manuskriptes. Mit Karin Wieland (Berlin), die gleichzeitig an einem biographisch orientierten Buch zur Entstehung des italienischen Faschismus schrieb, führte ich viele anregende Gespräche, oft schon früh morgens am Telephon. Bernd Ulrich und Marcus Funck (beide Berlin) waren mir in militärhistorischen Fragen behilflich, Marco Formisano (Berlin) leistete akribische Übersetzungs- und Recherchearbeit, Christiane Schmidt (München) gab mir wertvolle Ratschläge, Stephanie Tasch (Berlin), Erika Polley (Berlin) und Lothar Müller (Berlin), dem ich entscheidende Hinweise verdanke, lasen die letzte Fassung meines Buchmanuskriptes. Sebastian Remus (Freiburg), der am Freiburger Bundesarchiv-Militärarchiv für mich recherchiert hat, bestach als freier Dokumentar durch seine zuverlässige und korrekte Arbeit. Claudia Kraft (Deutsches Historisches Institut, Warschau) stellte mir ein unveröffentlichtes Manuskript über Flucht und Vertreibung aus den Ostgebieten 1945 zur Verfügung. Simone Derix (Köln), 2001 wissenschaftliche Mitarbeiterin am HIS, war mir bei der Entzifferung des Notizbuches Wilhelm Crisollis behilflich und darüber hinaus eine anregende Gesprächspartnerin. Die Diskussionen mit Michael Wildt (Hamburg) während meiner Zeit am HIS waren für den Fortgang meiner Arbeit ein großer Gewinn.

In Italien danke ich für ihre Auskünfte: Gastone Breccia (Pistoia), Antonio und Innocenzo da Filicaja (Florenz, Sant' Antonio), Francesca Graziani (Nocchi), Carla Dati (Nocchi), Cira Dati (Nocchi), Sirio Morescalchi (Nocchi), Maria Vittoria Ferrari-Polacchini, geb. Contesso und Elena Contesso (La Spezia), Daniele Amicarella (Montale), Fabio Giannelli (Istituto Storico Provinciale della Resistenza, Pistoia), Massimo Storchi (Istituto Storico Provinciale della Resistenza, Reggio Emilia), Wanda Paola Giannini (Rom), Patrizia Nanz (ehemals Florenz, jetzt Bremen).

Den hartnäckigen Verbesserungsvorschlägen meines Lektors Michael Neher war ich zum Vorteil meines Buches endlich doch bereit nachzugeben. Christiane Naumann hat sich durch ihr Engagement und ihre Sorgfalt als Lektoratsassistentin große Verdienste erworben.

Zu allergrößtem Dank bin ich meiner Lebensgefährtin Katharina Uppenbrink verpflichtet. Trotz unzähliger Lektüren meines Manuskriptes hat sie sich nicht davon abbringen lassen, mich mit sicherem Gespür immer wieder auf die narrative Fährte zu setzen, wenn ich den abstrakten Weg einzuschlagen drohte.

Gewidmet ist dieses Buch dem Andenken unserer gemeinsamen amerikanischen Freundin Elizabeth Neuffer, die im

Mai 2003, gerade als sie sich entschlossen hatte, ihre jahrelange Frontberichterstattung als Kriegsreporterin einzustellen, im Irak auf tragische Weise ums Leben kam.

Bibliographie

Die entscheidenden, die Vorgänge in Italien im Sommer 1944 betreffenden Aussagen über Wilhelm Crisolli beruhen sowohl auf Zeugenaussagen als auch auf ungedrucktem Quellenmaterial aus dem Bundesarchiv-Militärarchiv in Freiburg. Im Mittelpunkt der Quellenrecherche stand der Einsatz der 20. Luftwaffen-Felddivision in Italien, deren Akten für die Zeit ihres Einsatzes (vom 23.5. bis zum 12.9.1944) nicht erhalten sind. Aus diesem Grund wurde auf die Akten der häufig wechselnden vorgesetzten Armeekorps zurückgegriffen. Bei den Einsätzen, die Wilhelm Crisolli vertretungsweise während der sogenannten »Führerreserve« übernommen hat, wurden im wesentlichen die Akten der 6. Panzer-Division berücksichtigt.

Ungedruckte Quellen

Bundesarchiv-Militärarchiv Freiburg (BA-MA):
 RW 38 Wehrmachtbefehlshaber Dänemark
 RL 34 20. Luftwaffenfelddivision
 RH 24-87 LXXXVII. AK/Armeeabt. v. Zangen
 RH 24-14 XIV. Pz.Korps
 N 64 Nachlaß Fridolin von Senger und Etterlin
 RH 20-14 AOK 14
 Personalunterlagen im BA-MA Freiburg
 Einsatz bei der 6. Pz.Div. mit der Führung beauftragt (16)
 RH 24-42 XLII. AK
 RH 24-52 LII. AK
National Archives College Park, Maryland (USA)
 US NARA, RG 153, Judge Advocate General, War Crimes Branch, Cases filed 1944–1949

Literatur

Amend, Christoph: Morgen tanzt die ganze Welt. Die Jungen, die Alten, der Krieg. München 2003.

Amicarella, Daniele: »La misteriosa fine del general major Wilhelm Crisolli.« In: Storia & Battaglie. Heft Juli. Florenz 2001.

Andersch, Alfred: Flucht nach Etrurien. Zürich 1981.

Ders.: Die Kirschen der Freiheit. Zürich 1971.

Andrae, Friedrich: Auch gegen Frauen und Kinder. Der Krieg der deutschen Wehrmacht gegen die Zivilbevölkerung in Italien 1943–1945. München 1995.

Arbizzani, Luigi: Al di qua e al di là della linea gotica. 1944–1945: aspetti sociali, politici e militari in Toscana e in Emilia-Romagna. Bologna-Firenze 1993.

Azzi Vicentini, Margherita: Die italienische Villa. Bauten des 15. und 16. Jahrhunderts. Stuttgart 1997.

Bald, Detlef, Bald-Gerlich, Gerhild, Ambros, Eduard (Hg.): Tradition und Reform im militärischen Bildungswesen. Von der preußischen Allgemeinen Kriegsschule zur Führungsakademie der Bundeswehr. Eine Dokumentation 1810–1945. Baden-Baden 1985.

Bartov, Omer: Hitlers Wehrmacht. Soldaten, Fanatismus und die Brutalisierung des Krieges. Reinbek bei Hamburg 1995.

Borchardt, Rudolf: Anabasis. Aufzeichnungen, Dokumente, Erinnerungen. 1943–1945. Herausgegeben von Cornelius Borchardt in Verbindung mit dem Rudolf Borchardt Archiv. München 2003.

Ders.: Briefe 1936–1945. Text bearbeitet von Gerhard Schuster in Verbindung mit Christoph Ziemann. München und Wien 2002.

Borodziej, Wlodzimierz / Lemberg, Hans: Die Deutschen östlich von Oder und Neiße 1945–1950. Dokumente aus polnischen Archiven. Band 1 Zentrale Behörden. Auswahl, Einleitung und Bearbeitung der Dokumente Wlodzimierz Borodziej. Wojewodschaft Allenstein. Auswahl, Einleitung und Bearbeitung der Dokumente Claudia Kraft. Marburg / Lahn 2000.

Bradley, Dermot / Hildebrand, Karl-Friedrich / Rövekamp, Markus: Die Generale des Heeres 1821–1945. Die militärischen Werdegänge der Generale, sowie der Ärzte, Veterinäre, Intendanten, Richter und Ministerialbeamten im Generalsrang. Band 2 v. Blanckensee – v. Czettritz und Neuhauß. Osnabrück 1993.

Brandenburgisches Landesamt für Denkmalpflege (Hg.): Die Potsdamer Kulturlandschaft. Eine Untersuchung des historisch-kulturellen Landschaftspotentials. Potsdam 1993.

Breymayer, Ursula / Ulrich, Bernd / Wieland, Karin: Willensmenschen. Über deutsche Offiziere. Frankfurt am Main 1999.

Bröhan, Margit: Walter Leistikow (1865–1908). Maler der Berliner Landschaft. Berlin 1988 und 1989.

Brooke, Rupert: The Collected Poems. With A Memoir. London 1925.

Bude, Heinz: Generation Berlin. Berlin 2001.

Ders.: »Generationen im 20. Jahrhundert. Historische Einschnitte, ideologische Kehrtwendungen, innere Widersprüche.« In: Merker Heft 7, 54. Jahrgang. Stuttgart 2000.

Ders.: Die ironische Nation. Soziologie als Zeitdiagnose. Hamburg 1999.

Ders.: Das Altern einer Generation. Die Jahrgänge 1938–1948. Frankfurt am Main 1995.

Ders.: Bilanz der Nachfolge. Die Bundesrepublik und der Nationalsozialismus. Berlin 1992.

Ders.: Deutsche Karrieren. Berlin 1987.

Ders.: »Das Ende einer tragischen Gesellschaft.« In: Leviathan. Zeitschrift für Sozialwissenschaft. 19. Jahrgang. Heft 2. Opladen 1991.

Calvino, Italo: Wo Spinnen ihre Nester bauen. München 1992.

Carsten, Francis Ludwig: Reichswehr und Politik 1918–1933. Köln Berlin 1964.

Choltitz, Dietrich von: Soldat unter Soldaten. Konstanz, Zürich, Wien 1951.

Das deutsche Offizierskorps 1860–1960. Herausgegeben von Hans Hubert Hofmann in Verbindung mit dem Militärgeschichtlichen Forschungsamtes. Boppard am Rhein 1980.

Demeter, Karl: Das deutsche Offizierskorps in Gesellschaft und Staat 1650–1935. Frankfurt am Main 1965.

Deutsche Geschichte im Osten Europas. Pommern. Herausgegeben von Werner Buchholz. Berlin 1999.

Die deutsche Kavallerie in Krieg und Frieden. Unter dem Protektorat des Generalfeldmarschalls von Mackensen. Herausgegeben von Major a. D. Jenö von Eyan-Krieger. Berlin und Leipzig o. J. (1928).

Doderer, Heimito von: Der Grenzwald. München 1973 (2. Auflage).

Dohna, Jesko Graf zu: »Carl Fürst zu Castell-Castell 1897-1945.« In: Casteller Hefte, Heft 26/1998, hrsg. Von der Fürstlich Castell'schen Kanzlei. Neustadt an der Aisch 1998.

Dörrenhaus, Fritz: Villa und Villegiatura in der Toskana. Eine italienische Institution und ihre gesellschaftliche Bedeutung. Wiesbaden 1976.

Eich, Günter: Gedichte. Frankfurt am Main 1994.

Elias, Norbert: Studien über die Deutschen. Machtkämpfe und Habitusentwicklung im 19. und 20. Jahrhundert. Frankfurt am Main 1992.

Fest, Joachim: Staatsstreich. Der lange Weg zum 20. Juli. Berlin 1994.

Flex, Walter: »Der Wanderer zwischen beiden Welten. Ein Kriegserlebnis.« In: Ders. Gesammelte Werke in zwei Bänden, Bd. 1. München o. J.

Foertsch, Hermann: Der Offizier der deutschen Wehrmacht. Eine Pflichtenlehre. Berlin 1942 (7. Auflage).

Fraser, David: Rommel. Eine Biographie. Berlin 2001.

Frei, Norbert: Vergangenheitspolitik. Die Anfänge der Bundesrepublik und die NS-Vergangenheit. München 1996.

Frevert, Ute: »Mann und Weib, und Weib und Mann«. Geschlechterdifferenzen in der Moderne. München 1995.

Funck, Marcus: »Schock und Chance. Der preußische Militäradel in der Weimarer Republik zwischen Stand und Profession.« In: Heinz Reif (Hg.): Adel und Bürgertum in Deutschland. Band II. Entwicklungslinien und Wendepunkte im 20. Jahrhundert. Berlin 2001.

Fussell, Paul: The Great War and Modern Memory. New York, London 1975.

Gelernter, David: 1939. The lost world of the fair. New York 1995.

Gentile, Carlo: »Marzabotto 1944.« In: Gerd R. Ueberschär, Orte des Grauens. Verbrechen im Zweiten Weltkrieg. Darmstadt 2003.

Ders.: »Sant' Anna di Stazzema 1944.« Ebd.

Ders.: »Valucciole 1944.« Ebd.

Ders.: »›Politische Soldaten‹. Die 16. SS-Panzer-Divison ›Reichsführer-SS‹ in Italien 1944.« In: Quellen und Forschungen aus italienischen Archiven und Bibliotheken 81. Herausgegeben vom Deutschen Historischen Institut in Rom. Tübingen 2001.

Geyer, Michael: »›Es muß daher mit schnellen und drakonischen Maßnahmen durchgegriffen werden.‹ Civitella in Val di Chiana am 29. Juni 1944.« In: Hannes Heer/Klaus Naumann (Hrsg.): Vernichtungskrieg. Verbrechen der Wehrmacht 1941–1944. Hamburg 1995.

Geyer, Michael: »Der zur Organisation erhobene Burgfrieden. Heeresrüstung und das Problem des Militarismus in der Weimarer Republik.« In: Müller, Klaus-Jürgen/Opitz, Eckardt (Hg.): Militär und Militarismus in der Weimarer Republik. Beiträge eines internationalen Symposiums an der Hochschule der Bundeswehr Hamburg. Düsseldorf 1978.

Ghirlanda, Giovanni: Gott ist mit uns (Dio è con noi). Camaiore 1968.

Gründel, E. Günther: Die Sendung der jungen Generation. Versuch einer umfassenden revolutionären Sinndeutung der Krise. München 1932.

Guderian, Heinz: Erinnerungen eines Soldaten. München 1998 (16. Auflage).

Haffner, Sebastian: Geschichte eines Deutschen. Die Erinnerungen 1914–1933. München 2000.

Haffner, Sebastian/Venohr, Wolfgang: Preußische Profile. Berlin 1986.

Handbuch der neuzeitlichen Wehrwissenschaften. Herausgegeben im Auftrage der Deutschen Gesellschaft für Wehrpolitik und Wehrwissenschaften und unter Mitarbeit von Hermann Franke. Zweiter Band. Das Heer. Berlin und Leipzig 1937.

Heimatbuch Gunzenhausen. Hrsg. Stadt Gunzenhausen, o. J. (1982).

Hesse, Kurt: Der Geist von Potsdam. Mainz 1967.

Hüppauf, Bernd: Der entleerte Blick hinter der Kamera. In: Vernichtungskrieg der Wehrmacht. A. a. O.

Hürter, Johannes: »›Es herrschen Sitten und Gebräuche, genauso wie im 30-jährigen Krieg.‹ Das erste Jahr des deutsch-sowjetischen Krieges in Dokumenten des Generals Gotthard Heinrici.« In: Vierteljahresschrift für Zeitgeschichte. 2. Heft. 48. Jahrgang. München 2000.

Jalas, Jaakko/Suominen, Juha (Hg.): Atlas Florae Europaeae. Distribution of vascular plants in Europe. Gymnospermae (Pinaceae to Ephedraceae) 2. Helsinki 1973.

Jones, Nigel: Rupert Brooke. Life, death and myth. London 1999.

Jünger, Ernst: »Der Waldgang.« In: Sämtliche Werke. Zweite Abteilung Essays I. Band 7. Betrachtungen zur Zeit. Stuttgart 1980.

Kesselring, Albert: Soldat bis zum letzten Tag. Bonn 1953.

Keynes, Geoffrey (Hg.): The Letters of Rupert Brooke. London 1968.

Klinkhammer, Lutz: »Der Partisanenkrieg der Wehrmacht 1941–1944.« In: Rolf-Dieter Müller und Hans-Erich Volkmann, Die Wehrmacht. Mythos und Realität. München 1999.

Ders.: »Der Resistenza-Mythos und Italiens faschistische Vergangenheit.« In: Afflerbach, Holger und Cornelißen, Christoph (Hrsg.):

Sieger und Besiegte. Materielle und ideelle Neuorientierungen nach 1945. Tübingen und Basel 1997.

Ders.: Zwischen Bündnis und Besatzung. Das nationalsozialistische Deutschland und die Republik von Salò 1943 bis 1945. Tübingen 1993.

Kohl, Christiane: Villa Paradiso. Als der Krieg in die Toskana kam. München 2002.

Krockow, Christian Graf von: Die Reise nach Pommern. Bericht aus einem verschwiegenen Land. Stuttgart, München 2000 (11. Auflage).

Ders.: Die Stunde der Frauen. Bericht aus Pommern 1944–1947. Ebd.

Ders.: Zu Gast in drei Welten. Erinnerungen. Stuttgart, München 2000.

Kunz, Wolfgang: Der Fall Marzabotto. Diss. Würzburg 1967.

Küster, Hansjörg: Geschichte des Waldes. Von der Urzeit bis zur Gegenwart. München 1998.

L'Estocq, Christoph von: Soldat in drei Epochen. Eine Hommage an Henning von Tresckow. Berlin 1990.

La Resistenza Apuana. Luglio 1943 – aprile 1945. A cura di Emidio Mosti. Milano 1973.

Lehmann, Albrecht: Im Fremden ungewollt zuhaus. Flüchtlinge und Vertriebene in Westdeutschland 1945–1990. München 1993 (2. Auflage).

Liulevicius, Vejas Gabriel: Kriegsland im Osten. Eroberung, Kolonisierung und Militärherrschaft im Ersten Weltkrieg. Hamburg 2002.

Löwenthal, Richard/Schwarz, Hans-Peter: Die 2. Republik. 25 Jahre Bundesrepublik Deutschland – eine Bilanz. Stuttgart 1974.

Medicus, Thomas: »Youth and Joy and Ecstasy. Der seltsame Fall des Lyrikers Rupert Brooke.« In: Sinn und Form. Heft 4/1997.

Meier Welcker, Hans (Hg.): Offiziere im Bild von Dokumenten aus drei Jahrhunderten. Band 6. Einführung Manfred Messerschmidt. Herausgegeben vom Militärgeschichtlichen Forschungsamt. Stuttgart 1964.

Moeller, Robert G.: Geschützte Mütter. Frauen und Familien in der westdeutschen Nachkriegspolitik. München 1997.

Montemaggi, A.: Offensiva della Linea Gotica, Imola 1980.

Müller, Heiner: Krieg ohne Schlacht. Leben in zwei Diktaturen. Köln 1992.

Naumann, Klaus: Nachkrieg in Deutschland. Hamburg 2001.

Ders.: Der Krieg als Text. Das Jahr 1945 im kulturellen Gedächtnis der Presse. Hamburg 1998

Ders. (Hrsg.): »Nachkrieg. Vernichtungskrieg, Wehrmacht und Militär in der deutschen Wahrnehmung nach 1945.« In: Mittelweg 36, Heft 3, 1997.

Neubauer, Hans-Joachim: Fama. Eine Geschichte des Gerüchts. Berlin 1998.

Neuschäffer, Hubertus: Schlösser und Herrenhäuser in Hinterpommern. Leer 1994.

Niethammer, Lutz: Die Jahre weiß man nicht, wo man die heute hinsetzen soll. Faschismuserfahrungen im Ruhrgebiet. Band 1. Berlin, Bonn 1983.

Nolte, Paul: Die Ordnung der deutschen Gesellschaft. Selbstentwurf und Selbstbeschreibung im 20. Jahrhundert. München 2000.

Origo, Iris: Toskanisches Tagebuch 1943/1944. Kriegsjahre im Val d'Orcia. München 1991.

Paul, Wolfgang: Brennpunkte. Die Geschichte der 6. Panzerdivision (1. leichte) 1937–1945. Krefeld 1977.

Platen, August von: Wer die Schönheit angeschaut mit Augen. Ein Lesebuch. Herausgegeben von Rüdiger Görner. München 1996.

Ders.: Memorandum meines Lebens. Eine Auswahl aus den Tagebüchern. Herausgegeben von Gert Mattenklott und Hansgeorg Schmidt-Bergmann. Frankfurt am Main 1988.

Ponge, Francis: Das Notizbuch vom Kiefernwald. La Mounine. Frankfurt am Main 1982.

Potsdamer Schlösser und Gärten. Bau- und Gartenkunst vom 17. bis 20. Jahrhundert. Herausgegeben von der Stiftung Schlösser und Gärten Potsdam-Sanssouci. Potsdam 1993.

Raulff, Ulrich: Ein Historiker im 20. Jahrhundert: Marc Bloch. Frankfurt am Main 1995.

Reemtsma, Jan Philipp: »Wie hätte ich mich verhalten?« und andere nicht nur deutsche Fragen. München 2001.

Reinhardt, Stephan: Alfred Andersch. Eine Biographie. Zürich 1996.

Revelli, Nuto: Der verschollene Deutsche. Tagebuch einer Spurensuche. München 1996.

Rupert Brooke's Death and Burial. Based on the log of the French hospital ship Duguay-Trouin. Translated from the French of J. Perdriel-

Vaissières by Vincent O'Sullivan. New Haven 1917.

Saint-Exupéry, Simone de: Fünf Kinder in einem Park. Die Kindheit des »kleinen Prinzen«. München 2001.

Sander, Gilman / Schmölders, Claudia: Gesichter der Weimarer Republik. Eine physiognomische Kulturgeschichte. Köln 2000.

Schelsky, Helmut: »Die Bedeutung des Schichtungsbegriffs für die Analyse der gegenwärtigen deutschen Gesellschaft (1953).« In: Auf der Suche nach der Wirklichkeit. Gesammelte Aufsätze zur Soziologie der Bundesrepublik. München 1979.

Ders.: Die skeptische Generation. Düsseldorf, Köln 1963.

Ders.: Wandlungen der deutschen Familie in der Gegenwart. Stuttgart 1954.

Schiff, Stacy: Saint-Exupéry. Eine Biographie. München 1995.

Schmitt, Carl: Theorie vom Partisanen. Zwischenbemerkung zum Begriff des Politischen. Berlin 1995 (4. Auflage).

Schuster, Gerhard: »Wie auf Fittiche über das Rauhste. Zum 50. Todestag von Rudolf Borchardt: Auskünfte über sein letztes Lebensjahr aus neuen Quellen.« Frankfurter Allgemeine Zeitung, 10. Januar 1995.

Sebald, W.G.: Luftkrieg und Literatur. Mit einem Essay über Alfred Andersch. München, Wien 1999.

Senger und Etterlin, Frido von: Krieg in Europa. Bonn 1960.

Smelser, Ronald / Syring, Enrico: Die Militärelite des Dritten Reiches. 27 biographische Skizzen. Berlin 1998.

Spilker, Rolf / Ulrich, Bernd: Der Tod als Maschinist. Der industrialisierte Krieg 1914–1918. Eine Ausstellung des Museums Industriekultur Osnabrück. Bramsche 1998.

Staron, Joachim: Fosse Ardeatine und Marzabotto. Deutsche Kriegsverbrechen und Resistenza. Paderborn 2002.

Sternaux, Ludwig: Potsdam. Ein Buch der Erinnerung. Berlin 1924.

Stolz, Gerd / Grieser, Eberhard: Geschichte des Kavallerie-Regiments 5 »Feldmarschall v. Mackensen«. Geschichte seiner Stamm-Regimenter in Abrissen und Erinnerungen (1741-1945). München 1975.

Straub, Eberhard: Eine kleine Geschichte Preußens. Berlin 2001.

Streibel, Robert (Hg.): Flucht und Vertreibung. Zwischen Aufrechnung und Verdrängung. Wien 1994.

Sühnel, Rudolf: Der Park als Gesamtkunstwerk des englischen Klassizismus am Beispiel von Stourhead. Heidelberg 1977.

Theilemann, Wolfram: Adel im grünen Rock. Adliges Jägertum, Großprivatwaldbesitz und die preußische Forstwirtschaft 1866–1914. Berlin 2003.

Thomas, Franz/Wegmann, Günter: Die Ritterkreuzträger der Infanterie. Band 4: Canders – Dowerk. Osnabrück 1998.

Thränhardt, Dietrich: Geschichte der Bundesrepublik Deutschland. Frankfurt am Main 1996

Verni, Giovanni: La Brigata Bozzi. Milano 1975.

Welk, Ehm (Hg.): Der deutsche Wald. Seine Leben und seine Schönheit. Ein Führer durch die Wälder unserer Heimat. Berlin 1935.

Welzer, Harald: Das soziale Gedächtnis. Geschichte, Erinnerung, Tradierung. Hamburg 2001.

Wildt, Michael: Vom kleinen Wohlstand. Eine Konsumgeschichte der fünfziger Jahre. Frankfurt am Main 1996.

Wolffram, Knud: Tanzdielen und Vergnügungspaläste. Berliner Nachtleben in den dreißiger und vierziger Jahren, von der Friedrichstraße bis Berlin W., vom Moka Efti bis zum Delphi. Berlin 1992.

Abbildungsverzeichnis

S. 14	Walter Leistikow (Bröhan, Margit: Walter Leistikow (1865–1908). Maler der Berliner Landschaft. Berlin 1988 und 1989).
S. 26	Atlas Floris Europaeae Tafel 168. (Jalas, Jaakko / Suominen, Juha (Hg.): Atlas Florae Europaeae. Distribution of vascular plants ins Europe. Gymnospermae (Pinaceae to Ephedraceae) 2. Helsinki 1973).
S. 30	Porträt Rupert Brooke (Brooke, Rupert: The Collected Poems. With A Memoir. London 1925).
S. 57	Friedhof Modena (Nachlaß Wilhelm Crisolli)
S. 59	La Spezia (Nachlaß Wilhelm Crisolli)
S. 65	Villa Graziani, Nocchi
S. 67	»Rokoko-Foto«: Sant'Antonio (Nachlaß Wilhelm Crisolli)
S. 75	Villa Reale di Marlia (Nachlaß Wilhelm Crisolli)
S. 79	Villa Reale di Marlia (Nachlaß Wilhelm Crisolli)
S. 111	Friedhof Futa-Paß (Nachlaß Wilhelm Crisolli)
S. 137	Verlobung Wilhelm und Annemarie Crisolli, Stolp 1927 (Nachlaß Wilhelm Crisolli)
S. 185	Villa Contesso, Nocchi (Nachlaß Wilhelm Crisolli)
S. 223	Einlieferungsquittung der Niederlausitzer Bank über Verwahrstücke vom 25. November 1943 (Nachlaß Annemarie Crisolli)
S. 230	Uhyst Herrenhaus (»Uhyst an der Spree«, hrsg. von der Gemeindeverwaltung Uhyst, S. 26)
S. 236	Porträt Wilhelm Crisolli (Nachlaß Wilhelm Crisolli)